产品族和供应链集成设计
理论与方法

刘等卓　闫基森　著

四川大学出版社
SICHUAN UNIVERSITY PRESS

图书在版编目（CIP）数据

产品族和供应链集成设计理论与方法 / 刘等卓，闫
基森著 . -- 成都 : 四川大学出版社，2025. 3. -- ISBN
978-7-5690-7589-2

Ⅰ. F273.2

中国国家版本馆 CIP 数据核字第 2025J03M24 号

书　　名：产品族和供应链集成设计理论与方法
　　　　　Chanpinzu he Gongyinglian Jicheng Sheji Lilun yu Fangfa
著　　者：刘等卓　闫基森

选题策划：王　睿
责任编辑：王　睿
特约编辑：孙　丽
责任校对：周维彬
装帧设计：开动传媒
责任印制：李金兰

出版发行：四川大学出版社有限责任公司
　　　　　地址：成都市一环路南一段 24 号（610065）
　　　　　电话：（028）85408311（发行部）、85400276（总编室）
　　　　　电子邮箱：scupress@vip.163.com
　　　　　网址：https://press.scu.edu.cn
印前制作：湖北开动传媒科技有限公司
印刷装订：武汉乐生印刷有限公司

成品尺寸：170mm×240mm
印　　张：18
字　　数：361 千字

版　　次：2025 年 3 月 第 1 版
印　　次：2025 年 3 月 第 1 次印刷
定　　价：90.00 元

四川大学出版社
微信公众号

前　　言

在全球经济一体化日益加深的今天,制造业面临着前所未有的挑战与机遇。国际环境的复杂性、全球公共卫生事件及极端天气事件的频发,使得市场需求变化和供应链中断危机成为制造业必须直面的重大课题。传统的大规模生产方式已难以满足市场日益增长的多样化和个性化需求,迫使企业从生产模式到产品设计理念进行全面革新。在此背景下,产品模块化设计与大批量定制技术应运而生,成为制造业转型升级的重要方向。

正是在这样的背景下,我们精心策划并编撰了这本关于"模块化设计""产品族设计""产品族和供应链集成设计"的书籍,旨在深入探讨这些前沿领域的理论体系、实践方法及应用案例,为制造业的可持续发展提供新的思路和解决方案。

本书由南阳理工学院智能制造学院的刘等卓博士和闫基森博士撰写,其中刘等卓撰写第1章和第3~6章,并负责全书的统稿和整理工作,闫基森撰写第2章和第7~9章。本书揭示了产品族和供应链集成设计的理论和方法。书中不仅系统梳理了国内外相关领域的最新研究成果,还结合具体案例,深入分析了这些理论和方法在实际应用中的具体操作步骤和注意事项。

在内容安排上,本书分为多个章节,每个章节都围绕一个核心议题展开。从产品模块化设计的基本原理和方法,到弹性供应商的选择;从面向产品和供应链协同的模块化设计策略,到产品族和供应链集成的平台化架构开发,再到产品族配置和供应商选择协同决策、产品族配置和订单分配主从关联优化,以及最终的产品族和供应链集成设计原型系统开发,本书构建了一个完整、系统的知识体系。

我们深知,书籍的价值在于其能够启迪思考、引导实践。因此,在编撰本书的过程中,我们始终秉持着严谨、求实、创新的态度,力求将最新的研究成果和实践经验以通俗易懂的方式呈现给读者。同时,我们也期待本书能够激发更多读者对于产品模块化设计与大批量定制技术的兴趣和热情,共同推动这一领域的繁荣发展。

最后,我们要特别感谢南阳理工学院2023年度博士科研启动基金项目(项目编号:NGBJ-2023-22),2024年度河南省高等学校重点科研项目(项目编号:

24B460015)、河南省社会科学院南阳分院、河南省副中心城市研究院、南阳发展战略研究院 2024 年度开放课题项目(项目编号:YJY202449),2024—2025 年南阳市软科学研究计划项目(项目编号:24RKX112),2024 年度河南省社科联调研课题项目(项目编号:SKL-2024-1903),2024—2025 南阳市基础与前沿研究项目(项目编号:24JCQY032),河南省高等学校重点科研项目(项目编号:25B450001),河南省自然科学基金资助项目(项目编号:252300421563),以及河南省增材制造航空材料工程研究中心、南阳市增材制造技术与装备重点实验室、南阳市产业创新科技人才团队南阳理工学院增材制造技术与装备科技创新团队的资助,感谢所有为本书撰写、编辑、出版付出辛勤努力的同仁和朋友们。没有你们的支持和帮助,这本书就无法顺利面世。同时,我们也衷心希望本书能够得到广大读者的喜爱和认可,为制造业的发展贡献一份力量。

刘等卓

2025 年 2 月

变量注释表

量的符号	含义
$\bar{u}$	供应商评价指标指数，$\bar{u} \in \{1, \cdots, \bar{U}\}$
$\delta_{\bar{u}}$	评价指标 $\bar{u}$ 的权重因子，$0 \leqslant \delta_{\bar{u}} \leqslant 1$，且 $\sum\limits_{\bar{u}=1}^{\bar{U}} \delta_{\bar{u}} = 1$
$g_{vc\bar{u}}$	产品组件 c 的供应商 v 相对于指标 $\bar{u}$ 的绩效评分
Ω_{vc}	产品组件 c 的供应商 v 的绩效评分
c	产品组件指数，$c \in \{1, \cdots, C\}$
e	与产品设计相关的关联因子指数，$e \in \{1, \cdots, E\}$
α_e	第 e 个与产品设计相关的关联因子的权重，$0 \leqslant \alpha_e \leqslant 1$，且 $\sum\limits_{e=1}^{E} \alpha_e = 1$
$\phi_{ecc'}$	第 e 个与产品设计相关的关联因子下产品组件 c 和 c' 之间的关联度
$\Phi_{cc'}$	产品组件 c 和 c' 之间的综合关联度
v	供应商指数，$v \in \{1, \cdots, V\}$
r	与供应链设计相关的关联因子指数，$r \in \{1, \cdots, R\}$
β_r	第 r 个与供应链设计相关的关联因子的权重，$0 \leqslant \beta_r \leqslant 1$，且 $\sum\limits_{r=1}^{R} \beta_r = 1$
$\varphi_{rvv'}$	在第 r 个与供应链设计相关的关联因子下供应商 v 和 v' 间的协作度

续表

量的符号	含义
$\Psi_{vv'}$	供应商 v 和 v' 间的综合协作度
k	产品模块指数,$k \in \{1, \cdots, K\}$
ε	一个极小正数
n	供应模块指数,$n \in \{1, \cdots, N\}$
x_{kc}	二进制决策变量,表示产品组件 c 是(1)否(0)被划分到产品模块 PM_k 中
y_{nvc}	二进制决策变量,表示是(1)否(0)选择供应商 v 作为产品组件 c 的第 n 个供应商,$\sum\limits_{v=1}^{V} y_{nvc} = 1$
χ_1, χ_2	SCA-PM_k 的模块性测度 Π_k^{SC} 和供应商绩效 Γ_k^{SC} 的权重因子,$0 \leqslant \chi_1, \chi_2 \leqslant 1$,且 $\chi_1 + \chi_2 = 1$
ω_1, ω_2	产品架构性能函数 Π^{P} 和供应链架构性能函数 Λ^{SC} 的权重因子,$0 < \omega_1, \omega_2 < 1$,且 $\omega_1 + \omega_2 = 1$
j	产品变体指数,$j \in \{1, \cdots, J\}$
Θ_{jc}	二进制变量,表示产品变体 PV_j 是(1)否(0)包含产品组件 c
ξ_j	产品变体 PV_j 在整个产品族中的权重因子,$0 < \xi_j < 1$,$\sum\limits_{j=1}^{J} \xi_j = 1$
$\bar{x}_{jkc}$	二进制决策变量,表示产品组件 c 是(1)否(0)被划分到产品变体 PV_j 的产品模块 PM_k 中,$\sum\limits_{k=1}^{K} \bar{x}_{jkc} = \Theta_{jc}$
$\bar{y}_{nvcj}$	二进制决策变量,表示供应商 v 是(1)否(0)被选择作为产品变体 PV_j 中产品组件 c 的第 n 个供应商
γ_1, γ_2	PFA 的模块性测度和通用性测度的权重因子,$0 < \gamma_1, \gamma_2 < 1$,且 $\gamma_1 + \gamma_2 = 1$
ρ_1, ρ_2	SCA 的模块性测度和通用性测度的权重因子,$0 < \rho_1, \rho_2 < 1$,且 $\rho_1 + \rho_2 = 1$
i	细分市场指数,$i \in \{1, \cdots, I\}$
l	产品模块实例指数,$l \in \{1, \cdots, L_k\}$
μ	MNL 中的标度参数,可通过实际市场份额的调查数据进行校准

量的符号	含义
N^e, N^c	本公司和竞争公司已经存在于市场上的同类产品的种类数
$\lambda_{ij}, \lambda_{ij}^e, \lambda_{ij}^c$	OEM 新研发的和现有的以及有竞争关系的产品变体 PV_j 在细分市场 i 的盈余效用
P_j	产品变体 PV_j 的售价
u_{ikl}	产品模块实例 PM_{kl} 在细分市场 i 的部分效用值
η_j	与产品变体 PV_j 的效用值的推导相关的常数
$\tilde{x}_{jkl}$	二进制决策变量,表示产品模块实例 PM_{kl} 是(1)否(0)被选择以配置产品变体 PV_j
V_{sel}	被选供应商集合
d_i	细分市场 i 对所有产品变体的总需求
s	中断场景指数,$s \in \{1, \cdots, S\}$
θ_v	供应商 v 的中断概率
$\tilde{r}_{vs}$	二进制变量,表示供应商 v 在场景 s 下是(1)否(0)中断
$\tilde{y}_{klv}$	二进制决策变量,表示是(1)否(0)选择供应商 v 供应产品模块实例 PM_{kl}
t	强化等级指数,$t \in \{1, \cdots, T_{klv}\}$,$T_{klv}$ 表示产品模块实例 PM_{kl} 的供应商 v 可被强化到的最高等级
$\tilde{\alpha}_{klvt}$	中断发生后被强化到等级 t 的供应商 v 能够提供产品模块实例 PM_{kl} 的数量与产品模块实例 PM_{kl} 的订单数量的百分比
$\tilde{\gamma}_{klvt}$	二进制决策变量,表示是(1)否(0)将提供产品模块实例 PM_{kl} 的供应商 v 强化到等级 t
$c_J^{\text{in-fix}}$	OEM 设计 J 种产品变体需要的内部制造相关固定成本
$c_{kl}^{\text{in-var}}$	产品模块实例 PM_{kl} 的单位内部制造相关可变成本
$c_{klv}^{\text{out-fix}}$	由供应商 v 提供产品模块实例 PM_{kl} 产生的外包相关固定成本
c_{klv}^{pur}	由供应商 v 提供的产品模块实例 PM_{kl} 的单位采购成本

续表

量的符号	含义
δ_{klvt}	将中断下由供应商 v 提供的产品模块实例 PM_{kl} 的供应量强化到等级 t 所需的单位强化成本与其单位采购成本间的百分比
c_j^{sho}	产品变体 PV_j 的单位缺货成本
$g_J^{in\text{-}fix}$	OEM 研发 J 种产品变体产生的 GHG 排放量
$g_{kl}^{in\text{-}var}$	产品模块实例 PM_{kl} 的单位内部制造相关 GHG 排放量
$g_v^{out\text{-}fix}$	选择供应商 v 的过程中产生的 GHG 排放量
$g_{klv}^{out\text{-}var}$	由供应商 v 提供的产品模块实例 PM_{kl} 的单位外包相关 GHG 排放量
w_{jk}	产品模块 PM_k 在产品变体 PV_j 中的权重因子
π_{ij}	产品变体 PV_j 在细分市场 i 中的综合效用值
$\hat{\theta}_{vkl}$	由供应商 v 提供的产品模块实例 PM_{kl} 的中断概率
$\hat{x}_{jkl}$	二进制决策变量，表示是(1)否(0)选择产品模块实例 PM_{kl} 以配置产品变体 PV_j
$\hat{y}_{vkl}$	二进制决策变量，表示是(1)否(0)保护由供应商 v 提供的产品模块实例 PM_{kl}
D_{ij}	OEM 根据市场分析、调研，决定向细分市场 i 投放的产品变体 PV_j 的数量
m_{vkl}	决策变量，表示产品模块实例 PM_{kl} 的订单被分配给供应商 v 的比例
c_{vkl}^{fix}	从供应商 v 采购产品模块实例 PM_{kl} 所需支付的固定成本
c_{vkl}^{pur}	从供应商 v 采购产品模块实例 PM_{kl} 所需支付的单位采购成本
c_{vkl}^{hol}	从供应商 v 采购产品模块实例 PM_{kl} 所需支付的单位持有成本
c_{vkl}^{pro}	从供应商 v 采购产品模块实例 PM_{kl} 所需支付的单位保护成本
c_{kl}^{pen}	产品模块实例 PM_{kl} 因缺陷产生的单位惩罚成本
c_{kl}^{sho}	产品模块实例 PM_{kl} 因短缺产生的单位缺货成本
$\hat{N}$	采购批次，即所有产品模块实例分 $\hat{N}$ 次采购

目　　录

1 绪 论

1.1 产品族和供应链集成设计的意义

一方面,随着世界多元化、经济全球化的发展,消费者越来越关注产品基本功能之外的个性需求,促使产品设计方法由单一产品设计逐步向产品族设计转变。产品族设计的目的是开发产品族架构,并通过配置可选模块来设计产品族中的产品变体,以满足竞争市场条件下不同细分市场顾客的个性化需求[1]。当前,比较流行的产品族设计主要包括模块化产品族设计和参数化产品族设计[2]。模块化产品族设计通过使用产品平台上的功能模块来设计相关产品变体,而参数化产品族设计是在保持公共参数不变的同时,通过改变缩放变量来设计相关产品变体。由于模块化产品族架构不仅有助于促进客户需求到产品功能的转换,而且还促进了从产品规格到下游设计(如采购、生产、组装、测试、营销、服务和回收的方式)的产品实现[3],因此,模块化产品族设计获得了更广泛的关注。

另一方面,由于成本节约和战略问题(如核心竞争力和更大的灵活性),越来越多的 OEM 选择外包部分产品组件/模块[4]。例如,在高科技企业和制造业企业中,外包成本占企业总成本的比例约为 80% 和 50%[5]。因此,供应链设计成为 OEM 的重要业务活动之一。然而,在公共卫生事件和极端天气事件频发等外部环境下,供应链中断危机日趋严峻。一旦公司的一些关键产品组件/模块的供应被中断,将导致生产资料中断、交货延迟、利润损失,甚至损害客户和企业信誉[6]。例如,2020 年的新冠肺炎疫情使大量企业面临物料短缺危机,2010 年的冰岛火山爆发导致汽车供应链中断[7],2011 年的日本大地震造成苹果公司在日本独家生产的 iPad2 的主要部件出现了短缺。这些例子和更多类似的供应链中断事件迫使 OEM 构建更可靠的供应链。

通常,模块化产品族架构受益于模块化供应链架构提供的灵活采购、降低库存成本和中断风险等优势[8]。然而,由于产品族架构设计和供应链架构设计是两个分属于不同核心职能部门的战略决策,且产品族架构设计先于供应链架构设计发生,供应链架构设计往往依附于一个确定的产品族架构,从而限制了供应链的设计空间,不利于构建稳健、高效的供应链架构。例如,2013 年,NH90 欧洲军用直升机的设计者在研发过程中因过度关注产品的定制性能而忽略了产品设计对供应链设计的影响,造成超过 10 年的交付延迟和成本超支[9]。根据 2018 年的 CNBC 报道,为了替代常见但低效的 18650 型电池,特斯拉电动汽车制造商决定使用能量密度高但仅由单一供应商提供的 2170 型电池,最终因缺乏足够的采购灵活性导致了严重的供应链延误。因此,在供应链全球化背景下,OEM 需要在早期设计阶段充分考虑产品族架构设计和供应链架构设计间的交互影响,强制对产品族架构和供应链架构进行不兼容匹配将是一种灾难。

此外,产品族配置问题通常被视为一个组合优化问题,其主要目的是选择最优产品配置方案,以最大化客户效用或最小化工程成本[10]。在全球采购背景下,为了提高核心竞争力,抢占市场份额,为产品组件/模块选择合适的供应商/供应模块对产品族配置设计的成功至关重要[11]。然而,在传统的方法中,供应链配置常滞后于产品族配置,这可能导致不可行或较差的配置方案[12]。尽管产品族和供应链集成的配置优化已获得国内外研究人员的关注,并取得了一定研究成果,但可能限于计算科学的发展和跨学科因素,在产品族和供应链集成的配置优化研究中,对供应链配置的研究仍不够深入,涉及风险管控、订单分配和订单调度等领域的研究仍严重不足。因此,通过建立适当的数学模型,将风险评估技术、风险缓解策略和订单分配策略等引入产品族和供应链集成的配置优化研究中,有助于设计人员在产品族配置阶段对中断风险进行评估,并制定恰当的风险缓解策略,以降低风险损失。

综上,从产品族架构和供应链架构的早期设计阶段,到产品族配置和供应链配置的优化设计阶段,产品族和供应链之间彼此影响。研究中断风险下产品族和供应链集成设计问题,有助于探究产品族设计和供应链设计间的交互作用,并实现产品族性能和供应链性能的平衡。

1.2　国内外研究现状

由于模块化是产品族设计的重要策略和实现途径,结合本书主题,本节将分别从模块化设计、产品族设计、中断风险下的供应链设计、产品族和供应链集成设计四个方面对现有文献进行综述,并对国内外相关研究中存在的局限进行分析,以明确本书的研究要点。

1.2.1　模块化设计研究现状

(1)模块化建模方法

与整体设计不同,模块化设计将产品分解为独立的、标准化的、可互换的模块,以保证可配置性、灵活性和可替换性。由于在开发时间、成本和规模经济等方面的优势,模块化设计方法逐渐得到重视,成为现代化设计理论中提高企业设计效率的关键方法[13-14]。目前常用的模块化建模方法主要可以分为如下 3 类:

①基于质量功能展开的模块化建模方法。质量功能展开(quality function deployment,QFD)是一种顾客需求驱动的主动式的产品设计方法,其核心技术质量屋(house of quality,HOD)的基本结构如图 1-1 所示,在进行模块划分之初,通过调查、统计等方法收集、量化顾客需求;利用质量屋矩阵将顾客需求转化为技术需求,将这些技术需求作为模块划分的总功能[15],从而保证模块功能,满足顾客需要。

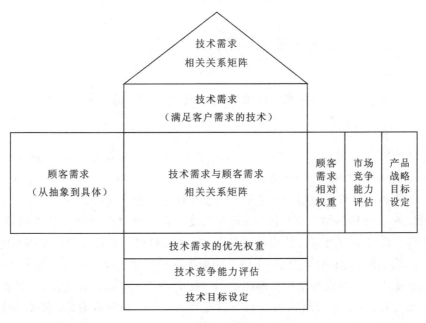

图 1-1　质量屋的基本结构图

②基于功能流图的模块化建模方法。在功能流模型中,两功能间的参数流越复杂,表明两模块间相关程度越大。功能流的输入输出参数主要包括几何参数(如尺寸、形状等)、机械参数(如载荷、质量、材料特性、应力分布等)、动线参数(如人流、物质流、能量流等)等。功能流是功能结构的主线,功能的内在和外在形式(亦即功能的

内涵和外延)变化贯穿于设计过程的始终。功能流模型中的分功能之间往往存在 3 种形式的流输入输出关系[16],如图 1-2 所示。

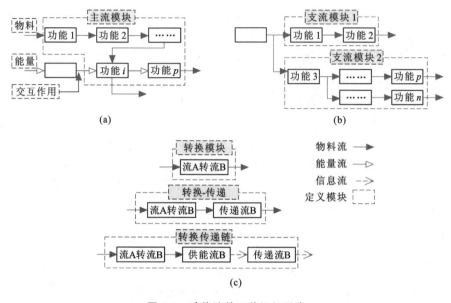

(a)

(b)

(c)

图 1-2　功能流的 3 种组织形式

(a)顺序流;(b)分支流;(c)转换传递流

③基于矩阵的模块化建模方法。基于矩阵的方法包括基于设计矩阵(design matrix,DM)的方法和基于 DSM 的方法。设计矩阵是用来描述两个设计域中各元素关系的模型。其常见应用为描述功能需求和技术特性之间的关系。一个功能设计方案可以表示成 $FR=\boldsymbol{A}\times DP$,其中 FR 为功能需求向量,DP 为技术特性向量,$\boldsymbol{A}$ 为设计矩阵。设计矩阵可以清楚地反映各个 FR 之间的耦合关系。设计结构矩阵是一个 N^2 形式的矩阵,用来描述同一个设计因素下各子单元之间的关系。图 1-3 所示为一个设计矩阵和一个设计结构矩阵的示例。其中,矩阵中的值可以为二进制数(如 0 或空表示无关,1 或 x 表示相关),也可以是区间[0,1]的随机数(表示关联强度)。图 1-3 中灰色部分为识别出的独立模块。

(2)模块划分方法

模块划分是模块化设计的基础[17],需要考虑产品的性能、原理、行为、结构、需求、功能、功能连接、精度、装配、加工、成本、供应等设计要素。基于不同设计要素对产品进行模块划分可以得到具有不同特点的模块划分结果[18]。目前,模块划分方法主要有如下 3 类:

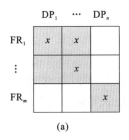
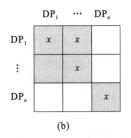

(a)

(b)

图 1-3 基于矩阵的方法
(a)DM;(b)DSM

①基于功能的模块划分方法。基于功能的模块化划分方法是通过对产品进行功能分析和功能分解来建立产品的功能结构,然后采用聚类分析等方法进行产品模块的划分。通过深入分析影响产品模块化的内因和外因,高飞等[19]提出产品功能模块划分方法,并以摩托车盘式制动器的功能模块划分为例,说明所述方法的应用及有效性。基于产品功能模块划分方法,毛雨辉[20]建立导引头目标跟踪的功能结构图,并提出一种改进的聚类算法来实现导引头产品功能模块的划分。基于组件-功能贡献度矩阵,李军鹏等[21]建立了液压机的功能模块划分的数学模型,并采用 PSO 算法实现了复杂产品的功能模块划分。为了对功能模块进行合理有效的划分,王瑞和李中凯[22]提出了基于功能流模型的产品功能模块划分方法,分析了产品概念设计中的功能模块划分与功能流之间的关系。

②基于功能结构的模块划分方法。与基于功能的模块划分方法相比,基于功能结构的方法同时考虑产品的功能和结构等方面的影响。通过分析零件的几何结构相关性、功能相关性和物理相关性,王海军等[23-24]建立了产品的关联矩阵,然后采用层次分析法确定影响模块划分因素的权重,最后应用模糊聚类算法和专家综合评判法进行模块划分,给出了一种面向大批量定制的产品模块化设计方法。通过对产品设计模型中的产品功能、行为、结构、接口等要素进行相关性分析,龚京忠[25]建立了功能-结构单元的相关度计算模型,然后采用模糊聚类算法,自底向上进行功能-结构单元的聚合,实现了产品模块的划分和创建。针对现有模块划分方法中存在重要设计依赖信息遗失的问题,王奇瑞等[26]建立了基于电容类比法的节点相似度模型,量化了零部件间直接和间接连接关系共同作用的效果,实现了模块的精确划分。

③面向产品生命周期的模块划分方法。面向产品生命周期的模块划分主要是通过引入产品生命周期设计因素,如可回收性、材料兼容性、组件寿命、维修等,对产品进行模块划分。考虑生命周期问题(如可回收性、材料兼容性、组件寿命),郭卫等[27]和 Yu 等[28]提出了一种新的考虑生命周期问题的模块化设计方法。通过识别绿色模

块化设计指标(如复用、装配、寿命和拆卸),Ji 等[29]提出了一种基于 DSM 的绿色模块化设计方法,并建立了基于约束遗传算法的 TSM(technical system modularity,技术系统模块化)与 MRM(material reuse modularity,材料再利用模块化)联合决策的双层优化模型。通过对维修工艺和故障模式进行分析和指标量化,钱一山等[30]提出引入轮廓系数的 K-means 维修模块聚类的方法,实现面向维修性的地铁转向架轮对组成模块划分,并依据地铁实际维修数据,探讨了地铁转向架轮对组成的维修策略。

1.2.2 产品族设计研究现状

通常,产品族为一组相似的产品,并且拥有满足特定客户需求的特定功能[31]。产品族中的成员项(即定制化的产品)被称为产品变体[32]。每一种产品变体服务于某类顾客的特殊需求[33]。当前,产品族设计主要涉及产品族架构设计和产品族配置优化两方面。

(1)产品族架构设计

产品族架构是一个通用性的一般框架,它包括产品族的概念结构和整体逻辑结构[33]等。Jiao 和 Tseng[1]认为产品族架构不仅对产品族平台的组成元素有所体现,而且可以提供产品的一般化结构来满足市场的不同需求。Niemela 和 Immonen[34]认为产品族架构包含产品的质量需求、产品族内部结构、产品族中组件参数等。基于产品族架构可以构建出具有功能和规格差异性的产品变体[35]。开发产品族架构有助于根据不同的市场需求实现产品差异化,从而促进大规模定制的有效实施。

模块化产品族架构设计以模块化产品架构的开发为基础,其主要目标是确定产品族中各产品变体之间的模块化方案和模块实例共享方案。为了实现模块性和通用性的平衡,Baylis 等[36]介绍了一种产品族平台架构选择方法,该方法可以评估、比较和修改组件的共享方案。然而,该方法关于模块化成本的描述是不清晰的。利用PLM 数据库中现有的产品数据,Zhang 等[37]提出了一种基于剪枝分析和属性匹配的跨产品族的平台架构规划方法。虽然该方法大大提高了 PLM 数据库中现有产品数据的重用率,但由于设计属性的多样性,将产品变体建模为树形结构并不容易实现。利用主成分分析和关联规则算法对客户历史订单信息进行提取和挖掘,He 等[38]构建了基于关联规则的分类器,并提出了一种基于数据挖掘技术的产品族架构设计和配置优化的方法。考虑到环境因素,Wang 等[39]提出了一种同时考虑温室气体排放和成本的产品族平台规划方法。然而,所提出的方法侧重于从客户需求的角度识别通用模块和可选模块,无法从产品设计属性的维度(如组件间连接强度)指导产品族架构的模块化设计。

其他关于产品族架构设计的研究包括:①构建自适应的产品族平台架构,以实现模块化规划和参数识别[40];②应用数据挖掘来发现产品族开发中的功能和结构之间的关联[41]；③开发产品族推理系统，以构建模块化产品族架构[42]；④通过在共性配置和单个产品性能之间进行权衡来优化基于平台模块的产品族架构设计[43]；等等。此外，Pirmoradi 等[44]从客户需求、功能需求、设计参数、过程变量到物流变量对产品族设计进行了回顾。Gauss 等[45]对基于模块的产品族设计进行了系统的文献综述和综合。虽然产品族设计是一个相对成熟的概念，但在全球开发和分布式协作的背景下，将产品族设计扩展到更广泛的范围（如采购、制造、供应链、分销）仍然是有意义的研究[46]。

(2)产品族配置优化

产品族配置是在产品族架构的基础上，依据客户需求和一定的约束关系，通过选择不同的产品组件/产品模块快速派生出产品变体，以满足不同细分市场客户需求的过程。目前流行的产品族配置设计方法主要有基于结构[47-48]、基于模型[49-50]、基于约束[51-52]、基于规则[53]、基于可拓[54-55]和基于本体[56]等。它们实施的一般过程可描述为：建立产品配置模型，提取并表示配置知识，对客户需求进行分析与分解，并驱动配置模型的求解。这些配置设计方法对于解决面向大规模定制的快速响应设计问题具有一定的优势，但当产品物理组件数量增多时，面向特定客户需求的可行产品配置方案将逐步增多，配置过程将变得非常复杂。为了从众多有效方案中寻找最优或若干较优的配置方案，近年来国内外学者从不同方面对产品的配置优化展开了研究。Yang 和 Dong[57]将产品配置问题建模为数学中的约束满足问题，并建立了相应的多目标优化模型以获取配置方案。Liu Yiliu 和 Liu Zixian[58]建立了一个考虑新组件不确定信息的模糊多目标配置决策模型，并采用混合整数非线性规划算法对建立的优化模型进行求解。Deciu 等[59]将产品配置问题考虑为多个模糊模型之间的映射问题，并采用自定义的模糊配置语法从有效的配置方案中筛选出最优的配置方案。刘琼等[60]通过构建需求与可配置产品模块实例之间的映射关系，提出了一个产品配置优化模型，并开发了混合粒子群算法对优化问题进行求解。任彬等[61]对模糊型复杂产品的配置问题进行了研究，将模糊多属性决策理论引入配置问题的求解当中，并采用神经网络建立配置方案的评价模型，通过对可行的配置方案进行比较和排序优选出客户最满意的配置方案。针对存在 leader-follower 关系的产品族设计问题，Xia 等[62]提出了一种基于 Kriging 模型的求解方法。该方法利用 Kriging 模型对 follower 层的最优函数值进行估计，以提高对 leader-follower 模型求解的准确度。

此外，新的设计理念也被引入产品族配置优化中。Moon 等[63]将基于产品平台的产品族设计概念拓展到服务设计，提出了服务族的概念，并基于博弈论开发了基于模块化定制服务族设计方法。Zhou 等[64]将市场营销理论中的社会网络效用引入产品族设计中，基于博弈论研究病毒性产品族设计问题。Wang 等[39]研究了低碳产品族设计，在产品族设计中考虑环境因素，提出同时考虑成本因素和温室气体排放因素的产品平台规划方法,并建立了相应的多目标优化模型。考虑可持续性的产品族设计问题,Kim 和 Moon[65]提出可持续性产品平台具有高可持续性、低风险及高相似性的特征,并根据这三个特征进行可持续产品族的产品平台规划。通过引入"制造即服务(manufacturing-as-a-service,MaaS)"的概念,Yu 等[66]将产品族拓展为产品-服务族,以实现更深层次的产品族配置。

1.2.3　中断风险下的供应链设计研究现状

(1)中断风险定义及分类

一般来说,存在于供应链中的风险可以分为两类:运营风险(operational risk)和中断风险(disruption risk)[67]。运营风险是指供应链中不可避免地存在的内在不确定性,包括但不限于客户需求和成本率的不确定性,以及运营困难(如设备故障、停电和关键人员缺勤)造成的供应不确定性等。通过不确定性规划方法(如模糊/可能性/随机/鲁棒性规划),对关键输入数据(如需求、成本和产能参数)的内在不确定性进行核算,是处理运营风险的一种方法[68]。中断风险是指由地震、洪水、恐怖袭击或员工罢工等自然、人为或技术威胁造成的重大中断[69]。根据 Hamdi 等[70]的综述,中断风险又可以分为如下 3 类。①仅与特定供应商关联的风险:如供应商设备故障、产能和价格波动带来的风险。②与特定区域的供应商关联的风险:这组风险来自区域性的危机,如地震、火灾、洪水、飓风等。③与所有供应商关联的风险:这组风险来自全球危机,如经济危机、恐怖袭击、政治和经济不稳定。此外,值得注意的是,运营风险是由中高概率、低影响的事件引起的,这些事件只产生短期的负面影响;中断风险是由低概率、高影响的事件引起的,这些事件可能对系统产生短期或长期的负面影响[71]。

(2)风险偏好和风险管控

在管理实践中,不同的决策者针对相同的情况可能持有不同的偏好,这会导致最终决策行为的差异[72-73]。当前,学术界将风险偏好态度分为如下 3 类。①风险中性型(risk-neutral):持有此风险态度的决策者在不确定环境下既不冒险也不保守,且完全相信所做决策带来的收益或成本与无风险情形下是一样的。基于该假设,在相关的研究中均是单纯以期望收益或期望成本为优化目标[74]。②风险喜好型(risk-seeking):持这种态度的决策者倾向于将所有情况视为积极的、能带来正向收益的,即该类决策者在做决定时更倾向于追求风险,相对于方案的稳定性,其更钟情于风险下的巨大收益[75-76]。③风险规避型(risk-averse):持这种态度的决策者在面对不确定风险时倾向于追求收益的稳定性。在风险管理领域,风险规避型决策是风险管控的最常用策略,广泛应用于金融投资、电力控制等领域,并取得了良好效果[77-79]。

为了提高不确定环境下供应链的稳定性和可靠性,基于 CVaR(conditional value-at-risk,条件风险值)的风险规避方法已经获得了部分学者的关注。通过采用

CVaR 准则模拟制造商的风险规避行为，Huang 等[80]研究了由一个占主导地位的零售商和一个风险规避的制造商组成的供应链的协调和风险分担问题。考虑可持续供应链网络设计中存在的不确定性，Rahimi 等[81]建立了基于 CVaR 的风险规避可持续多目标数学模型来优化供应链网络，并通过敏感性分析讨论了一些重要的风险规避参数对 Pareto 前沿的影响。通过引入两个不同的服务水平测度（即预期最坏情况下的需求完成率和预期最坏情况下的订单完成率），Sawik[82]研究了以条件风险服务（conditional service-at-risk）为最坏情况服务水平测度（worst-case service level measure）的随机组合优化问题。结果表明，最大化最坏情况下订单完成率可以更好地减轻中断风险的影响。此外，其他学者也对基于 CVaR 的风险规避型供应链设计进行了有价值的研究[83-85]。

（3）供应链弹性和弹性策略

美国机械工程师协会将弹性（resilience）定义为在系统功能断开时完全恢复的能力；Sheffi[86]将弹性定义为供应商在破坏性事件发生后恢复到正常绩效水平的能力和速度。尽管关于供应链弹性的定义仍没达成共识，但供应链弹性已经得到了部分研究者的关注，如：Christopher 和 Lee[87]讨论了供应商在创建弹性供应链中的作用，并强调了供应商之间的高度合作有助于降低风险损失。当前，几个弹性策略（resilient strategy）已被用于降低由中断风险造成的损失。①双源/多源采购：Tomlin 和 Wang[88]研究了双源采购策略与复合柔性策略应对不可靠供应的表现，结果表明，集中需求有利于单源采购，而多样化需求有利于双源采购。②后备供应商：假设买方有两个候选供应商，其中一个是便宜但不可靠的供应商，另一个是可靠但更昂贵的供应商，Hou 等[89]研究了主供应商中断情况下，OEM 与其备用供应商之间的回购关系，结果表明，随着中断概率的增加，OEM 最好在订单数量达到需求之前向备用供应商订购更多的产品。③强化/保护供应商：通过对供应商的建筑和设施进行实物强化和保护，可以减少供应中断造成的负面影响。假设被保护供应商在任何中断事件发生后，其剩余产能都不变，Sawik[90]引入强化供应商策略，研究了中断风险下的供应商选择与订单分配问题。然而，这种假设可能并不现实。例如，保护供应商的防洪措施，可能无法保护其免受地震等其他破坏性事件的影响。为了更贴近现实，Torabi 等[71]将这一假设扩展为：根据强化水平和中断事件的类型，强化供应商拥有多级剩余产能。④预置库存：Esmaeili-Najafabadi 等[91]采取预置库存策略，研究了中断风险下的供应商选择和订单分配问题，并对相关决策因素进行了敏感性分析，结果表明，合理的库存有助于维持 OEM 的正常生产运营，并在一定程度上缓和供需矛盾。

（4）模块化供应链架构设计

模块化供应链被认为是最重要的战略设计属性之一[92-94]。首先，模块化供应链有助于简化供应链架构、确保生产标准化、减少库存[8]。其次，模块化供应链确保了采购灵活性,即确保买方根据供需变化重新配置供应链的能力[94],这对于缓解与需求波动、供应链中断和供应商质量问题相关的风险至关重要[95-96]。此外,模块化供应链还使多源采购成为可能,确保了买方与供应商的议价能力[97],有助于构建一个具有竞争力的、非垄断的工业生态系统。例如,汽车公司通常在不同的终端产品中使用不同的供应商生产的相同部件,确保了公司拥有应对中断风险的能力。

根据 Pashaei 和 Olhager[98] 的描述,当供应商间具有紧密的合作关系时,更有可能构建模块化供应链架构。例如,集中在一个城市或地理区域、拥有共同或连锁的所有权、共享共同的商业和社会文化并通过电子方式联系在一起的供应商更适宜集成为一个供应模块;而在地理和文化上高度分散、很少有密切的组织联系和适度的电子连接的供应商不适宜集成为一个供应模块[99]。然而,集中在一个城市或地理区域、拥有共同或连锁的所有权、共享共同的商业和社会文化的供应商在面临意外中断事件时,更容易集体失效,因此,隶属于不同供应模块的供应商应在地理、文化、组织等维度有较低的关联度,以降低中断风险。

尽管越来越多的研究人员意识到模块化供应链架构的好处,但目前尚未发现独立开展模块化供应链架构设计的研究,仅有的几个与模块化供应链架构设计相关的研究也依附于模块化产品架构,因此,关于模块化供应链架构设计的进一步研究被呈现在 1.2.4 节。

1.2.4 产品族和供应链集成设计研究现状

产品族的成功不仅依赖于产品族的设计与生产技术,还依赖于与之相匹配的供应链管理的协同设计。产品族产生于全球范围内的多样化需求,并与供应链设计、市场顾客需求分析等相关联。

(1)产品族和供应链集成的架构设计

近些年,尽管并行设计或集成设计方法已经存在于很多领域,但关于产品族和供应链集成的架构设计的研究仍然比较匮乏,仅有少数文献发表了对产品架构和供应链架构协同设计的研究框架,并分析了产品设计属性与供应链设计属性之间的关系。Appelqvist 等[100] 报告了一家航空航天公司的产品设计和供应链设计间的数据交互流程。Pero 等[101] 在几个案例研究中分析了产品设计属性(模块化、多样性、创新性)和供应链设计属性(结构、配置)之间的关系。尽管所有这些研究都为产品架构和供应链架构的协同设计提供了多方面的视角,但它们没有指定设计权衡的方法,而这对于确保设计决策的质量是必不可少的。为了解决涉及产品设计、工艺设计和供应链设计的三维并行工程问题,Fine 等[99] 提出了一种能够直接表示多个目标之间的相互关系并对存在冲突关系的事件进行权衡的目标规划建模方法。通过研究和量化供应链设计过程的潜在利益,Gokhan 等[102] 开发了一种同时优化产品和供应链设计决策的数学模型,并证实在产品设计和供应链设计之间取得平衡可以提高利润。但上述研究在方法、工具和度量方面并没有充分地解决产品和供应链集成的架构设计问题,缺乏容易实现且较为详细的设计流程[103]。据我们所知,只有 Gan 等[104]较为详细地介绍了基于模块化的产品架构和供应链架构并行设计方法,并实现了产品的模块性目标和供应链的采购灵活性目标之间的权衡。然而,在他们的研究中,供应商之间的协作关系和供应模块之间的地理隔离没有得到很好的考虑,采购的灵活性和降低中断风险的能力需要进一步提高。

(2)基于供应链的产品族架构优化

基于供应链的产品族架构优化侧重于对产品族架构的规划,其解决的关键问题是:如何通过优化产品差异性,识别在产品变体之间共享的通用模块和结构(即产品平台)。针对产品族架构与供应链配置之间的 leader-follower 博弈决策关系,Wang 等[105]建立了一个非线性混合整数二层规划模型,解决了产品族架构规划与供应链配置的联合优化问题。考虑到制造或购买决策对产品族架构设计的重要影响,Liu 等[106]提出了一种以产品族架构规划问题为 leader,以制造或购买决策为 follower 的非线性双层优化模型。Wu 等[107]在众包制造活动优化规划的基础上,引入了一种新型的虚拟延迟结构,用于确定最优产品族架构、延迟产品模块的类型以及延迟产品模块中需要进一步分包的部分。针对产品族架构设计与供应链延迟策略实施过程中的评价,以及有延迟需求的一类产品,熊奕璇[108]从理论角度分析、确定了产品族架构设计与供应链延迟策略的主从交互评价机制,研究了具有延迟设计的产品族架构和供应商选择的主从关联优化。然而,上述研究都有一个假设前提,即已经构建了模块化产品族架构,所做的工作仅是从供应链配置角度,对现有产品族架构的优化,并没有在早期设计阶段将供应链因素引入产品族架构设计中。从仅有的文献来看,该部分研究与产品族和供应链集成配置优化研究有较高的相似度,本质上属于产品族和供应链集成的配置优化范畴。

(3)产品族和供应链集成的配置优化

从优化模型角度,产品族和供应链集成的配置优化研究可以分为单层优化模型和双层优化模型。当产品族和供应链集成的配置优化问题被建模为多目标优化问题时,常采用单层优化模型。以最大化产品族利润和最小化温室气体(greenhouse gas,GHG)排放为目标,Wang 等[109]提出了一个处理低碳产品族设计和供应商选择问题的双目标优化模型,最后基于权重和法将多目标问题转化为单目标问题进行求解。以最小化中断风险和最大化产品族利润为目标,Luo 等[110]通过引入供应商报价的线性分段折扣,提出了一种将供应商选择与产品族设计相结合的多目标优化方法,并应用 NSGA-Ⅱ获取了 Pareto 非支配解。以高速列车转向架部分模块为例,武浩远等[111]提出一种集成多准则供应商评价的产品配置方法,同样采用 NSGA-Ⅱ对模型进行求解，证明了所提方法的可行性和有效性。然而，单层优化模型的缺陷在于容易忽略这两种不同配置问题背后的相互冲突的关系和层次，不利于获得一个均衡的解决方案[112]，对相互冲突的关系和层次进行解耦是确保求解质量的关键。

产品族和供应链集成的双层优化模型也被称为 LFJO(leader-follower joint optimization)模型，其中产品族配置决策通常被建模为一个上层优化问题(leader)，用于优化产品模块、产品模块实例和产品变体；供应链配置决策被建模为一个下层优化问题(follower)，它响应上层的决策，以确定一个最优的供应商选择决策、订单分配决策、库存策略和风险策略等。基于主从关联的交互评价机制，杜纲等[113]建立了主从关联双层规划优化模型，并以客车底盘为案例对模型和嵌套遗传算法进行了验证。Pakseresht 等[114]应用 leader-follower Stackelberg 博弈论，提出最大化总利润、最大化客户效用和最小化供应链成本的产品族和供应链协同重构的三目标优化模型。将产品族和供应链的集成配置作为 leader-follower 的 Stackelberg 博弈，Yang 等[115]建立了 leader-follower 博弈中双层联合决策的非线性混合整数规划模型，并通过双层优化机制来模拟两个自利决策者在产品族配置和供应链配置之间的协调。尽管 LF-JO 有利于平衡两种不同配置问题背后的相互冲突的目标和层次，但其模型求解往往需要耗费较大的算力，将 LFJO 问题通过解耦转换为单层优化问题有助于缩短求解时间，但这并不总是容易实现的。

此外，从订单分配的角度来看，关于产品族和供应链集成的配置优化的研究主要分为两大类。一种是将每个产品组件的全部订单分配给单个供应商，即研究产品族配置和供应商选择(PCSS)问题。Cao 等[116]基于多项 logit 消费者选择规则，建立了集成供应商选择决策的产品族配置模型，并对模型进行了敏感性分析。Luo 等[117]开发了一种嵌入遗传算法的线性规划法来解决集成供应商选择的产品族设计问题。然而，在他们的研究中，只把产品族的利润作为优化目标，这并不适合多准则属性的联合决策。考虑产品情感属性对消费者选择行为的影响，牟立峰和曹岩[118]提出一个集成供应商选择的产品族设计多目标方法，以更准确地分析消费者的购买偏好，实现产品族的性能优化。然而，在以上所有的研究中都假设单个供应商的产能足以在交货期内满足制造商的订购需求。显然，这种假设在实际情况下并不总是正确的，应该进一步考虑将订单分配给多个供应商的情况。

另一种是将产品组件的订单分配到供应商组合中，主要涉及产品族配置、供应商选择和订单分配。然而，从当前的国内外文献来看，该部分研究主要停留在供应商选择和订单分配领域。例如，Babbar 和 Amin[119]提出了一个集成环境问题的供应商选择和订单分配多目标数学模型，其利用随机混合整数线性规划模型，来确定最佳供应商组合及订单分配方案。Kim 等[120]、Moheb-Alizadeh 和 Handfield[121]分别提出基于 Markowitz 投资组合理论和分支定界理论的混合求解方法，以解决可持续供应商选择和订单分配问题。而真正将供应商选择和订单分配问题与产品族配置相结合的研究仍然比较匮乏,据我们所知,仅有王棋等[122]提出了一个以产品族利润最大化为目标,满足产品配置、供应商最小订单数量等约束的产品族设计与供应商订单分配关联优化模型,并开发了一种自适应遗传算法对模型进行求解。

1.3 研究现状总结及问题分析

基于上述对模块化设计、产品族设计、中断风险下供应链设计和产品族与供应链集成设计的国内外研究现状的综述,可以发现,尽管国内外学者对产品(族)和供应链集成设计已经做了比较广泛的理论研究和探索,产品族和供应链集成设计仍然是一个比较新的研究领域,需要开展进一步的研究,主要表现为:

①模块化和平台化是产品族架构和供应链架构设计的两个重要策略和实现途径,但目前关于供应链架构模块化设计的研究比较有限,仅有的关于单一产品和供应链集成的模块化设计的研究没能充分考虑供应商之间的协作关系和供应模块之间的地理隔离,采购灵活性和应对中断风险的能力有待提高。

②由于跨学科研究的复杂性和单一学科的研究潜力未得到充分挖掘等,产品族架构设计和供应链架构设计的研究仍停留在各自的领域,对产品族和供应链集成的架构设计的方法、理论和模型等的研究仍比较有限。

③在产品族配置和供应商选择的协同优化研究中,对供应链中断风险和供应链弹性的考虑仍不够充分,缺乏对弹性策略的应用,缺乏对中断风险下潜在最坏情况损失的评估。

④在产品族和供应链集成的配置优化的研究中,常假设供应商不存在产能限制,显然,这一假设不总是符合实际情况,需要结合供应商选择和订单分配情景,研究产品族配置、供应商选择和订单分配的协同优化问题。

1.4 本书主要内容

结合上述国内外研究现状,本书主要围绕中断风险下产品族和供应链集成设计展开,共涉及 9 章内容,分别为绪论、基于 DSM 和 MFD 集成的复杂产品模块化设计理论和方法、基于混合集成-层次分析法的弹性供应商选择、面向产品和供应链协同的模块化设计、产品族和供应链集成的平台化架构开发、产品族配置和供应商选择的风险规避型协同决策、中断风险下产品族配置和订单分配主从关联优化、产品族和供应链集成设计原型系统开发以及结论与展望。本书的体系架构如图 1-4 所示。

本书各章节内容概述如下：

第 1 章绪论：首先介绍了产品族和供应链集成设计的意义，再次从模块化设计、产品族设计、中断风险下的供应链设计以及产品族和供应链集成设计四个方面对国内外研究现状进行了综述，最后对研究现状和存在的问题进行了总结，以明确本书的重点内容。

第 2 章基于 DSM 和 MFD 集成的复杂产品模块化设计理论和方法：首先，采用 DSM 方法对产品进行聚类分析，以生成初始产品模块。其次，通过跨职能团队的分析、评估，将部分高质量的初始模块等效为单一产品组件，以降低应用 MFD 方法的工作量。再次，整合 QFD 矩阵、DPM 矩阵和 MIM 矩阵，构建 PMM 矩阵。最后，采用完全联动法和欧氏距离测量，基于 Minitab® 软件生成的树状图，帮助跨职能团队可视化 DPM 和 MIM 之间的层次关系，并分析模块集，以确定最终的模块化方案。

第 3 章基于混合集成-层次分析法的弹性供应商选择：首先，基于弹性能力的概念探讨供应商选择的弹性标准，确定了弹性能力的 8 个有效要素。其次，采用二项 Logistic 回归、分类回归树和神经网络相结合的集成方法，从历史数据中预测单个供应商的弹性，获得了比单个算法更好的预测性能。最后，通过将基于集成法获得的弹性值和另外 4 个变量相结合，以评估供应商的整体绩效，并对供应商进行排名，以选出弹性能力最高的供应商。

第 4 章面向产品和供应链协同的模块化设计（MD-PSC）：首先，对 MD-PSC 问题进行了描述。其次，基于模块化指数 Q 值和 $M_{G\&G}$，给出了 MD-PSC 的方法流程和优化模型。再次，介绍了求解 MD-PSC 优化模型的免疫遗传算法（IGA）。最后，以低端充电钻为案例，对 IGA、MD-PSC 方法和优化模型进行了验证。

第 5 章在 MD-PSC 的基础上，从单一产品过渡到产品族，分析了产品族和供应链集成的平台化架构开发（PAD-PFSC）问题。首先，对 PAD-PFSC 中可能存在博弈关系的各方进行了描述。其次，对 MD-PSC 方法和模型进行拓展，提出了 PAD-PF-SC 数学模型。再次，介绍了用于求解 PAD-PFSC 数学模型的基于精英保留策略的快速非支配排序遗传算法（NSGA-Ⅱ）。最后，以电动工具产品族为案例，对 PAD-PFSC 做了进一步阐明和分析。

第 6 章基于平台化架构的产品族配置和供应商选择（PCSS）的风险规避型协同决策：首先，对 PCSS 问题进行了描述。其次，基于客户偏好和需求分析，分别建立了以最大化利润和最小化碳排放量为目标的风险中性型 PCSS 数学模型和风险规避型 PCSS 数学模型。最后，以 NSGA-Ⅱ 算法为例，阐明了求解所提出的 PCSS 数学模型的染色体结构和编码/译码方式。最后，以电子词典为案例，对提出的模型进行了求解验证，并对结果进行了对比分析。

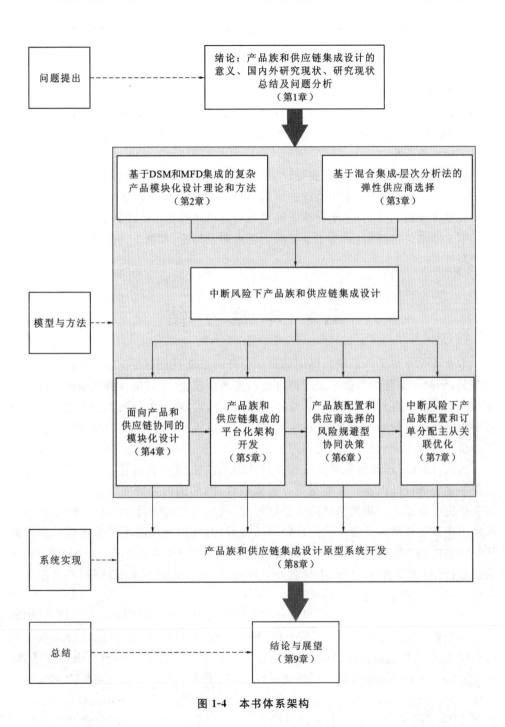

图 1-4　本书体系架构

第7章在PCSS的基础上,将单源采购拓展到多源采购,分析了中断风险下产品族配置和订单分配(PCOA)主从关联优化问题。首先,对PCOA问题进行了描述,介绍了PCOA问题中存在的leader-follower关系。其次,通过引入中断风险和供应商保护策略,建立了中断风险下的PCOA主从关联优化模型。再次,开发了求解PCOA数学模型的双层规划算法——GA-BAGA。最后,以AGV叉车为案例,对所提出的PCOA双层规划模型和双层规划法GA-BAGA进行了验证,并对相关参数进行了敏感性分析。

第8章产品族和供应链集成设计原型系统开发:基于前面章节的理论、方法和模型,开发了一个支持产品族和供应链集成设计的原型系统。介绍了原型系统的功能要求及整体架构,并结合实例对系统的主要功能模块进行了介绍。

第9章结论与展望:总结了全书的主要内容及结论,并就下一阶段的研究进行了展望。

1.5 本章小结

本章首先介绍了产品族和供应链集成设计的意义,指出:在全球供应链日益紧密的今天,任何一个环节的微小波动都可能引发连锁反应,导致供应链的中断。这种中断风险不仅源于自然灾害、政治动荡等不可预测因素,还可能是由供应链内部的某个环节出现问题导致的。因此,开展中断风险下产品族和供应链集成设计的研究,对于提升企业的风险应对能力、优化资源配置、降低运营成本等方面都具有重要意义。

其次,综述了产品族和供应链集成设计相关领域(模块化设计、产品族设计、中断风险下供应链设计以及产品族与供应链集成设计)的国内外研究现状。在综述产品族和供应链集成设计相关领域的研究现状时,我们发现国内外学者已经在这一领域取得了丰富的成果。从模块化设计到产品族设计,从中断风险下供应链设计到产品族与供应链的集成设计,这些研究为我们提供了宝贵的参考和启示。然而,我们也注意到,目前的研究仍存在一些不足之处。例如,中断风险的预测与评估、产品族与供应链之间的协同优化等方面仍有待进一步探索。

再次,对产品族和供应链集成设计研究的现状和存在的问题进行了总结,以明确本书的主要内容。①提出基于DSM和MFD集成的模块化设计方法;②开展基于混合集成-层次分析法的弹性供应商选择;③基于模块化设计方法和弹性供应商选择,开展面向产品和供应链协同的模块化设计;④基于单一产品和供应链集成的模块化设计方法,进行产品族和供应链集成的平台化架构开发;⑤基于已开发的平台化产品族-供应链架构,引入风险值和条件风险值,分析产品族配置和供应商选择的风险规避型协同决策过程;⑥引入订单分配,分析中断风险下产品族配置和订单分配的主从关联优化问题;⑦为了实现 PFSC 集成设计的自动化,基于 Microsoft Visual Studio 2019 软件平台和 VB 语言,开发了产品族和供应链集成设计原型系统。

最后,给出了本书的主要内容和框架结构。

参 考 文 献

[1]　JIAO J,TSENG M M. A methodology of developing product family architecture for mass customization [J]. Journal of intelligent manufacturing,1999,10(1):3-20.

[2]　SIMPSON T W,MAIER J R,MISTREE F. Product platform design: method and application [J]. Research in engineering design,2001,13(1): 2-22.

[3]　KRENG V B,LEE T P. Modular product design with grouping genetic algorithm—a case study [J]. Computers & industrial engineering,2004, 46(3):443-460.

[4]　MOMME J,MØELLER M M,HVOLBY H-H. Linking modular product architecture to the strategic sourcing process: case studies of two Danish industrial enterprises[J]. International journal of logistics research and applications,2000,3(2):127-146.

[5]　LAMOTHE J,HADJ-HAMOU K,ALDANONDO M. An optimization model for selecting a product family and designing its supply chain [J]. European journal of operational research,2006,169(3):1030-1047.

[6]　BURKE G J,CARRILLO J E,VAKHARIA A J. Single versus multiple supplier sourcing strategies [J]. European journal of operational research,2007,182(1):95-112.

[7]　REZAPOUR S,FARAHANI R Z,POURAKBAR M. Resilient supply chain network design under competition: a case study [J]. European journal of operational research,2017,259(3):1017-1035.

[8]　FENG T J,ZHANG F Q. The impact of modular assembly on supply chain efficiency [J]. Production and operations management,2014,23 (11):1985-2001.

[9]　UITERWIJK D,SOETERS J,VAN FENEMA P. Aligning national

"logics" in a European military helicopter program [J]. Defense & security analysis,2013,29(1)：54-67.

[10] JIAO J X,ZHANG Y Y,WANG Y. A generic genetic algorithm for product family design [J]. Journal of intelligent manufacturing,2007, 18(2)：233-247.

[11] LIU X,DU G,JIAO R J,et al. Co-evolution of product family configuration and supplier selection：a game-theoretic bilevel optimisation approach [J]. Journal of engineering design,2018,29(4-5)：201-234.

[12] GUPTA S,KRISHNAN V. Integrated component and supplier selection for a product family [J]. Production and operations management, 1999,8(2)：163-182.

[13] 王海婷. 论服饰专卖店道具模块化的设计及应用 [D]. 上海：东华大学,2010.

[14] CHIU M C,OKUDAN G. An integrative methodology for product and supply chain design decisions at the product design stage [J]. Journal of mechanical design,2011,133(2)：021008.

[15] 钟诗胜,吴惠霞,王琳. 基于 QFD 和公理化设计的模块划分方法研究 [J]. 机械设计与制造,2013(1)：98-100.

[16] 肖聪,李彦,李文强,等. 基于功能流的复杂产品模块划分方法研究 [J]. 机械设计与制造,2009(12)：249-251.

[17] 谌炎辉. 复杂机电产品模块化设计若干关键技术及应用研究 [D]. 西安：西安电子科技大学,2013.

[18] 宗鸣镝,蔡颖,刘旭东,等. 产品模块化设计中的多角度、分级模块划分方法 [J]. 北京理工大学学报,2003(5)：552-556.

[19] 高飞,肖刚,潘双夏,等. 产品功能模块划分方法 [J]. 机械工程学报, 2007(5)：29-35.

[20] 毛雨辉. 基于一种改进聚类算法的雷达导引头产品功能模块划分方法研究 [J]. 中国机械工程,2010,21(3)：314-319.

[21] 李军鹏,赵韩,陈兴玉,等. 基于混合 PSO 的复杂产品功能模块划分方法 [J]. 合肥工业大学学报(自然科学版),2011,34(10)：1441-1445.

[22] 王瑞,李中凯. 基于功能流模型的产品功能模块划分方法 [J]. 组合机床与自动化加工技术,2012(7)：6-10.

[23] 王海军,孙宝元,王吉军,等. 面向大规模定制的产品模块化设计方法 [J]. 计算机集成制造系统,2004(10)：1171-1176.

[24] 王海军,魏小鹏. 面向规模化产品族的数值规划方法 [J]. 计算机辅助设计与图形学学报,2005(3)：473-478.

[25] 龚京忠. 基于 FPBS 的机械系统模块化设计方法与应用研究 [D]. 长沙：国防科学技术大学,2008.

[26] 王奇瑞,毛罕平,李青林. 考虑零部件间间接连接关系的模块划分方法 [J]. 农业机械学报,2020,51(9)：418-426.

[27] 郭卫,刘光复,张雷. 面向全生命周期的产品绿色模块划分方法研究 [J]. 合肥工业大学学报(自然科学版),2010,33(10)：1441-1445.

[28] YU S R,YANG Q Y,TAO J,et al. Product modular design incorporating life cycle issues—group genetic algorithm (GGA) based method [J]. Journal of cleaner production,2011,19(9/10)：1016-1032.

[29] JI Y J,JIAO R J,CHEN L,et al. Green modular design for material efficiency：a leader—follower joint optimization model [J]. Journal of cleaner production,2013,41：187-201.

[30] 钱一山,黎荣,张义军,等. 面向维修性的地铁转向架轮对组成模块划分方法 [J]. 机械设计与制造,2021(3)：63-67.

[31] KUMAR D,CHEN W,SIMPSON T W. A market-driven approach to product family design [J]. International journal of production research,2009,47(1)：71-104.

[32] JIAO J X,SIMPSON T W,SIDDIQUE Z. Product family design and platform-based product development：a state-of-the-art review [J]. Journal of intelligent manufacturing,2007,18(1)：5-29.

[33] DU X H,JIAO J X,TSENG M M. Architecture of product family：fundamentals and methodology [J]. Concurrent engineering-research and applications,2001,9(4)：309-325.

[34] NIEMELA E,IMMONEN A. Capturing quality requirements of product family architecture [J]. Information and software technology,2007,49(11/12)：1107-1120.

[35] LUH Y P,CHU C H,PAN C C. Data management of green product development with generic modularized product architecture [J]. Computers in industry,2010,61(3)：223-234.

[36] BAYLIS K,ZHANG G L,MCADAMS D A. Product family platform selection using a Pareto front of maximum commonality and strategic modularity [J]. Research in engineering design,2018,29(4)：547-563.

[37] ZHANG Q H,PENG W P,LEI J,et al. A method for product platform planning based on pruning analysis and attribute matching [J]. Journal of intelligent manufacturing,2019,30(3):1069-1083.

[38] HE C,LI Z K,WANG S,et al. A systematic data-mining-based methodology for product family design and product configuration [J]. Advanced engineering informatics,2021,48:101302.

[39] WANG Q,TANG D B,YIN L L,et al. Bi-objective optimization for low-carbon product family design [J]. Robotics and computer-integrated manufacturing,2016,41:53-65.

[40] LI Z K,PEHLKEN A,QIAN H T,et al. A systematic adaptable platform architecture design methodology for early product development [J]. Journal of engineering design,2016,27(1/2/3):93-117.

[41] MOON S K,SIMPSON T W,KUMARA S R T. A methodology for knowledge discovery to support product family design [J]. Annals of operations research,2010,174(1):201-218.

[42] SIDDIQUE Z. Common platform development:designing for product variety [D]. Atlanta:Georgia Institute of Technology,2000.

[43] LIU Z,WONG Y S,LEE K S. Modularity analysis and commonality design:a framework for the top-down platform and product family design [J]. International journal of production research,2010,48(12):3657-3680.

[44] PIRMORADI Z,WANG G G,SIMPSON T W. A review of recent literature in product family design and platform-based product development [M]//Advances in product family and product platform design. New York:Springer,2013:1-46.

[45] GAUSS L,LACERDA D P,MIGUEL P A C. Module-based product family design:systematic literature review and meta-synthesis [J]. Journal of intelligent manufacturing,2021,32(1):265-312.

[46] DU G,XIA Y,JIAO R J,et al. Leader-follower joint optimization problems in product family design [J]. Journal of intelligent manufacturing,2019,30(3):1387-1405.

[47] 王世伟,谭建荣,张树有,等. 基于 GBOM 的产品配置研究 [J]. 计算机辅助设计与图形学学报,2004(5):655-659.

[48] 李妮娅,张健,刘大有. 基于广义产品结构的产品配置 [J]. 计算机集成

制造系统,2010,16(1):17-23.

[49] 张劲松,王启付,刘清华,等. 基于模型的产品智能化配置研究 [J]. 机械工程学报,2003(6):128-134.

[50] 张萌,李国喜,龚京忠,等. 基于有序树的产品快速配置设计技术 [J]. 计算机集成制造系统,2010,16(11):2333-2340.

[51] 刘明周,葛茂根,刘正琼,等. 基于约束的可定制产品配置模型 [J]. 计算机辅助设计与图形学学报,2006(2):225-230.

[52] GUT J A W, PINTO J M. Optimal configuration design for plate heat exchangers [J]. International journal of heat and mass transfer,2004, 47(22):4833-4848.

[53] ZENG F S, JIN Y. Study on product configuration based on product model [J]. The international journal of advanced manufacturing technology,2007,33(7/8):766-771.

[54] 苏楠. 基于可拓逻辑的产品族配置设计方法 [D]. 杭州:浙江工业大学,2009.

[55] 苏楠,郭明,陈建,等. 基于可拓挖掘的产品方案再配置方法 [J]. 计算机集成制造系统,2010,16(11):2346-2354.

[56] 高鹏,林兰芬,蔡铭,等. 基于本体映射的产品配置模型自动获取 [J]. 计算机集成制造系统-CIMS,2003(9):810-816.

[57] YANG D, DONG M. A constraint satisfaction approach to resolving product configuration conflicts [J]. Advanced engineering informatics, 2012,26(3):592-602.

[58] LIU Y L, LIU Z X. Multi-objective product configuration involving new components under uncertainty [J]. Journal of engineering design, 2010,21(4):473-494.

[59] DECIU E R, OSTROSI E, FERNEY M, et al. Configurable product design using multiple fuzzy models [J]. Journal of engineering design, 2005,16(2):209-233.

[60] 刘琼,赵韩,郑彩霞,等. 模块化产品优化配置问题的混合 PSO 求解方法 [J]. 农业机械学报,2008(11):117-121.

[61] 任彬,张树有,伊国栋. 基于模糊多属性决策的复杂产品配置方法 [J]. 机械工程学报,2010,46(19):108-116.

[62] XIA Y, LIU X J, DU G. Solving bi-level optimization problems in engineering design using kriging models [J]. Engineering optimization,

2018,50(5)：856-876.

[63]　MOON S K，SHU J，SIMPSON T W，et al. A module-based service model for mass customization：service family design [J]. Iie transactions,2010,43(3)：153-163.

[64]　ZHOU F,JIAO R J,LEI B Y. Bilevel game-theoretic optimization for product adoption maximization incorporating social network effects [J]. IEEE transactions on systems, man, and cybernetics：systems, 2015,46(8)：1047-1060.

[65]　KIM S,MOON S K. Sustainable platform identification for product family design [J]. Journal of cleaner production,2017,143：567-581.

[66]　YU S Q,ZHENG P,YU C Y,et al. Product-service family enabled product configuration system for cloud manufacturing[C]//Proceedings of the ASME 2017 12th International Manufacturing Science and Engineering Conference. Los Angeles,CA：ASME,2017：MSEC2017-2987.

[67]　TANG C S. Perspectives in supply chain risk management [J]. International journal of production economics,2006,103(2)：451-488.

[68]　SAWIK T. Selection of supply portfolio under disruption risks [J]. Omega,2011,39(2)：194-208.

[69]　CHEN K B,XIAO T J. Outsourcing strategy and production disruption of supply chain with demand and capacity allocation uncertainties [J]. International journal of production economics,2015,170：243-257.

[70]　HAMDI F,GHORBEL A,MASMOUDI F,et al. Optimization of a supply portfolio in the context of supply chain risk management：literature review [J]. Journal of intelligent manufacturing,2018,29(4)：763-788.

[71]　TORABI S A,BAGHERSAD M,MANSOURI S A. Resilient supplier selection and order allocation under operational and disruption risks [J]. Transportation research part E：logistics and transportation review,2015,79：22-48.

[72]　GRECHUK B,ZABARANKIN M. Risk averse decision making under catastrophic risk [J]. European journal of operational research,2014, 239(1)：166-176.

[73]　LI Y N,LIN Q,YE F. Pricing and promised delivery lead time decisions with a risk-averse agent [J]. International journal of production research,2014,52(12)：3518 3537.

[74] KIM Y S,JIANG D L,STOYANOV S. Long and short memory in the risk-neutral pricing process [J]. Journal of derivatives,2019,26(4)：71-88.

[75] PARADA-CONTZEN M V. The value of a statistical life for risk-averse and risk-seeking individuals [J]. Risk analysis,2019,39(11)：2369-2390.

[76] WANG S Y,THIELE A. A comparison between the robust risk-aware and risk-seeking managers in R&D portfolio management [J]. Computational management science,2017,14(2)：197-213.

[77] 陈宇科,熊龙,董景荣. 基于均值-CVaR 的闭环供应链协调机制 [J]. 中国管理科学,2017,25(2)：68-77.

[78] 马德青,胡劲松,姜伟,等. 具损失厌恶和损失概率厌恶的报童问题研究 [J]. 中国管理科学,2017,25(9)：188-196.

[79] WANG C,YIN Z. Using backup supply with responsive pricing to mitigate disruption risk for a risk-averse firm [J]. International journal of production research,2018,56(17)：5660-5676.

[80] HUANG F Y,HE J,LEI Q. Coordination in a retailer-dominated supply chain with a risk-averse manufacturer under marketing dependency [J]. International transactions in operational research,2020,27(6)：3056-3078.

[81] RAHIMI M,GHEZAVATI V,ASADI F. A stochastic risk-averse sustainable supply chain network design problem with quantity discount considering multiple sources of uncertainty [J]. Computers & industrial engineering,2019,130：430-449.

[82] SAWIK T. On the risk-averse optimization of service level in a supply chain under disruption risks [J]. International journal of production research,2016,54(1)：98-113.

[83] FAN Y H,FENG Y,SHOU Y Y. A risk-averse and buyer-led supply chain under option contract：CVaR minimization and channel coordination [J]. International journal of production economics,2020,219：66-81.

[84] TAO L Y,LIU S F,XIE N M,et al. Optimal position of supply chain delivery window with risk-averse suppliers：a CVaR optimization approach [J]. International journal of production economics,2021,

232：107989.

[85] ZHAO H,WANG H,LIU W,et al. Supply chain coordination with a risk-averse retailer and the call option contract in the presence of a service requirement [J]. Mathematics,2021,9(7)：787.

[86] SHEFFI Y. Resilience reduces risk [J]. Logistics quarterly,2006,12 (1)：12-14.

[87] CHRISTOPHER M,LEE H. Mitigating supply chain risk through improved confidence [J]. International journal of physical distribution & logistics management,2004,34(5)：388-396.

[88] TOMLIN B,WANG Y M. On the value of mix flexibility and dual sourcing in unreliable newsvendor networks [J]. Manufacturing & service operations management,2005,7(1)：37-57.

[89] HOU J,ZENG A Z,ZHAO L D. Coordination with a backup supplier through buy-back contract under supply disruption [J]. Transportation research part E：logistics and transportation review, 2010, 46 (6)：881-895.

[90] SAWIK T. Selection of resilient supply portfolio under disruption risks [J]. Omega,2013,41(2)：259-269.

[91] ESMAEILI-NAJAFABADI E,NEZHAD M S F,POURMOHAMMADI H,et al. A joint supplier selection and order allocation model with disruption risks in centralized supply chain [J]. Computers & industrial engineering,2019,127：734-748.

[92] ZHANG X Y,HUANG G Q,RUNGTUSANATHAM M J. Simultaneous configuration of platform products and manufacturing supply chains [J]. International journal of production research, 2008, 46 (21)：6137-6162.

[93] KHAN O,CREAZZA A. Managing the product design-supply chain interface：towards a roadmap to the "design centric business" [J]. International journal of physical distribution & logistics management,2009, 39(4)：301-319.

[94] DUCLOS L K,VOKURKA R J,LUMMUS R R. A conceptual model of supply chain flexibility [J]. Industrial management & data systems, 2003,103(6)：446-456.

[95] TANG C,TOMLIN B. The power of flexibility for mitigating supply

chain risks [J]. International journal of production economics,2008, 116(1):12-27.

[96]　SALEH J H,MARK G,JORDAN N C. Flexibility: a multi-disciplinary literature review and a research agenda for designing flexible engineering systems [J]. Journal of engineering design,2009,20(3): 307-323.

[97]　HENKEL J,HOFFMANN A. Value capture in hierarchically organized value chains [J]. Journal of economics & management strategy,2019, 28(2): 260-279.

[98]　PASHAEI S,OLHAGER J. Product architecture and supply chain design: a systematic review and research agenda [J]. Supply chain management:an international journal,2015,20(1): 98-112.

[99]　FINE C H, GOLANY B, NASERALDIN H. Modeling tradeoffs in three-dimensional concurrent engineering: a goal programming approach [J]. Journal of operations management, 2005, 23 (3/4): 389-403.

[100]　APPELQVIST P,LEHTONEN J M,KOKKONEN J. Modelling in product and supply chain design: literature survey and case study [J]. Journal of manufacturing technology management, 2004, 15 (7): 675-686.

[101]　PERO M,ABDELKAFI N,SIANESI A,et al. A framework for the alignment of new product development and supply chains [J]. Supply chain management:an international journal,2010,15(2): 115-128.

[102]　GOKHAN N M,NEEDY K L S,NORMAN B A. Development of a simultaneous design for supply chain process for for the optimization of the product design and supply chain configuration problem[J]. Engineering management journal,2010,22(4): 20-30.

[103]　GAN T S,GRUNOW M. Concurrent product and supply chain design: a literature review, an exploratory research framework and a process for modularity design [J]. International journal of computer integrated manufacturing,2016,29(12): 1255-1271.

[104]　GAN T S,STEFFAN M,GRUNOW M,et al. Concurrent design of product and supply chain architectures for modularity and flexibility: process,methods,and application [J]. International journal of production research,2022,60(7):2292-2311.

[105] WANG D,DU G,JIAO R J,et al. A stackelberg game theoretic model for optimizing product family architecting with supply chain consideration [J]. International journal of production economics,2016,172：1-18.

[106] LIU X J,DU G,JIAO R J. Bilevel joint optimisation for product family architecting considering make-or-buy decisions [J]. International journal of production research,2017,55(20)：5916-5941.

[107] WU J,DU G,JIAO R J. Optimal postponement contracting decisions in crowdsourced manufacturing：a three-level game-theoretic model for product family architecting considering subcontracting [J]. European journal of operational research,2021,291(2)：722-737.

[108] 熊奕璇. 产品族架构设计与供应链延迟策略的主从关联优化研究 [D]. 天津：天津大学,2017.

[109] WANG Q,TANG D B,YIN L L,et al. An optimization method for coordinating supplier selection and low-carbon design of product family [J]. International journal of precision engineering and manufacturing,2018,19(11)：1715-1726.

[110] LUO X G,LI W,KWONG C K,et al. Optimisation of product family design with consideration of supply risk and discount [J]. Research in engineering design,2016,27(1)：37-54.

[111] 武浩远,王建,黎荣,等. 集成多准则供应商评价的产品配置方法研究 [J]. 机械设计与研究,2019,35(5)：126-130.

[112] SHAHZAD K M,HADJ-HAMOU K. Integrated supply chain and product family architecture under highly customized demand [J]. Journal of intelligent manufacturing,2013,24(5)：1005-1018.

[113] 杜纲,关进良,熊奕璇,等. 产品族架构设计与供应商选择的主从关联优化 [J]. 中国机械工程,2019,30(1)：9-17.

[114] PAKSERESHT M,MAHDAVI I,SHIRAZI B,et al. Co-reconfiguration of product family and supply chain using leader-follower Stackelberg game theory：bi-level multi-objective optimization [J]. Applied soft computing,2020,91：106203.

[115] YANG D,JIAO J X,JI Y L,et al. Joint optimization for coordinated configuration of product families and supply chains by a leader-follower Stackelberg game [J]. European journal of operational research,

2015,246(1)：263-280.

[116] CAO Y,LUO X G,KWONG C K,et al. Joint optimization of product family design and supplier selection under multinomial logit consumer choice rule [J]. Concurrent engineering-research and applications, 2012,20(4)：335-347.

[117] LUO X G,KWONG C K,TANG J F,et al. Integrating supplier selection in optimal product family design [J]. International journal of production research,2011,49(14)：4195-4222.

[118] 牟立峰,曹岩. 集成供应商选择的产品族设计多目标方法 [J]. 计算机集成制造系统,2015,21(3)：576-584.

[119] BABBAR C,AMIN S H. A multi-objective mathematical model integrating environmental concerns for supplier selection and order allocation based on fuzzy QFD in beverages industry [J]. Expert systems with applications,2018,92：27-38.

[120] KIM J S,JEON E,NOH J,et al. A model and an algorithm for a large-scale sustainable supplier selection and order allocation problem [J]. Mathematics,2018,6(12)：325-343.

[121] MOHEB-ALIZADEH H,HANDFIELD R. Sustainable supplier selection and order allocation：a novel multi-objective programming model with a hybrid solution approach [J]. Computers & industrial engineering,2019,129：192-209.

[122] 王棋,唐敦兵,齐培培,等. 产品族设计与供应商的订单分配关联优化研究 [J]. 制造业自动化,2020,42(2)：107-112.

2 基于 DSM 和 MFD 集成的复杂产品模块化设计理论和方法

2.1 模块化设计概况

随着经济发展和消费升级,客户个性化和多样化需求稳步增加,例如:在车辆生产系统中,特别是在卡车和公共汽车的生产线上,定制化和个性化需求日益增多。为应对这一趋势,企业被迫需要不断增加产品和部件的种类,从而造成企业研发成本高、研发周期长等问题,因此,如何以较低的成本、较短的时间为客户提供个性化和多样化服务成为企业思考的问题。在此问题的驱动下,大规模定制技术成为生产企业关注的焦点,甚至,部分企业正逐步通过大规模定制方式来满足客户的个性化需求。研究表明:多样性、灵活性和复杂性之间存在着因果关系。产品的多样性影响了生产的灵活性,导致生产过程操作的复杂性。在大规模、多品种的生产系统中,如何处理其复杂性在学术界和工业界都引起了广泛关注。

目前,为了寻求竞争力,汽车制造商增加了产品种类,并更好地应对生产系统的灵活性。然而,提供具有更多种类产品的组合通常需要管理更多数量的组件,这无疑降低了运营效率,并提高了生产系统管理的复杂性。Hallgren 和 Olhager[1]认为,汽车制造商必须缩小市场需求和运营能力之间的差异,才能变得更加敏捷。然而,车辆生产系统订单,尤其是卡车和公共汽车的生产订单具有多样化和大规模的特点。因此,它们始终需要新的管理方法和流程来应对效率低的问题。

根据 Shamsuzzoha 和 Helo[2]的研究,部分公司一直在开发或调整产品时实施敏捷性的策略。当选择大规模定制时,公司必须平衡客户需求(必须得到满足)和运营绩效(商业、产品、开发和运营领域在公司内的表现)。目前,应对大规模定制所产生的复杂性的一种方法是标准化生产。标准化生产通过提高相同组件或系统在类似产品中的应用频率,降低了研发成本,缩短了研发周期,使得企业能够更快速地推出新产品,满足市场需求。然而,标准化生产并非没有缺点。正如我们所知,标准化意味着一定程度的统一和简化。这种统一和简化可能会导致产品的功能和设计在某些方面无法满足客户的特定需求。因此,企业在追求标准化的同时,也需要关注客户的个性化需求,以确保在两者之间找到最佳的平衡点。

为了更好地处理客户多样化和个性化需求导致的生产的复杂性提升的问题,并尽力为企业创造竞争优势,Efthymiou 等[3] 提出了测量复杂性和指导生产决策的不同方法。然而,如何使这些方法最好地适应多种生产系统,仍是一个有待探索的前沿问题。

回顾 Fisher 和 Ittner[4] 在 20 世纪 90 年代的开创性研究,我们不难发现,随着产品种类的激增,制造商在维持低成本、高质量、按时交付的平衡点上显得愈发捉襟见肘。这一背景在数十年的时间内并未发生根本性的变化,反而在全球化的浪潮下显得愈发突出。尤其是在复杂如斯的汽车制造环境中,产品品种的繁多和生产规模的庞大,给制造商带来了前所未有的挑战。如何在这样的背景下发挥大规模定制的效益,同时保持高效的运营性能,无疑是当前制造业面临的关键而紧迫的问题。

基于上述问题,模块化技术应运而生。模块化产品体系结构的发展正是要处理这些与大规模定制相关的需求。模块化产品体系结构的核心理念在于,通过有限数量的通用模块、功能模块等,在一个统一的产品平台上进行组合,从而生产出各式各样的产品。这种方法的魅力不仅在于能够满足客户的多样化和个性化需求,更在于其背后的经济性和效率性。每一个经过精心设计的模块,都可以在多个不同的产品中得到应用,极大地降低了产品研发成本,缩短了研发周期。同时,由于模块之间的通用性和可替换性,产品交付的效率也得到了显著提升。此外,模块化设计还有助于提升产品的可维修性和可靠性。由于每个模块都经过严格的设计和测试,其性能和质量得到了有效保障。当产品出现故障时,制造商可以快速定位并更换有问题的模块,大大降低了维修成本和减少了维修时间。这种快速响应的能力对于提升客户满意度和保持品牌形象至关重要。

因此,通过实现产品的模块化、构建模块化产品平台可以在个性化需求和生产灵活性方面取得平衡。同样,以车辆生产系统为例,汽车制造商通过广泛采用模块化设计,将车辆分解为多个可独立生产和组装的模块,如发动机、底盘、车身等,使得这些模块在设计和生产阶段都保持了高度的通用性,从而满足了根据订单需求快速组装车辆并完成交付的需求。

本章介绍了一种集成 DSM 和 MFD 的模块化设计方法,该方法综合考虑了客户需求和企业需求,并应用于重型汽车后空气悬架系统的模块化设计中,以验证所提出方法的合理性和有效性。此外,本章所提出的方法还较好地处理了大规模、多样化生产系统的灵活性和复杂性问题,为推广和应用模块化技术提供了依据。

2.2 集成 DSM 和 MFD 的模块化设计方法

在众多模块化设计方法中,MFD 和 DSM 无疑是两种重要的方法。其中,MFD 是一种将复杂系统分解为多个独立模块,并根据需要进行部署和整合的策略。这种方法的关键在于确保每个模块都具备独立的功能,并且能够在需要时与其他模块无缝集成。DSM 则是一种基于矩阵的数据分析工具,它通过建立系统各组件之间的关系矩阵,帮助设计师和工程师更好地理解系统的结构和功能。

值得注意的是,MFD 和 DSM 不仅具有一些相似的特征,还具有较强的互补性。其中,相似性主要体现在两个方面。①这两种方法都采用了基于矩阵的数据输入方式,这使得数据的收集、整理和分析变得更加高效和直观;②市面上已有许多可用的商业和学术软件支持这两种方法的应用,这大大降低了技术门槛,使得更多的企业和研究机构能够轻松地使用这些方法。而互补性主要体现为 MFD 注重于模块的独立性和可集成性,而 DSM 则侧重于系统组件之间的关系分析。这种互补性使得两种方法能够相互补充,共同解决复杂系统中的问题。例如,在产品开发过程中,设计师可通过 MFD 将产品分解为多个功能模块,并通过 DSM 分析各模块之间的关系,从而确保产品的整体性能和稳定性。

此外,MFD 和 DSM 在工业领域的应用已经有了显著的成效。统计数据显示,采用这两种方法的企业在产品开发周期、成本控制以及产品质量等方面都有了显著的改进。这进一步证明了 MFD 和 DSM 作为模块化设计方法的杰出代表,在工业领域具有广阔的应用前景和巨大的潜力。

因此,基于 MFD 和 DSM 间较强的相似性和互补性的特点,以及两种方法在工业领域取得的显著成效,本章采用 MFD 和 DSM 集成的方法开展模块化设计。其中,MFD 方法将产品设计过程划分为多个层次和组别,每个层次和组别都专注于特定的设计要素,如功能、结构、外观等。通过这种方法,设计师不仅可以系统地考虑产品的各方面性能,同时还可以兼顾公司的全局战略、客户需求和工程观点等[5]。而 DSM 方法则通过二维矩阵的形式,清晰地展示了产品部件之间的结构或功能关系,从而帮助设计师更好地理解产品的整体结构,发现潜在的设计问题,为产品设计的优化提供了有力的支持。通过 MFD 和 DSM 的集成应用,可以实现产品特性、公司战略、客户需求等属性的权衡和综合,从而设计出更加优秀的产品。

由于在使用该方法进行模块化设计过程中,开发者必须具备产品和产品系统知识,因此,在设计之初,必须要组建一支具有产品生命周期知识的跨职能团队来处理相关知识及其关系。图 2-1 所示为基于 DSM 和 MFD 集成的模块化设计方法的流程图,具体描述如下。

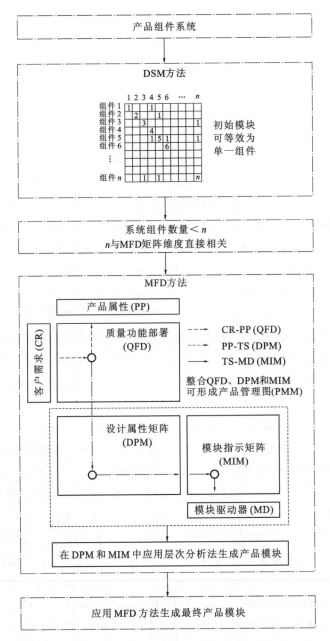

图 2-1 基于 DSM 和 MFD 集成的模块化设计方法流程图

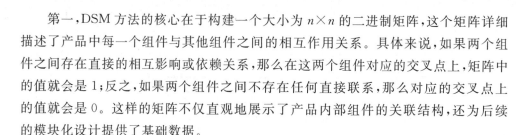

第一,DSM方法的核心在于构建一个大小为$n \times n$的二进制矩阵,这个矩阵详细描述了产品中每一个组件与其他组件之间的相互作用关系。具体来说,如果两个组件之间存在直接的相互影响或依赖关系,那么在这两个组件对应的交叉点上,矩阵中的值就会是1;反之,如果两个组件之间不存在任何直接联系,那么对应的交叉点上的值就会是0。这样的矩阵不仅直观地展示了产品内部组件的关联结构,还为后续的模块化设计提供了基础数据。

第二,基于这个DSM矩阵,采用聚类算法对产品进行初次的模块划分,使得那些具有紧密关联关系的产品组件被划分为一个模块。而那些与其他组件连接较少或未连接的产品组件,则单独作为一个模块,或者与其他模块进行特定的集成设计,从而完成产品模块结构的初步构建,形成初始产品模块,为后续的设计工作奠定基础。完成初步模块化设计后,一个由来自不同领域的专家组成的跨职能团队会对这些基于DSM方法获取的产品模块进行关于技术问题的深入分析和验证,确保每个产品模块在技术上可行、可靠,并且能够在装配线上顺利完成组装。这样的验证过程不仅保证了产品的质量和性能,也为后续的设计优化提供了方向。

一旦跨职能团队对所有的产品模块进行了验证和认可,就可以将这些模块等效为单个产品组件。这样,在接下来的MFD方法中,每一个被认可的初始产品模块都会被视为一个独立的单元,与其他产品模块进行组合和集成。这样的设计方式大大简化了设计过程,降低了矩阵的维度和复杂度,从而节约了大量的时间和成本。同时,由于模块之间的相对独立性,设计师可以更加灵活地调整和优化设计方案,提高设计效率和质量。

第三,应用MFD方法合并如下信息。①质量功能部署(QFD):作为一种先进的产品开发方法,QFD通过矩阵分析的方法,将客户的需求与产品的各个属性进行对应,通过打分和权重分配的方式,确定出各个属性的重要性和优先级。这种量化的分析方法不仅使得设计师能够更加清晰地了解客户的需求,也为设计师提供了一个清晰、系统的框架,用于将客户的声音转化为产品设计的具体要求。通过一系列的市场调研和数据分析,QFD能够精确地识别出客户的真实需求,并将这些期望进行分类、整理,然后转化为可衡量的产品属性(PP)。这种转化的过程,不仅确保了产品的最终设计能够真正符合客户的期望,也大大提高了产品设计的针对性和有效性。②设计属性矩阵(DPM):DPM的引入为产品设计注入了更多的技术细节。DPM将QFD中识别出的产品属性与特定的技术解决方案(TS)相联系,使得设计师在寻求解决方案时有了更加明确的方向。通过这种关联,DPM不仅能够帮助设计师更好地理解产品属性背后的技术逻辑,还能够促进技术创新和突破,使产品在技术上更加先进和领先。③模块指示矩阵（MIM）：MIM 的引入将产品设计与公司战略紧密结合。MIM 将 DPM 中确定的技术解决方案与公司的模块驱动器（MD，即公司的策略和目标）相联系，确保了产品设计不仅满足技术和客户需求，还能够支持公司的长远发展。这种联系使得产品设计不再是一个孤立的过程，而成为公司战略实施的重要一环。

第四，跨职能团队将产品组件之间的层次关系应用到 DPM 和 MIM 中，以获取反映产品组件分组情况的树状图。在树状图中，各个产品组件按照其内在联系被分为不同的组，其中，被分在同一组的产品组件可以被创建为一个产品模块。跨职能团队通过对所有可能的产品模块划分方案进行评估分析，选择其中合适的一组作为最终的模块划分方案，确定产品模块的类型和组成。

第五，跨职能团队会对不同产品模块间接口类型的接口矩阵进行详细的阐述，并对整个模块化过程进行详细的记录和总结。这些记录将成为宝贵的知识资产，为后续的产品设计和生产提供有力的支持。同时，团队还会对模块化过程进行持续的优化和改进，以适应不断变化的市场需求和技术发展趋势。

2.2.1　应用 DSM 方法

首先，研发团队的成员需要深入分析市场趋势，明确产品定位，从而选择需要模块化的产品系统。其次，团队成员会获得该产品系统的全部产品组件清单。这一清单详细列出了构成产品系统的各个部分，包括硬件、软件、服务等多个方面。再次，团队会抽调产品系统所涉及的各部门专家，组成一个具有丰富系统知识的跨职能团队。最后，跨职能团队基于 DSM 矩阵，构建初始产品模块，并把每一个产品模块等效为单一组件，以提高开发效率。

（1）模块化子系统——以后空气悬架子系统为例

通常而言，重型商用车可以细分为动力总成、前后悬架、底盘、制动系统以及驾驶室整流罩等多个关键组成部分。而在这些子系统中，前后悬架系统对于车辆的整体性能具有至关重要的作用。在传统的市场上，钢板弹簧悬架因其出色的多功能性、坚固的结构和相对较低的购置及维护成本，一直是卡车和城市公交车市场的首选。这种悬架系统以其卓越的承载能力和稳定性，赢得了广大客户的信赖。

然而，随着科技的进步和市场的变化，客户对于车辆舒适性和安全性的要求也在不断提高，这使得空气悬架系统在商用车领域的需求呈现出持续增长的趋势。与传统的钢板弹簧悬架相比，空气悬架系统具有更高的灵活性和可调性，能够根据不同的路况和载重需求进行自适应调整，从而确保车辆行驶的平稳性和舒适性。此外，空气悬架系统还具有更低的噪声和振动水平，为乘客提供更加宁静的乘坐环境。

因此,本章将以后空气悬架子系统为例,详细阐述集成 DSM 和 MFD 的模块化设计方法框架和原理。这种方法旨在通过系统工程的思路,将公司战略、客户需求和工程观点等多个方面有机结合起来,实现产品设计的最优化和效率的最大化。

图 2-2 所示为空气悬架系统和钢板弹簧悬架系统的三维模型。可以看出,空气悬架系统采用了先进的空气弹簧和控制系统,通过控制空气弹簧的充放气来调节悬挂的软硬程度,实现对车辆悬挂高度的精准调整,以适应不同路况和驾驶需求。钢板弹簧悬架系统主要依靠钢板弹簧的弹性来支撑车身,并通过减震器来吸收路面冲击。

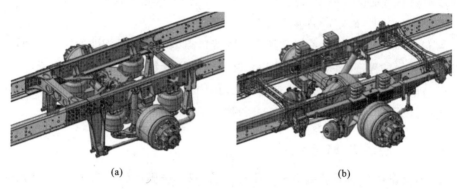

(a)   (b)

图 2-2   空气悬架系统和钢板弹簧悬架系统

(a)空气悬架系统;(b)钢板弹簧悬架系统

(2)子系统产品组件清单

跨职能团队使用自底向上的规划方法来获取组件列表。自底向上的规划方法,是从具体的产品或组件出发,逐步向上扩展至更广泛的市场视角。这种方法强调从细节出发,逐步构建起完整的产品蓝图。在这个过程中,跨职能团队成员能够充分发挥各自的专业优势,共同参与到组件的识别、分类和整合中来。以汽车行业的后空气悬架子系统为例,跨职能团队通过自底向上的规划方法,成功获得了 44 个产品组件,其清单如表 2-1 所示。需要注意的是,本章中,在应用 DSM 方法时将 44 个产品组件均称为产品组件;在应用 MFD 方法时,将 44 个产品组件均称为技术方案。

表 2-1   **DSM 产品组件清单（MFD 技术方案清单）**

编号	组件名	编号	组件名
1	axle housing	23	"banana" beam
2	axle shaft	24	upper torque plate
3	carrier	25	interface plate
4	carrier yoke	26	U bolts
5	yoke fixation	27	rod bracket-axle
6	wheel hub	28	upper tie rod
7	wheel hub bearings	29	lower tie rod
8	wheel hub sealing	30	suspension cross member
9	wheel hub bolts	31	rod bracket-frame
10	ABS ring	32	upper shock absorber bracket
11	drum brake	33	stabilizer bar bracket
12	brake routing bracket	34	stab bar rod
13	S came	35	stab bar housing bracket
14	slack adjuster	36	upper stab bar bush
15	brake chamber	37	stab bar housing bush
16	brake spider	38	stab bar
17	brake shoes and lining	39	bellows bracket
18	can rollers	40	air reservoir
19	return spring	41	leveling valve
20	front air bellows	42	shock absorber
21	rear air bellows	43	shock absorber bushings
22	suspension bracket	44	axle stop

（3）跨职能团队

选择合适的跨职能团队对于获得好的模块化方案至关重要。因此,跨职能团队不仅需要对整个模块化过程有深入的理解,还需要能够跨越不同的职能领域,以确保在设计过程中能够全面考虑各种因素。根据图 2-1 所示集成 DSM 和 MFD 的模块化设计方法流程图可知,在整个模块化设计过程中,需要跨职能团队贡献智力的过程有:

①跨职能团队需要判断产品组件间是否存在相互作用,从而对 DSM 矩阵进行0-1填充。这是一个需要深入理解产品设计和制造工艺的过程,团队成员需要凭借丰富的经验和专业知识,对产品组件的关联性进行精确判断。

②在基于 DSM 矩阵和聚类算法完成初次模块划分后,跨职能团队需要对初始模块进行评估分析,以选择合适的初始模块化方案。这个过程涉及对模块的功能、性能、成本等多方面的权衡和考量。团队成员需要借助各种分析工具和方法,来确保所选方案的可行性和优越性。

③在应用 MFD 方法时,跨职能团队需要填写 QFD 矩阵、DPM 和 MIM。这是一个将客户需求转化为具体设计要求的过程,需要团队成员具备敏锐的市场洞察力和深厚的专业知识。

④根据 DPM 和 MIM 上的技术解决方案的层次关系,选择分析树状图的最终模块。在这个过程中,跨职能团队不仅需要运用系统工程的思维方法,对各个模块进行综合考虑和优化,还需要考虑模块之间的相互影响和制约关系,以及整个系统的整体性能和稳定性。因此,这个过程需要团队成员具备扎实的系统工程基础知识和丰富的实践经验。

⑤跨职能团队需要详细说明接口矩阵 IM 并记录整个过程。这是一个对模块化设计过程进行回顾和总结的过程,也是为后续的产品开发和生产提供指导和依据的过程。团队成员需要详细记录每个阶段的工作内容和成果,并对整个设计过程进行反思和总结,以发现不足之处并提出改进建议。

综上所述,为了实现模块化设计方法的有效实施,跨职能团队应由具备丰富经验和专业知识的专家成员组成。根据模块化设计过程的特点和要求,建议跨职能团队由 9 名专家成员组成,其中 3 名来自生产和分销部门,负责确保产品的可制造性和可分销性;1 名来自营销部门,负责理解并满足客户需求;1 名来自销售部门,负责反馈将产品推向市场过程中面临的问题;1 名来自客户服务部门,负责处理客户反馈和提供售后支持;3 名来自研发设计部门,负责产品的设计和开发工作。这样的团队配置可以确保模块化设计过程的顺利进行和最终产品的成功上市。

（4）DSM 类型和特征

在深入探讨 DSM 的多样性和应用领域时，我们不难发现，DSM 可以根据其特性和应用场景被细分为多个类别。如图 2-3 所示，DSM 主要分为两大类：静态 DSM 和时序 DSM。

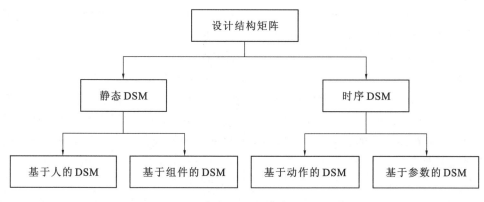

图 2-3　DSM 分类

静态 DSM 主要关注产品系统中各组成部分在同一时间点的存在状态。它又可以细分为基于组件的 DSM 和基于人的 DSM。基于组件的 DSM 侧重于分析产品系统中各个组件之间的关联性和依赖性。在这种管理模式下，产品系统中的所有组件被视为在同一时间点内都处于存在状态，且各自承担特定的功能和角色。例如，在汽车制造领域，发动机、底盘、车身等组件在同一辆汽车内同时存在，共同构成了一个完整的汽车系统。基于人的 DSM 则更加注重人在产品系统中的作用和角色，强调人与产品、人与环境之间的交互关系。

接着，我们转向时序 DSM。与静态 DSM 不同，时序 DSM 更加关注产品系统中各组成部分在时间序列上的动态变化。它也可以进一步细分为基于动作的 DSM 和基于参数的 DSM。基于动作的 DSM 主要关注产品系统中各组成部分在特定时间序列下所执行的动作和状态转换。例如，在自动化生产线上，机器人、传送带等设备在预设的时间序列下，按照特定的动作和状态转换来完成生产任务。基于参数的 DSM 则侧重于分析产品系统中各组成部分在时间序列上的参数变化，如温度、压力、速度等。这些参数的变化不仅反映了产品系统的工作状态，还为产品系统的优化和改进提供了重要依据。

静态 DSM 和时序 DSM 在需求侧管理中的应用也各有侧重。在静态需求侧管理中，产品系统中的各组成部分同时存在，管理者需要全面考虑各组件之间的关联性和依赖性，以确保产品系统的稳定性和可靠性。而在时序需求侧管理中，产品系统中的各组成部分按照时间序列进行排列和组合,管理者需要关注产品系统中各组成部分在时间序列上的动态变化,以便更好地预测和应对可能出现的问题。

基于组件的 DSM 强调产品系统中各组件之间的关联性和依赖性,反映了产品组件间的交互作用,这与本章所述方法中强调的系统性和整体性不谋而合。通过运用基于组件的 DSM,管理者可以更加清晰地了解产品系统中各组件的功能和角色,以及它们之间的相互作用和影响,从而制定出更加科学、合理的需求侧管理策略。因此,基于组件的 DSM 与本章所述方法具有高度的匹配性。

此外,为了简化求解过程,在本章中,产品组件间的交互类型仅由空间结构决定,即当两个产品组件之间存在物理连接时,认为这两个产品组件间存在交互作用,用 1 表示;当两个产品组件间不存在物理连接时,认为这两个产品组件间不存在交互作用,用 0 表示。图 2-4(a)所示为一个 $N \times N$ 的可视化 DSM 矩阵(其中,N 为产品系统中包含的产品组件的数量),可以发现,DSM 矩阵很好地记录并呈现了产品组件间的交互关系。

	A	B	C	D	E	F	G	H	I	J	K	L	M	N	O	P
组件A	A	1														
组件B	1	B			1											
组件C			C													1
组件D				D												
组件E		1			E	1		1								
组件F					1	F		1	1							
组件G							G									1
组件H					1	1		H	1							1
组件I						1		1	I							
组件J										J						
组件K											K					
组件L												L				
组件M													M			
组件N														N		
组件O															O	1
组件P			1			1	1								1	P

(a)

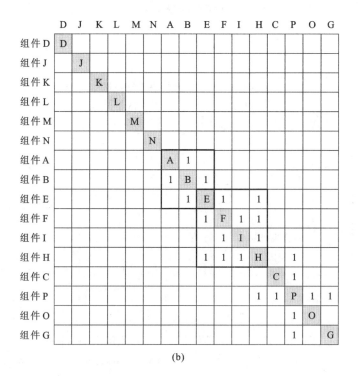

图 2-4 一个可视化 DSM 矩阵示例

(a)两个产品组件间交互关系；(b)基于 DSM 的模块化结果

然后，将 DSM Excel Macro 2.1 应用于基于 DSM 的模块化划分方法中，生成初始产品模块。接着，跨职能团队根据产品组件的互换性和对装配线的影响，对初始产品模块进行评估和分析，以确定合适的产品模块划分方案，最终，为了提高后续步骤研发效率，将跨职能团队选择的每个产品模块等效为单个组件，以减少名义产品组件数量。

综上可以发现，基于 DSM 的模块划分结果的质量受到跨职能团队的专业知识的强烈影响，尽可能提高跨职能团队成员的专业水平是必要的。

2.2.2 应用 MFD 方法

与 DSM 方法类似，MFD 方法也是一种基于矩阵的模块化设计方法，由三个相互关联的矩阵组成：质量功能部署矩阵——QFD 矩阵、设计属性矩阵——DPM 和模块指示矩阵——MIM。所有这些矩阵融合在一起形成了集成客户需求、工程需求和公司需求的产品管理矩阵——PMM（图 2-5）。通过分层聚类分析（HCA），对 DPM

和 MIM 进行聚类分析,可进一步创建产品模块,并形成树状图以实现可视化。

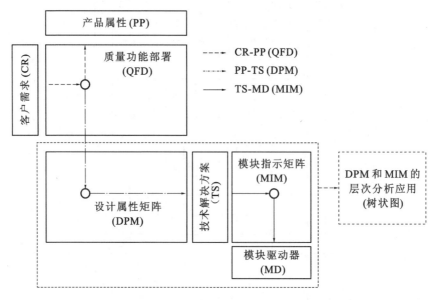

图 2-5　产品管理矩阵(PMM)和接口矩阵(IM)示意图

　　为了获取最合适的产品模块划分方案,跨职能团队需要对不同可能的模块集进行评估分析,对于争议较大的产品模块,需要将其进一步分离出来,并与团队中各成员所在部门的团队一起检查这些模块。然后,在下一次跨职能团队会议上进行讨论、评估,以确定最终的产品模块划分方案和产品模块。

　　(1)QFD

　　QFD 是 1966 年由日本学者开发的一种方法。其核心宗旨在于协助企业精准地捕捉和解析客户的需求,进而将这些需求无缝对接至产品的设计与开发过程中,确保最终的产品能够满足甚至超越客户的期望。在这个过程中,客户需求并非凭空而来,而是基于销售和市场部门精心策划的调查,通过深入了解客户的需要、愿望和期望,为产品的开发提供坚实的市场基础。

　　图 2-5 为 QFD 矩阵将客户需求转化为产品属性和技术解决方案的一个清晰的框架。

　　(2)DPM

　　第二个矩阵为 DPM,其与产品特性和技术解决方案有关。其中,技术解决方案体现了产品所需要的功能。例如,电池的电压是由电池组提供的。为了改变电池的电压,必须对电池组进行更改,或选择新的具有不同电压的电池技术(图 2-5)。

（3）MIM

MIM 将技术解决方案与模块驱动程序（公司的战略）联系起来。此外，MIM 还提供了一种用于调查将多个功能集成到单个产品模块的机会的机制（图 2-5）。

（4）PMM

如图 2-5 所示，PMM 由 QFD 矩阵、DPM 和 MIM 联合形成。

（5）树状图

树状图有助于实现 DPM 矩阵和 MIM 矩阵的分层聚类结果的可视化，并分析可能的产品模块。本章中，这项任务借助 Minitab® 静态软件实现。

（6）IM

首先，采用三角界面矩阵对各产品模块之间的接口进行分析。然后，根据 Minitab® 的分类结果，将接口关系类型归纳为：控制/通信接口（C）、环境接口（C）、域接口（F）、固定接口（A）、空间接口（S）、传输接口（T）。通常，两个产品模块间至少存在一种接口关系（图 2-5）。

（7）流程文档

相关研究表明，MFD 方法的最后阶段应包括记录模块化过程中所有阶段。所有记录的资料必须采用标准化格式，并分发到项目所涉及的领域。该记录文档的模板如表 2-2 所示。

表 2-2　　　　　　　　　　　　　模块化过程的文档示例

责任人	名字
模块名称	建议名称
目的	描述要实现的策略
技术解决方案	描述组成该模块的技术解决方案（参见 PMM 矩阵和树状图）
接口	描述模块接口（参见接口矩阵 IM）
备注	提供已实现的客户要求（参见 QFD 矩阵）

2.3　结果与讨论

2.3.1　阶段 1：应用 DSM 方法

根据表 2-1 所示后空气悬架的组件类型和组件间的关系，建立后空气悬架 DSM 矩阵，基于 DSM Excel Macro 2.1 对后空气悬架 DSM 矩阵进行聚类分析，生成了 10 个初始产品模块，如图 2-6 所示。随后，跨职能团队对初始产品模块进行评估分析，放弃了两个初始产品模块（分别由组件 23、24、25、26 和组件 22、30、31、32、33、39、44 生成的模块）。在 2.3.2 节将对这两个模块做进一步讨论和说明。

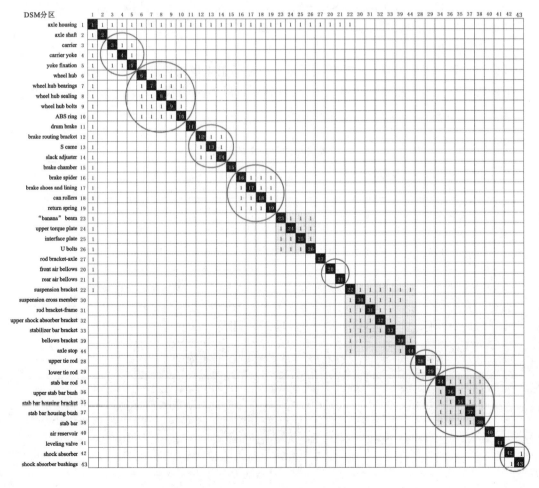

图 2-6　包含 44 个技术方案的 DSM 矩阵

图 2-6 中被圈出的前 8 个模块分别为：①载架模块（包括载架、载架轭及轭固定装置）；②轮毂模块（包括轮毂、轮毂轴承、轮毂密封件、轮毂螺栓及 ABS 环）；③制动管路支架模块（含制动管路支架、S 形凸轮及间隙调节器）；④车轮制动器模块（由制动钳、制动蹄与衬片、凸轮滚子及复位弹簧构成）；⑤气囊模块（前空气气囊和后气囊弹簧）；⑥拉杆模块（上拉杆和下拉杆）；⑦稳定杆模块（稳定杆本体、稳定杆支架、上稳定杆衬套、稳定杆衬套及稳定杆连接杆）；⑧减震器模块（减震器本体及减震器衬套）。

在接下来的分析中，这 8 个产品模块将被等效为单个组件（即在接下来应用 MFD 方法时，这 8 个产品模块被称为 8 个技术方案），这样，后空气悬架的等效组件数将由 44 个减少为 26 个。

2.3.2 阶段 2：应用 MFD 方法

表 2-3 中列出的 26 个技术方案将作为 MFD 方法的输入数据。

表 2-3 　　　　　　　　应用 DSM 阶段的组件名或 MFD 技术方案

编号	组件名或技术方案	组件清单
1	axle housing	
2	axle shaft	
3	carrier set	carrier,carrier yoke and yoke fixation
4	wheel hub set	wheel hub,wheel hub bearings,wheel hub sealing, wheel hub bolts and ABS ring
5	drum brake	
6	brake routing bracket set	brake routing bracket,S came and slack adjuster
7	brake chamber	
8	wheel brake set	brake spider,brake shoes and lining, can rollers and return spring
9	"banana" beam	
10	upper torque plate	

续表

编号	组件名或技术方案	组件清单
11	interface plate	
12	U bolts	
13	rod bracket-axle	
14	bellows set	front air bellows and rear air bellows
15	suspension bracket	
16	suspension cross member	
17	rod bracket-frame	
18	upper shock absorber bracket	
19	stabilizer bar bracket	
20	bellows bracket	
21	axle stop	
22	tie rod set	upper tie rod and lower tie rod
23	stabilizer bar set	stab bar rod，stab bar housing bracket，upper stab bar bush，stab bar housing bush and stab bar
24	air reservoir	
25	leveling valve	
26	shock absorber set	shock absorber and shock absorber bushings

（1）建立 QFD 矩阵

客户的需求是基于可用的材料和工程师与产品营销专家间的对话。表 2-4 显示了客户需求及其重要性等级。

表 2-4 　　　　　　　　**客户需求及其重要性等级（1＝低，5＝高）**

客户需求	重要性等级
低轮胎磨损	5
组件耐久性和可靠性	5
简单、低成本维护	5
安全性	5
垂直载荷能力和牵引力	4
乘客舒适度和负载完整性	4
稳定性和操控性	4
低噪声	3
越障能力	3
参数可调性	3

客户需求需要转化为详细的工程规范，也即产品属性或工程参数。在这个过程中，一个重要的步骤就是确保产品属性的可测量性和可控性。可测量性意味着能够通过某种手段来测量或评估产品属性的实际表现，从而确保产品符合设计要求。可控性则意味着能够通过调整生产过程中的相关参数或因素来控制产品属性的表现。这两个方面的要求保证了工程部门能够精确地定义和分配目标，以满足客户需求。本案例所涉及的 21 种产品属性如表 2-5 所示。

表 2-5 产品属性

编号	产品属性	编号	产品属性
1	悬架频率	12	空气容积
2	悬架阻尼	13	风箱充气时间
3	橡胶衬套率	14	制动减速
4	最大侧倾稳定角	15	竖向承载力
5	纵向承载能力	16	启动性能
6	横向刚度	17	拖拽力
7	抗扭刚度	18	磨损
8	悬架行程	19	标准固定元件
9	离地间隙	20	维修通道
10	离去角	21	耐久性
11	坡道通过角		

QFD 矩阵将顾客需求与产品特性联系起来，以生产出满足这些需求的产品。后空气悬架的 QFD 矩阵如图 2-7 所示。其中，客户需求与产品属性的相关性权重被设置为三个等级，分别为：1＝低，3＝中，9＝高。此外，当它们之间没有关系时，就不再分配重要性等级。例如：客户需求中的乘客舒适度和负载完整性与产品属性中的悬架频率、悬架阻尼和悬架行程密切相关，因此，与其相关性的权重被赋值为 9。

▲ = 9 ■ = 3 ● = 1

客户需求 ＼ 产品属性	悬架频率	悬架阻尼率	橡胶衬套率	最大侧倾稳定角	纵向承载能力	横向刚度	抗扭刚度	悬架行程	离地间隙	离去角	坡道通过角	空气容积	风箱充气时间	制动减速	竖向承载力	启动性能	拖拽力	磨损	标准固定元件	维修通道	耐久性	重要性等级	分数
乘客舒适度和负载完整性	▲	▲	■	■				▲														4	132
稳定性和操控性	●	■	■	■	▲	■	●								▲							4	184
低轮胎磨损		■	■		■	●	■							●								5	95
越障能力					▲			▲		▲	▲	▲	▲	▲	■							3	144
参数可调性			●		■		■	▲		▲	▲	▲		▲	■							3	99
安全性				●	▲	■	■								▲							5	115
低噪声		●	●												■						■	3	54
垂直载荷能力和牵引力	▲	●	▲	■	●			■							▲	▲	▲	▲	▲	▲	▲	4	200
简单、低成本维护	●							■										▲	▲	▲	▲	5	180
组件耐久性和可靠性			▲	●	▲														▲	▲	▲	5	65
分数	118	101	79	66	111	41	41	115	27	27	27	27	27	50	105	36	36	45	45	45	99		

图 2-7 QFD矩阵中部分数据

产品属性的得分是每个客户需求与产品属性的相关性权重乘以客户需求重要性等级后,进行累加求和的值。如:第1列显示值118=(9×4+ 9×4+1×5+9×4+1×5)。客户需求的得分是每个产品属性与客户需求的相关性权重乘以客户需求重要性等级的总和。如:第1行显示值132=(9+9+3+3+9)×4。参数得分越高,越需要对其进行分析以达到预期效果。

(2)开发DPM矩阵

在工程师们致力于开发新产品的过程中,一个至关重要的环节便是执行详尽的功能分析。这一步骤不仅是为了确保产品能够满足预期的市场需求,更是为了对产品的各项功能需求进行细致的梳理和深化。通过对产品进行功能分析,工程师们能够将一个庞大的产品拆解成更为细致、具体的部分,这些拆解后的独立部分被称为功能组件或技术解决方案。此外,工程师们在进行功能分析时,必须保证所有的技术方案都被详细记录,并且要进行严格的筛选和评估。这意味着他们需要避免冗余和不必要的技术方案,以确保产品的开发过程能够高效、有序地进行。同时,他们还需要对技术方案之间的关系进行深入的理解和分析,以确保这些方案能够相互协调、相互支持,共同为产品的成功开发贡献力量。

功能分析可以是自顶向下或自底向上的,这两种方法各有特点,适用于不同的场景和需求。自顶向下的功能分析是从产品的顶层功能设计出发,逐步向下细化,直至获得具体的技术解决方案。这种方法通常适用于全新产品的设计,因为在开始时,往往对产品的整体功能和目标有一个清晰的蓝图。例如,在设计一款智能家居系统时,首先会确定其主要功能,如远程控制、语音交互等,然后逐步细化这些功能,包括选择适当的传感器、处理器和通信技术等。通过这种方法,可以确保产品功能的完整性和技术实现的可行性。

相对而言,自底向上的功能分析则是以现有产品为基础,通过对产品的拆解、分析和改进,来提出新的技术解决方案。这种方法更加注重对现有技术的挖掘和优化,适用于产品的迭代升级和性能提升。在实际操作中,可以将产品分解为各个组件,对每个组件的功能和性能进行评估,找出存在的问题和潜在的改进空间。例如,在改进一款智能手机时,可以对其处理器、摄像头、电池等组件进行分析,了解它们的性能瓶颈和升级潜力,然后提出相应的改进方案。

值得注意的是,这两种方法并不是孤立的,而是可以结合使用的。事实上,许多成功的产品设计都采用了混合式的功能分析方法。例如,Smeds等[6]的研究就采用了自底向上的方法,他们认为市场上已经存在需要模块化的产品,因此可以通过对现有产品的分析和改进来定义新的技术解决方案。同时,他们也强调了在定义技术解决方案时,需要考虑到产品的整体功能和目标,以确保技术实现的可行性和有效性。Archer和Scalice[7]则在确定技术解决方案时,结合了自底向上和自顶向下的方法。

在拆解(拆卸)和对标(竞争分析)阶段,他们采用了自底向上的方法,通过对现有产品的分析和比较,了解市场上的技术趋势和竞争态势。在定义技术解决方案本身时,他们则采用了自顶向下的方法,从产品的整体功能和目标出发,逐步细化技术实现方案。这种方法有助于确保产品设计的系统性和一致性,同时也能够充分利用现有技术和市场资源。

需要强调的是,本章采用了自底向上的功能分析方法。

DPM不仅是对产品性能的多维度考量,更是连接产品设计与技术实现的桥梁。这一矩阵深入剖析了不同设计属性与技术方案对产品性能的相对影响,确保这些影响能够通过具体的技术解决方案,物理地融入最终产品中,以便被客户感知。DPM反映了工程对产品性能的要求。后空气悬架系统的DPM矩阵如图2-8所示,其中,产品属性得分等于其在DPM矩阵中对应列各项分数的总和。

大多数技术解决方案与耐久性密切相关。从工程的角度来看,具有高耐久性的技术解决方案会影响客户满意度并帮助达到客户要求。同样,许多与产品性能密切相关的技术解决方案也会影响客户满意度,例如竖向承载力(分数第二高,93)和纵向承载能力(分数第三高,81)等。

(3)开发MIM矩阵

MIM矩阵展示了技术解决方案与模块驱动程序(公司战略)之间的关系。如图2-9所示,模块指示矩阵展示了12个可供选择的模块驱动器。然而,这并非一成不变的数量。在实际应用中,这个矩阵的维度和细节可以根据公司的特定战略、市场需求或模块化的具体原因进行调整和扩展。MIM反映了公司对技术解决方案的要求。在模块化过程中,大多数技术解决方案都与两个模块驱动器密切相关。其中,第一个模块驱动器是"planned product change",它反映了计划中的产品是如何影响消费者的体验和感知的,通过精心策划和实施的产品变革,公司能够更好地满足消费者的需求,增强产品的市场竞争力;第二个模块驱动器是"different technical specifica-tions",它反映了客户的技术规格不同对产品品种造成的影响。通过深入分析和理解这两个模块驱动器,公司可以更加精准地把握技术解决方案与市场需求的契合点,从而制定出更加有效的商业策略。同时,这也要求公司在技术开发和产品创新方面保持高度的灵活性和适应性,以应对不断变化的市场环境和消费者需求。

(4)建立PMM矩阵

图2-10为后空气悬架系统的PMM矩阵,其由QFD矩阵、DPM矩阵和MIM矩阵组合而成。PMM显示了整个过程(客户需求、产品属性、技术解决方案和公司战略)的广泛视图,通过PMM矩阵可以检查特定更改如何影响整个过程。PMM矩阵还有助于检查设计方案能否满足客户需求。通过层次关系,一起分析DPM矩阵和MIM矩阵可生成产品模块。

图例: ▲ = 9　■ = 3　● = 1

技术方案 \ 产品属性	悬架频率	悬架阻尼	橡胶衬套率	最大侧倾稳定角	纵向承载力	横向刚度	抗扭刚度	悬架行程	离地间隙	离去角	坡道通过角	空气容积	风箱充气时间	制动减速	竖向承载力	启动性能	拖拽力	磨损	标准固定元件	维修通道	耐久性
axle housing						■	■		▲						▲						▲
axle shaft															▲	■	■			■	▲
carrier set															▲	▲	▲			■	
wheel hub set						■								■	▲	■	■				
drum brake														▲	■						
brake routing bracket set														▲	■			■			
brake chamber														▲							
wheel brake set														▲				■		▲	▲
"banana" beam					▲	■	■	■	■						▲						▲
upper torque plate					▲	■	■	■							▲						▲
interface plate					▲	■	■	■							▲						▲
U bolts					▲	■	■	■							▲						▲
rod bracket-axle					▲			■										■			▲
bellows set					▲													■			▲
suspension bracket					▲													■			▲
suspension cross member		■	■						■										▲	■	
rod bracket-frame			■	■					■										▲	■	
upper shock absorber bracket	■								■						■				▲	■	
stabilizer bar bracket			■												■				▲	■	
bellows bracket					▲	▲	▲											■			▲
axle stop					▲	▲	▲											■			▲
tie rod set			■	▲						■								■			▲
stabilizer bar set	▲					■	■	▲				■	■		▲			■	■		
air reservoir		▲	■					▲													
leveling valve												▲	▲								
shock absorber set								▲													
分数	12	12	15	12	81	48	54	51	24	3	0	12	12	39	93	15	15	54	21	27	162

图 2-8　后空气悬架系统的 DPM 矩阵

▲ = 9　■ = 3　● = 1

技术方案 \ 模块驱动器	carry over	technological evolution	planned product change	different technical specifications	style	common unites	organization/process	standalone tests	strategic suppliers	service/maintenance	updating	recycling	分数
axle housing	▲			▲			▲	▲	▲			■	48
axle shaft	▲			▲			▲	▲	▲			■	48
carrier set		▲		▲			▲	▲	▲	▲			54
wheel hub set	▲					▲	▲			■		■	33
drum brake				▲			▲					■	21
brake routing bracket set		▲	■	▲			▲		▲	▲			48
brake chamber		▲		▲			▲	▲	▲	▲			54
wheel brake set		▲	■	▲			▲		▲	▲			48
"banana" beam			▲	▲								■	21
upper torque plate			▲	▲								■	21
interface plate			▲	▲								■	21
U bolts			▲	▲								■	21
rod bracket-axle			▲	▲								■	21
bellows set			▲	▲								■	21
suspension bracket			▲	▲								■	21
suspension cross member	▲					▲							18
rod bracket-frame	▲					▲							18
upper shock absorber bracket	▲					▲							18
stabilizer bar bracket	▲					▲							18
bellows bracket			▲	▲								■	21
axle stop			▲	▲				■	■	▲			33
tie rod set			▲	▲				▲	▲				36
stabilizer bar set			▲	▲				■	■	▲		■	36
air reservoir		▲	▲	▲					▲			▲	45
leveling valve			▲	▲									18
shock absorber set			▲	▲					▲				27
分数	63	45	132	189	0	45	72	51	87	57	0	48	

图 2-9　MIM 矩阵

Legend: ▲ = 9　■ = 3　● = 1

模块驱动器 (top matrix rows):
- recycling
- updating
- service/maintenance
- strategic suppliers
- standalone tests
- organization/process
- common unites
- style
- different technical specifications
- planned product change
- technological evolution
- carry over

客户需求方案 (Customer requirements):
- 乘客群温度和负载完整整性
- 稳定性和操控性
- 低能耗磨损
- 爬陡能力
- 参数可调性
- 安全性
- 低噪声
- 重直载荷能力和牵引力
- 简单、低成本维护
- 拍件耐久性和可靠性

产品属性 (Product attributes):
- 悬架频率
- 悬架阻尼率
- 橡胶衬套刚率
- 最大侧倾稳定角
- 纵向承载能力
- 横向刚度
- 抗扭刚度
- 悬架行程
- 离地间隙
- 坡道通过角
- 风箱充气容积时间
- 纵向承载能力
- 制动减速
- 启动性能
- 磨视力
- 标准固定元件
- 维修通道
- 耐久性

技术方案 (Technical solutions):
- axle housing
- axle shaft
- carrier set
- wheel hub set
- drum brake
- brake routing bracket set
- brake chamber
- wheel brake set
- "banana" beam
- upper torque plate
- interface plate
- U bolts
- rod bracket-axle
- bellows set
- suspension bracket
- suspension cross member
- rod bracket-frame
- upper shock absorber bracket
- stabilizer bar bracket
- bellows bracket
- axle stop
- tie rod set
- stabilizer bar set
- air reservoir
- leveling valve
- shock absorber set

图 2-10　后空气悬架系统的PMM矩阵

分析发现,DPM 矩阵通常包含比模块驱动程序更多的产品属性,这意味着它能够更全面地覆盖产品的各个方面。因此,DPM 矩阵的范围通常比 MIM 矩阵更广,为产品管理提供更为丰富的信息。然而,这也带来了一定的挑战。如果 DPM 矩阵填写不充分,可能会导致产品设计过于偏重工程技术方面,而忽略公司战略和市场需求。反之,如果过于强调公司战略和市场需求,又可能会忽视工程技术对产品性能的影响。

为了避免这种情况的发生,需要在使用 PMM 时保持高度的警觉和灵活性;需要确保 DPM 矩阵得到充分而准确的填写,以便为产品管理提供全面而可靠的信息支持;同时,还需要密切关注市场需求和公司战略的变化,以便及时调整产品设计和制造过程,确保产品能够满足不断变化的市场需求,并实现公司的战略目标。

(5)MIM 矩阵和 DPM 矩阵的层次关系

树状图作为一种强大的可视化工具,被广泛用于揭示 DPM 矩阵与 MIM 矩阵中技术解决方案之间的层次结构和内在联系。根据 DPM 矩阵中的产品特性和 MIM 矩阵中的模块驱动,对所有的技术解决方案进行评估、分析和聚类,从而形成如图 2-11 所示的树状图。在树状图中,不同的技术解决方案被表示为树枝,它们之间的层次关系通过树枝的长度和位置来展示。这种可视化方式使得聚类结果一目了然,有助于设计师迅速发现不同技术解决方案之间的层次关系和聚类结果。

需要说明的是,在生成树状图的过程中,采用了完全联动法和欧氏距离测量。这两种方法都是基于统计和数据分析的原理,能够有效地捕捉不同技术解决方案之间的相似性和差异性。此外,由于 Minitab® 软件能够快速、准确地生成高质量的树状图,本章基于 Minitab® 软件平台,生成了后空气悬架系统的树状图(图 2-11)。

通过分析图 2-11 所示的后空气悬架系统的树状图,可以获得多个模块化方案。跨职能团队经过综合评估分析,提出了两个方案:第一个是由较高分支(实线)表示的,共包含 4 个产品模块,模块化结果如图 2-12 所示;第二个是由较低分支(虚线)表示的,共包含 10 个产品模块,模块化结果如图 2-13 所示。

跨职能团队成员向各自所在的部门团队展示了这两组模块,并听取了部门内部的看法。最后,跨职能团队对模块化方案进行了更改,得到的最终模块化方案如图 2-14 所示,共生成了 7 个产品模块,分别为集群 1(轴)、集群 2(梁)、集群 3(框架)、集群 4(杆组)、集群 5(储气罐)、集群 6(减震系统)和集群 7(调平阀)。

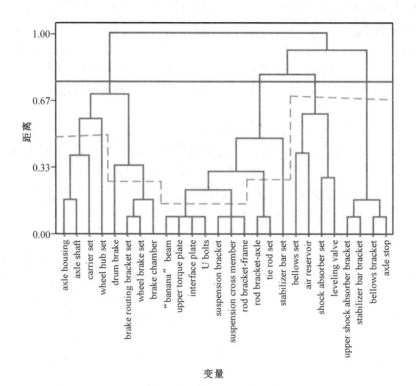

图 2-11　树状图（DPM 和 MIM）

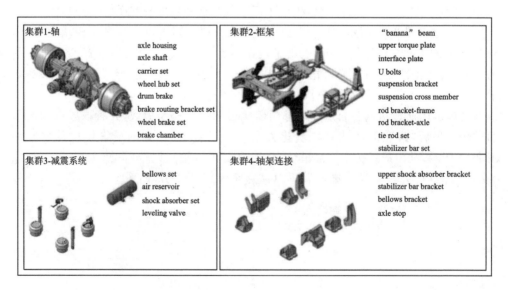

图 2-12　较高分支（图 2-11 中实线）的模块

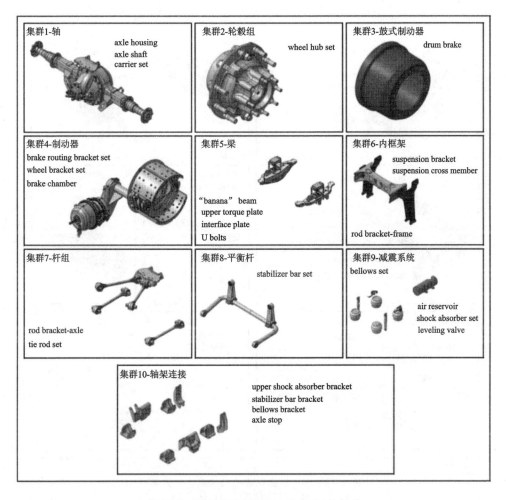

图 2-13 较低分支(图 2-11 中虚线)的模块

　　需要说明的是,在图 2-11 的较高分支中,共生成了 4 个产品模块(图 2-12)。通过与图 2-14 所示的最终模块化方案对比可以发现:集群 1(轴)被接受为一个最终产品模块。由于集群 2 的装配线存在问题,因此,其不被接受为一个最终产品模块。此外,由于技术问题,集群 3 和集群 4 同样没被接受为最终的产品模块。因此,集群 2、集群 3 和集群 4 被重新定位或分成其他产品模块(图 2-14)。

图 2-14　跨职能团队修改后的模块化方案

在图 2-11 的较低分支中，共生成了 10 个产品模块，如图 2-13 所示。通过与图 2-14 所示的最终模块化方案对比可以发现：图 2-13 中的集群 1（轴）、集群 2（轮毂组）、集群 3（鼓式制动器）和集群 4（制动器）在图 2-14 中被合并为集群 1（轴），形成一个最终产品模块。图 2-13 中的集群 5（梁）和集群 7（杆组）分别为图 2-14 中的集群 2（梁）和集群 4（杆组），这表明，图 2-13 中的集群 5（梁）和集群 7（杆组）在图 2-14 中均被确定为最终产品模块。图 2-13 中的集群 6（内框架）、集群 8（平衡杆）、集群 9（减震系统）和集群 10（轴架连接）没有出现在图 2-14 中，表明这 4 个集群被重新定位或拆分到其他模块（如图 2-14 中的集群 3、集群 5、集群 6 和集群 7）中。虽然集群 6（内框架）和集群 10（轴架连接）间距离很小，但它们并没有形成一个独立的模块，这主要是由 DPM 矩阵(图 2-8)和 MIM 矩阵(图 2-9)中这些聚类成分的权重不正确造成的。集群 6(内框架)的悬架支架、悬架横梁、杆架框架部件与两个模块驱动(规划的产品变更和不同的技术规格)紧密相连。与上部减震器支架和稳定杆支架不同,波纹管组和轴止动组件被包含在集群 10(轴架连接)中。然而,这种分离在生产过程中是没有意义的。

图 2-14 中的集群 2(梁)和集群 3(框架)也是在应用 DSM 方法(图 2-6)阶段确定的初始产品模块,分别由组件 23、24、25 和 26,以及组件 22、30、31、32、33、39 和 44 组成。这一事实证实了这些模块的正确性。此外,在采用 DSM 方法阶段,储气罐和调平阀没有形成产品模块。这说明,在综合考虑组件的耦合关系、几何特性和功能特性时,基于 DSM 的模块化设计方法易受到工程观点的影响。

综上可知,在模块化这一阶段,跨职能团队的经验是具有决定性的。模块划分结果上的差异表明,DPM 和 MIM 的填写不充分,需要修改。此外,导致模块划分结果不同的其他原因如下:①产品部件的几何形状和连通性分析不正确;②对关键产品性能进行了浅显分析;③DPM 中涉及了多余的产品特性;④部分概念处理不当。

(6)验证模块概念

IM 显示了最终模块间的连接关系。减震系统与储气罐模块具有控制/通信关系(储气罐模块的储气罐元件控制减震系统的气穴)。各模块之间的连接关系如图 2-15 所示。

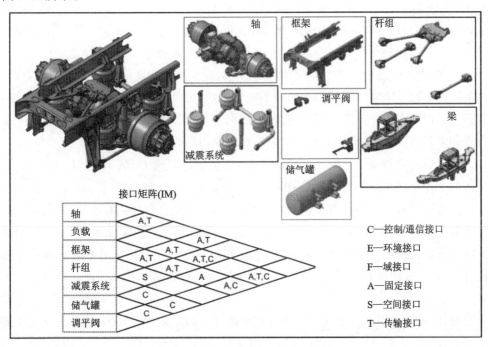

图 2-15 基于模块化方案获得的接口矩阵

(7)记录整个模块化过程

MFD 方法的最后阶段包括记录模块化过程的各个阶段。记录资料必须采用标准格式,并且必须分发到项目所涉及的各个领域。

2.4　本章小结

在模块化设计领域,MFD 方法被广泛采用,以实现产品设计的优化和个性化。然而,应用 MFD 方法时面临的一个显著挑战是,在填充 QFD 矩阵、DPM 和 MIM 时,常常需要依赖设计师和工程师的主观判断。这种主观性不仅使得模块化设计的过程难以重复,还提高了其复杂性和不确定性。

MFD 方法之所以存在主观性,主要是因为产品的功能和需求往往难以用单一的、客观的标准来衡量。设计师和工程师需要根据自己的专业知识和经验,来判断哪些功能和需求应当被优先考虑,哪些设计参数和模块接口是必要的。然而,这种判断往往受到个人经验、知识背景和偏好的影响,从而导致设计结果的差异性和不确定性。

为了减少 MFD 方法应用过程中的主观因素,可以从多个方面入手。首先,可以使用 DSM 方法作为筛选工具,通过识别和分析产品或系统中的关键组件和交互关系,减少不必要的组件数量,从而降低 MFD 矩阵的维度和复杂度。这不仅可以减少设计师和工程师的工作量,还可以提高设计过程的可重复性和准确性。

其次,选择合适的跨职能团队来构建 DSM 矩阵和 MFD 矩阵也是至关重要的。跨职能团队包括来自不同部门和专业的成员,他们可以提供不同的视角和专业知识,从而更全面地考虑产品的功能和需求。此外,跨职能团队之间的协作和沟通也可以促进知识的共享和整合,提高设计的创新性和实用性。

本章所呈现的系统化模块化设计方法,正是通过集成 DSM 和 MFD 方法,有效地降低了跨职能团队的工作量,并提高了模块化设计的效率和质量。在实际应用中,这种方法不仅满足了客户对个性化产品的要求,还符合公司的战略需求。例如,某汽车制造公司的项目,使用这种方法对动力总成系统进行了模块化设计。通过 DSM 方法筛选出关键组件和交互关系后,构建了 MFD 矩阵,并确定了各个模块的功能和接口。最终,成功地将动力总成系统划分为几个独立的模块,提高了产品的可维护性和可升级性。

此外,跨职能团队详细阐述模块化过程的文档和记录,也为未来的模块化过程提供了宝贵的指导和参考。这些文档和记录包括设计决策的依据、模块的功能和接口定义、测试和分析结果等。通过反复利用这些文档和记录,企业可以积累宝贵的经验和知识,提高模块化设计的效率和质量。

因此,对于企业来说,投资知识管理工具(如内容存储库和知识库)是必要的。这些工具可以帮助企业更好地管理和利用这些宝贵的文档和记录,促进知识的共享和传承。同时,企业还可以根据自身的需求和特点,进一步探索和优化模块化设计的方法和流程,以实现更高效、更灵活的产品设计和开发。

参 考 文 献

[1] HALLGREN M, OLHAGER J. Lean and agile manufacturing: external and internal drivers and performance outcomes [J]. International journal of operations & production management, 2009, 29(10): 976-999. DOI: info:doi/10.1108/01443570910993456.

[2] SHAMSUZZOHA A H M, HELO P T. Modular product architecture: the role of information exchange for customization [C/OL]//REINER G. Rapid modelling and quick response: intersection of theory and practice. London: Springer, 2010: 195-212. https://doi.org/10.1007/978-1-84996-525-5.

[3] EFTHYMIOU K, PAGOROPOULOS A, PAPAKOSTAS N, et al. Manufacturing systems complexity review: challenges and outlook [J]. Procedia CIRP, 2012, 3(1): 644-649. DOI: 10.1016/j.procir.2012.07.110.

[4] FISHER M L, ITTNER C D. The impact of product variety on automobile assembly operations: empirical evidence and simulation analysis [J]. Management science, 1999, 45(6): 771-786. DOI: 10.1287/mnsc.45.6.771.

[5] BORJESSON F, HÖLTTÄ-OTTO K. A module generation algorithm for product architecture based on component interactions and strategic drivers [J]. Research in engineering design, 2014, 25(1): 31-51. DOI: 10.1007/s00163-013-0164-2.

[6] SMEDS R，HAHO P，ALVESALO J．Bottom-up or top-down? Evolutionary change management in NPD processes [J]．International journal of technology management，2003，26（8）：887-902．DOI：10.1504/ IJTM.2003.003415.

[7] ARCHER J A，SCALICE R K．Aplicação e análise de uso de três metodologias de projeto de produtos modulares [C]// XXX encontro nacional de engenharia de produção．São Carlos，SP，2010：1-14.

3 基于混合集成-层次分析法的弹性供应商选择

3.1 供应商选择概况

相关研究表明,随着全球化的不断深入和市场需求的日益多样化,企业之间的竞争已不再是简单的单个公司之间的角逐,而是逐渐转变为整个供应链之间的较量。这种转变意味着,要想在市场中立足并取得成功,企业不仅需要关注自身的运营效率,更需要强化其供应链管理的能力。

权威机构发布的数据显示,在制造业中,原材料和零部件的成本往往占据了成品成本的七成左右,这无疑使得采购部门在成本控制中扮演了举足轻重的角色。因此,选择合适的供应商,成为采购部门面临的关键任务。

供应商选择和评估的过程,实质上是一个寻找"最佳匹配"的过程。这个"最佳匹配"不仅要求供应商能够在规定的时间内,以合理的价格提供高质量的产品,还需要考虑到双方的长期合作与共同发展。为了实现这一目标,采购部门需要制定一套科学、合理的供应商选择标准,并通过有效的方式对供应商的资格进行评估。

在供应商选择标准方面,我们可以将其分为定性和定量两大类。定性标准主要侧重于供应商的非量化属性,如产品质量、保修和索赔政策、产品性能、技术能力、地理位置、业务愿望以及劳动关系记录等。这些标准虽然难以用数字精确衡量,但却直接关系企业的运营效率和产品质量。例如,一个拥有先进技术和完善保修政策的供应商,能够为企业提供更稳定、可靠的产品,从而降低生产风险和维护成本。

而定量标准则更侧重于供应商的量化属性,如运输成本、采购成本、订单成本、交货时间以及产品不良率等。这些标准可以通过具体的数字来衡量和比较,为采购部门提供更直观、客观的决策依据。以运输成本为例,一个位于企业附近且拥有完善物流体系的供应商,能够显著降低企业的运输成本和时间成本,提高生产效率。

值得注意的是,供应商选择是一个复杂的多准则决策问题,涉及两个主要任务:一个是确定要考虑的标准,另一个是比较供应商资格的方法。在实际操作中,采购部门需要根据企业的实际情况和需求,灵活运用各种方法和工具,对供应商的资格进行全面、细致的评估。例如,可以通过问卷调查、实地考察、历史数据分析等方式收集供应商的相关信息,并运用多属性决策分析、模糊综合评价等方法对供应商的综合实力进行评估和比较。

近些年,由于全球气候变化和环境问题的日益严重,世界各国保护环境的意识逐渐增强,政府对于环境标准的要求也在不断提高。在这样的背景下,企业面临着巨大的环保压力,因此,绿色供应商的选择标准受到了学术界和实践者的广泛关注。早在2003年,Humphreys 等[1]就提出了绿色供应商选择标准的分类方法,并将其分为定量的环境标准和定性的环境标准两大类。定量的环境标准,通常包括污染物成本、改善成本等可量化、可衡量的环境法规指标。这些指标能够直观地反映供应商在环保方面的投入和成果,是企业进行绿色供应商选择时的重要依据。而定性的环境标准,则侧重于对与供应商的环境能力相关的标准的定性测量。这些标准包括但不限于绿色形象、环境管理体系、环境能力等。

由于不同行业、不同产品、不同商品和服务的具体特征不同,绿色供应商选择标准具有多样性。相关学者根据具体行业背景和产品特征,对供应商选择标准进行了分类。从表 3-1 中我们可以看到,以往的研究主要集中在传统和绿色供应商选择标准上,但随着环境问题的日益严重和环保要求的不断提高,绿色供应商选择标准也在不断更新和完善。

表 3-1　　　　　　　　　　　　供应商选择标准分类

参考文献	供应商选择标准
Chan 等[2]	业绩、持续改进、公司背景
Huang 和 Keskar[3]	产品、供应商、社会
Şen 等[4]	成本、质量、服务、可靠性、管理、技术
Luo 等[5]	管理、财务质量、公司资源和质量
Şen 等[6]	社会经济、技术、质量

续表

参考文献	供应商选择标准
Kahraman 和 Kaya[7]	供应商、产品性能、服务性能、成本
Rezaei 和 Ortt[8]	交换、供应商、关系的要素
Kar[9]	价格、交货符合性、产品、技术能力、生产能力、财务状况、电子交易能力
Güneri 等[10]	质量、成本、准时交货、关系亲密、冲突解决
Arikan[11]	价格、质量、交货、容量
Deng 等[12]	成本、质量、服务绩效、供应商利润、风险因素

尽管基于传统标准和绿色标准的供应商选择已经得到了广泛的研究和应用,但在当前气候变化和极端天气事件频发的背景下,弹性标准在供应商选择过程中的重要性却尚未得到充分的探索。在这个快速变化的世界中,供应链延迟和中断事件频发,给企业的运营带来了极大的挑战。尤其是供应商中断,一旦沿着供应链网络传播,就会产生级联效应,如同多米诺骨牌一般,给整个供应链带来不可估量的损失。这种影响不仅局限于直接的物资损失,更包括市场信誉、客户关系等多方面的间接损失。

例如,1999 年 9 月 21 日,台湾中部发生了一场里氏 7.6 级的毁灭性地震,这是该地区近 65 年来最大的地震。对于许多制造业企业、组织和基础设施来说,这场地震无疑是一场灾难。其中,新竹工业园区位于地震震中 70 英里(1 英里约等于 1609 米)范围内,该园区内拥有众多大型半导体制造设施,其总产量约占世界计算机存储芯片产量的 10%。因此,在地震发生后的几个月里,全球的 PC 零部件供应受到了严重的限制。戴尔、Gateway、IBM、苹果、惠普等众多知名科技公司都因供应商中断而遭受了巨大的损失。类似的情况在 2011 年日本发生的里氏 9.0 级地震和海啸中再次上演。这场灾难导致了全球供应链网络的中断,许多企业因此陷入了困境。这些例子都充分说明了在供应商选择过程中,弹性标准的重要性。

上述例子表明,即使在毁灭性的灾难下,供应链的流动也必须继续下去,在供应商选择过程中,弹性标准必须作为选择供应商的标准被考虑。

3.2 供应商弹性能力

本节将深入探讨供应商选择的弹性准则,特别关注供应商的弹性能力,这一能力主要由三个核心部分构成:吸收能力、适应能力和恢复能力。

3.2.1 吸收能力

吸收能力指的是供应商在面对市场波动、技术革新或突发事件时,能够迅速理解和把握这些变化,并将这些变化转化为自身竞争优势的能力。这种能力要求供应商不仅具备敏锐的市场洞察力,还拥有强大的研发实力和雄厚的技术积累。例如,在电子行业中,一些领先的供应商能够迅速吸收新技术,将其应用于产品研发和生产中,从而保持产品的领先地位。

对于供应商而言,吸收能力作为一种独特的灾前弹性能力,具有举足轻重的地位。本节主要确定了5个反映供应商吸收能力的因素,这些因素共同构成了供应商吸收能力的核心框架,具体如下。

(1)地理隔离

自然灾害是造成供应链中断或延迟的最常见的干扰因素,可能对供应商的绩效造成毁灭性的打击。为了确保供应链的稳定性和可持续性,企业必须采取一系列措施来降低潜在风险。通过分散采购来源、深入分析潜在风险因素以及应用新技术等手段,企业可以更加有效地应对自然灾害等挑战,确保供应链的顺畅运转。

以个人电脑企业为例,其众多核心电子元件的供应,往往依赖于日本等特定地区的供应商。日本,这个位于环太平洋地震带上的国家,因其特殊的地理位置而频繁受到地震等自然灾害的侵袭。这种地理特性使得许多日本供应商在面临自然灾害时显得尤为脆弱。一旦灾害发生,不仅可能导致生产设施受损,还可能造成交通中断、电力供应不足等一系列连锁反应,从而对全球供应链造成深远的影响。为了避免这种潜在的风险,许多企业开始考虑从远离自然灾害频发地域的供应商处采购原材料。这种做法不仅可以降低潜在区域灾害对供应商供应过程产生负面影响的可能性,还能在一定程度上确保供应链的稳定性和可持续性。通过分散采购来源,企业能够减少对单一地区或供应商的依赖,从而在面对自然灾害等不可控因素时更具韧性和应变能力。

除了地震之外,洪水、台风、干旱等自然灾害也可能对供应链造成严重影响。因此,企业在制定供应链战略时,必须充分考虑这些潜在的风险因素。通过深入分析供应商所在地的自然环境和历史灾害数据,企业可以更加准确地评估潜在风险,并采取相应的措施来降低这些风险对企业运营的影响。

（2）备用供应商

供应商可以与备用供应商签订合同，以解决在中断情况下供应能力不足的问题。对于供应商来说，提前找到合适的备用供应商，并与之签订应急供应合同是非常重要的。一个优秀的备用供应商应具备稳定的供应能力、良好的质量保障以及灵活的交货时间，能够迅速响应企业的需求，并提供可靠的解决方案。越来越多的企业选择与备用供应商签订合同，以确保在关键时刻能够迅速获得所需的资源。在与备用供应商签订合同之前，供应商需要进行充分的调查和评估。这包括对备用供应商的财务状况、生产能力、质量管理体系、交货记录等方面的深入了解。此外，供应商还需要与备用供应商进行深入的沟通和协商，明确双方的权利和义务，确保合同条款的明确性和可执行性。

在实际应用中，许多企业已经成功通过备用供应商和应急供应合同来应对供应中断的风险。例如，某知名汽车制造商在与主要零部件供应商签订合同的同时，也与多家备用供应商建立了长期合作关系。当主要供应商因自然灾害而生产受阻时，备用供应商迅速响应，提供了所需的零部件，确保了汽车制造商的生产线得以正常运转。此外，一项统计数据显示，那些与备用供应商签订了应急供应合同的企业，在面临供应中断时，其恢复生产的速度和效率要明显高于没有签订此类合同的企业。这进一步证明了与备用供应商签订应急供应合同的重要性和必要性。

（3）鲁棒性/物理保护

面对自然灾害等不可抗力因素时，物理保护策略能够有效减少中断对供应链产生的负面影响，从而确保企业的稳定运营。这种物理保护不仅关乎企业的生存与发展，更是对社会责任的一种体现。

物理保护策略的实施需要充分考虑各种因素。一方面，企业需要根据自身的实际情况和所处地区的气候特点，选择合适的物理保护方案。例如，在地震多发的地区，企业可以采用加固建筑结构、设置隔震层等措施来提高抗震能力；而在洪水易发区，则需要设置防洪堤、排水系统等设施来降低洪水对设施的影响。另一方面，企业还需要关注物理保护策略的成本效益问题，确保投入与产出之间的平衡。

在实践中，许多企业已经意识到物理保护策略的重要性，并付诸实践。这种对物理保护的重视，使得企业在面对自然灾害等不可抗力因素时，依然能够保持稳定的运营和发展。此外，一些统计数据也进一步证明了物理保护策略的有效性。一项针对全球供应链中断事件的研究报告显示，采用物理保护策略的企业在面临自然灾害等不可抗力因素时，中断事件的发生率降低了约30%。这一数据充分说明了物理保护策略在减少中断负面影响方面的重要作用。

（4）盈余库存

通过保持原材料和零部件的盈余，供应商能够在一定程度上减轻供应链中断的风险。盈余库存意味着供应商拥有超过正常生产所需的额外原材料和零部件。虽然这种额外库存会增加库存持有成本，包括仓储费用、资金占用成本、货物损耗等，但在供应链中断的情况下，这些成本将变得微不足道。

盈余库存的益处在于其能够提供一个缓冲期，让供应商在中断期间继续向制造商供应相关零部件。这段时间内，供应商可以积极寻找替代供应商、重新调整生产计划、与制造商沟通以寻求解决方案等。这种灵活性使得供应商能够更快地恢复到稳定供应状态，从而最大限度地减少供应链中断对企业运营的影响。

此外，盈余库存还有助于提高供应链的可靠性。当供应商拥有足够的盈余库存时，它们可以在必要时快速响应客户的需求变化。例如，当某个产品的市场需求突然增加时，供应商可以迅速调动盈余库存来满足这一需求，从而避免因供应不足而失去市场份额。

当然，盈余库存并非没有挑战。如何确定合适的盈余水平是一个需要仔细权衡的问题。盈余过多可能导致库存积压、资金占用过多等问题；而盈余过少则可能无法有效应对供应链中断的风险。因此，供应商需要根据自身的业务特点、市场需求、供应链状况等因素来制定合理的盈余库存策略。

（5）可靠性

供应商的可靠性反映了其在规定时间内持续供应可接受的原材料或产品的能力。这种可靠性不仅关乎企业生产的顺利进行，更与企业的声誉、客户关系以及整体市场地位息息相关。

当我们深入探究供应商的可靠性时，不难发现，它实际上是一种综合性的能力体现。这包括了供应商的生产能力、物流效率、质量控制以及应急响应等多个方面。其中，生产能力确保了供应商有足够的资源和技术支持来生产所需的产品；物流效率则保证了将产品准时、准确地送达客户手中；质量控制则确保了产品符合预定的标准和要求；而应急响应则能在意外情况发生时，及时应对并解决问题，从而最小化对企业生产的影响。

显然，可靠性较高的供应商更能在面临各种挑战时保持稳定的供应。例如，在自然灾害、公共卫生事件等突发事件发生时，可靠性高的供应商往往能够迅速调整生产计划、优化物流路径，甚至启动备用生产线，以确保产品的持续供应。相比之下，可靠性较低的供应商则可能面临生产中断、物流受阻等问题，从而给企业带来严重的损失。

3.2.2 适应能力

适应能力指的是供应商在面对外部环境变化时，能够灵活调整自身的战略、运营和供应链布局,以适应这些变化并抓住新的机遇的能力。这种能力要求供应商具备高度的灵活性和创新性,能够迅速响应市场需求的变化,同时保持与合作伙伴的紧密合作。在汽车行业,一些供应商通过构建灵活的供应链网络,实现了对原材料供应、生产计划和物流配送的精准控制,从而确保了产品的高质量和准时交付。

供应商的适应能力是其生存与发展的一道坚固防线。尤其是在面对突如其来的市场变化、供应链中断等不可预见因素时,单纯的吸收能力往往不足以抵挡这些冲击。因此,适应能力的重要性愈发凸显,它成为供应商在逆境中寻求突破的关键。

以下是影响供应商适应能力的两大主要因素。

(1)改道

如果供应商能够在中断的情况下使用不同的运输方式,它们通常会更有弹性。中断事件下的改道方案可以增强供应商的弹性,但通常比原转运模式成本更高。

当供应链遭遇中断时,能够灵活调整运输方式的供应商往往能展现出更高的弹性。这种弹性不仅体现在能够快速恢复正常的供应链运作上,更体现在能够最大限度地减少因中断而造成的损失上。例如,当某地区遭遇严重洪水,导致公路运输瘫痪时,那些拥有海运、铁路运输或空运能力的供应商便能够迅速将货物改道,确保按时交付给客户。

同时,为了应对供应链中断的风险,越来越多的企业开始采用多元化运输策略。这种策略旨在通过整合不同的运输方式,实现供应链的多元化和灵活性。例如,一些大型跨国公司会与多家物流公司建立合作关系,以便在需要时能够快速调用各种运输资源。同时,它们还会通过引入先进的物流管理系统和大数据分析技术,实时监控供应链的运作情况,以便在中断事件发生时能够迅速做出反应。

(2)重组

受破坏性事件影响的供应商可能会集中资源以减轻影响。供应商通常可能被禁止与其竞争对手合作,然而,临时合作可以增强中断供应商在灾难情况下的弹性。

在供应链管理中,破坏性事件往往会对供应商造成巨大的冲击,这些事件可能是自然灾害、技术故障、政治动荡等。面对这些突如其来的挑战,受影响的供应商往往会迅速采取行动,集中其有限的资源以减轻事件的负面影响。在这个过程中,它们不仅要应对当前的危机,还需要考虑如何在未来更好地应对类似的情况。通常情况下,供应商在市场上的竞争关系使它们避免与竞争对手进行直接的合作。然而,在破坏性事件的影响下,这种传统的竞争关系可能会发生变化。在某些情况下,为了增强自身的恢复能力,供应商可能会选择与其竞争对手进行临时性的合作。这种合作虽然打破了原有的竞争格局,但却为双方提供了一个共同的解决方案,有助于共同渡过难关。

这种临时性的合作方式,在供应链管理领域有着广泛的实践。例如,在面临自然灾害时,多个供应商可能会共同投资建设一个备用的生产设施,以确保在灾害发生时能够迅速恢复生产。通过这种方式,它们不仅能够分担风险,还能提高整个供应链的韧性。此外,一些供应商还会在技术研发方面进行合作,共同开发新技术以提高生产效率和质量。

这种临时合作的模式也得到了学术界的广泛关注。一些实证研究表明,在破坏性事件发生后,供应商之间的临时合作可以显著提高整个供应链的恢复速度和效率。同时,这种合作还能促进供应商之间的信息交流和知识共享,有助于它们在未来更好地应对类似的风险。

当然,这种临时合作也面临着一些挑战。首先,供应商之间需要建立信任关系,以确保合作的顺利进行。其次,它们还需要在合作过程中明确各自的责任和利益分配,以避免出现纠纷。然而,尽管存在这些挑战,但临时合作仍然是一种值得推广的应对策略。在破坏性事件频发的今天,只有通过合作和共享资源,我们才能更好地应对各种挑战,确保供应链的稳定和安全。

3.2.3 恢复能力

恢复能力指的是供应商在遭受突发事件或灾难性事件后,能够迅速恢复正常的运营和供应链功能,减少损失并恢复市场地位的能力。这种能力需要供应商具备完善的应急预案、强大的危机处理能力和强大的资源储备。在自然灾害或全球公共卫生事件等突发事件发生时,一些具备高度恢复能力的供应商能够迅速调整生产计划和供应链布局,确保产品的持续供应和市场的稳定。

恢复能力是供应商的最后一道防线,它反映了供应商有效地修复或恢复其受损设施和设备的能力。深入剖析恢复能力,我们不难发现其背后所蕴含的多重价值。首先,恢复能力体现了供应商对风险的预见性和应对能力。一个具备强大恢复能力的供应商,往往能够在危机来临前便做好充分的准备,以最小的损失渡过难关。其次,恢复能力也是供应商信誉和口碑的重要体现。在遭遇突发事件时,能够迅速恢复运营的供应商往往能够赢得客户的信任和市场的认可,从而在竞争中占据有利地位。

为了进一步提升恢复能力,供应商需要从多个方面入手。首先,建立健全的应急预案体系是关键。供应商需要根据自身业务特点和风险状况,制定相应的应急预案,并定期组织演练和评估,确保预案的可行性和有效性。其次,加强设施、设备的维护、保养也至关重要。供应商需要定期对设施、设备进行检修和维护,及时发现并消除潜在的安全隐患,确保设施、设备的稳定性和可靠性。此外,供应商还需要加强员工培训和演练,提高员工的应急响应能力和团队协作能力,确保在突发事件发生时能够迅速有效地应对。

事实上,许多知名企业已经充分认识到了恢复能力的重要性,并将其纳入了企业发展战略之中。例如,某知名电子产品制造商在面对自然灾害等突发事件时,凭借其强大的恢复能力迅速恢复了生产运营,并成功地将损失降到了最低。这一案例充分展示了恢复能力在企业发展中的重要作用和价值。

3.2.4 各因素对弹性的影响

在探讨供应商选择的过程中,供应商弹性无疑是一个至关重要的考量因素。为了深入剖析这一复杂的概念,并明确其如何影响供应商选择的决策过程,我们特别绘制了两个图表,旨在展示上述各因素对供应商弹性的影响,以及这些影响如何与供应商的其他关键属性,如成本和交货时间相互交织、相互影响。

首先,我们来看图 3-1,这是一个精心设计的因果关系图,它直观地展示了多个因素如何共同作用于供应商弹性。从图 3-1 中可以清晰看到,供应商弹性的提升并不是单一因素作用的结果,而是多种因素共同作用的结果。

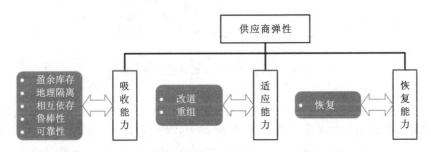

图 3-1 影响供应商弹性的八个因素

接下来,我们转向图 3-2,这张图通过极性表示(＋或－)来揭示变量间的相互依赖关系。例如,当我们观察到改道与适应能力之间的正联系时,不难发现,这并非偶然。实际上,这种正联系是基于大量的实证研究得出的结论。通过实施改道,供应商能够迅速调整其运营策略,以适应市场变化,从而显著提高其适应能力。

此外,图 3-2 还展示了其他有趣的发现。供应商的吸收能力,作为衡量其处理信息、整合资源能力的关键指标,对灾前弹性成本有着显著的影响。当供应商的吸收能力较强时,其能够在灾前更好地进行风险预测和准备,从而降低潜在的灾前弹性成本。同时,供应商的适应能力和恢复能力,也在很大程度上影响着灾后弹性成本。拥有较强适应能力的供应商,能够迅速从灾难中恢复过来,减少因停产、延误等造成的损失;而恢复能力强的供应商,则能够在灾后迅速恢复生产,减少因重建、修复等产生的额外费用。

然而,值得注意的是,供应商应对破坏性事件的能力并非一成不变。它在很大程度上取决于破坏性事件的类型和强度。例如,面对自然灾害时,一个拥有强大基础设

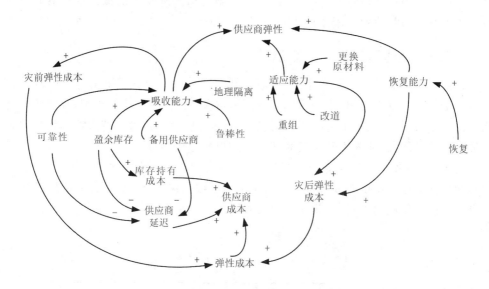

图 3-2　供应商弹性因素的因果关系图

施和高效应急预案的供应商,可能能够迅速恢复生产,减少损失;但在面对人为因素导致的破坏性事件时,如劳工罢工、汇率波动等,其应对能力可能会受到较大影响。因此,在选择供应商时,我们不仅要考虑其当前的弹性水平,还要关注其在面对不同类型破坏性事件时的应对能力。

　　在本章中,为了降低求解复杂度,我们只将自然灾害作为造成供应商中断的主要原因。这并不意味着我们忽视了其他因素的重要性,而是希望在有限的篇幅内,能够更深入地探讨自然灾害对供应商弹性的影响及其应对策略。当然,在未来的研究中,我们将进一步拓展这一领域,以更全面、更细致地考察各种因素对供应商弹性的影响。

3.3　弹性预测模型

　　在数据驱动的时代,对历史数据的精确预测和深入分析已成为各行各业不可或缺的一环。特别是在面对复杂多变的环境和竞争激烈的市场时,具备弹性的预测能力显得尤为重要。为了获得这种能力,本节深入探讨了集成学习方法,这是一种鲁棒的机器学习技术,它利用多个模型的力量,协同工作,以实现比任何单个模型更高的预测精度。

集成学习方法的设计初衷,与组建一个高效的委员会有着异曲同工之妙。在这个"委员会"中,每个"成员"都是一个独立的预测模型,它们各自扮演着不可或缺的角色。这些模型可以是多种多样的,比如决策树、神经网络、支持向量机等,它们各有优缺点,擅长处理不同类型的数据和预测任务。

在构建集成学习模型时,我们的首要目标是确保每个"成员"都具备胜任其工作的能力。这意味着我们需要对每个模型进行精心的选择和训练,以确保它们能够在各自的领域内发挥出色的性能。同时,我们还需要关注这些模型之间的互补性,确保它们能够相互补充,共同提高整个"委员会"的预测能力。

在集成学习的广阔领域中,Bagging 和 Boosting 是两种广为人知的策略,它们各自通过独特的方式提高了分类或预测任务的准确性。下面我们将对这两种方法进行深入剖析,揭示其工作原理和在实际应用中的优缺点。

首先,我们来看看 Bagging。Bagging,即自助聚合(bootstrap aggregating),它的核心思想是从原始训练集中有放回地随机抽样,生成多个 bootstrap 训练集。这种随机抽样策略保证了每个新生成的训练集都是原始训练集的子集,并且由于抽样过程中的随机性,不同训练集之间会存在一定的差异。然后,我们使用每个 bootstrap 训练集来训练一个独立的分类器,这些分类器共同构成了最终的集成模型。在预测时,我们将所有分类器的预测结果进行汇总(如通过投票或平均),从而得出最终的预测结果。

Bagging 方法通过引入训练集的多样性,降低了模型对特定训练数据的依赖程度,从而提高了模型的泛化能力。此外,由于每个分类器都是独立训练的,因此可以并行化地处理多个分类器,大大提高了训练效率。然而,Bagging 方法也有其局限性。由于每个分类器都是基于不同的训练集进行训练的,因此它们之间的差异性可能不够大,导致集成模型的性能提升有限。

接下来,我们探讨一下 Boosting 方法。Boosting 的基本思想是通过迭代的方式训练多个模型,每个新模型都针对前一个模型错误分类的样本进行重点学习。具体来说,Boosting 算法首先使用初始训练集训练一个基分类器,其次计算该基分类器在训练集上的错误率,并根据错误率调整训练样本的权重。对于错误分类的样本,Boosting 算法会提高其权重,使得后续模型在训练时更加关注这些样本。再次,使用调整权重后的训练集来训练下一个基分类器,如此迭代进行,直到达到预设的迭代次数或满足其他停止条件。最后,将所有基分类器的预测结果进行加权组合(权重通常与分类器的性能相关),得出最终的预测结果。

Boosting 方法通过逐步构建集成模型,强调了以前模型错误分类的训练实例,从而提高了模型对困难样本的识别能力。在某些情况下,Boosting 方法能够获得比 Bagging 方法更高的准确性。然而,Boosting 方法也存在一些潜在的问题。Boosting

算法在训练过程中会不断调整训练样本的权重,这可能导致模型对某些样本过度关注,从而产生过拟合现象。此外,Boosting 算法通常需要串行地训练多个模型,因此训练效率相对较低。

可见,Bagging 和 Boosting 是两种各具特色的集成学习方法。在实际应用中,我们需要根据具体任务和数据特点选择合适的方法。对于大规模数据集和需要快速训练的场景,Bagging 方法可能是一个更好的选择;而对于需要处理复杂任务和提高模型准确性的场景,Boosting 方法可能更具优势。

集成学习模型的开发过程是一个精细且系统的流程,它旨在通过整合多种机器学习算法的优势,提高模型的预测准确性和泛化能力。接下来,将详细阐述这一过程。

如图 3-3 所示,在开发过程的起始阶段,首先需要读取原始输入数据。这些数据可能有各种来源,如数据库、文件、API 等,且格式和类型各异。因此,确保数据的准确性和完整性是至关重要的一步。紧接着,使用数据审核和特征选取技术对数据进行清洗。数据审核是检查数据中的错误、缺失值、异常值等的过程,确保数据的质量和可靠性。而特征选取则是从原始输入数据中挑选出与预测目标最相关的特征,以降低模型的复杂度,提高预测效果。

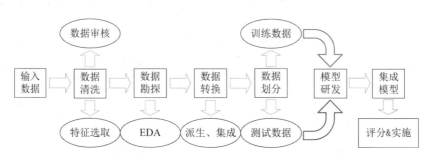

图 3-3 预测模型研发过程基本步骤

在数据清洗完成后,进入数据勘探阶段。这一阶段主要关注数据的分布、相关性、趋势等特征,以便更好地理解数据的内在规律和潜在问题。同时,还需要对数据进行转换,如编码分类变量、缩放数值变量等,以满足不同机器学习算法对数据格式的要求。数据转换完成后,进入数据划分阶段。为了评估模型的性能,需要将数据划分为训练集、验证集和测试集。训练集用于训练模型,验证集用于调整模型参数,测试集则用于评估模型的泛化能力。这种划分方式可以确保在评估模型时不会过度拟合训练数据。

接下来,使用不同的机器学习算法(如逻辑回归、CART 决策树、神经网络等)开发模型。这些算法各有优缺点,适用于不同的场景和数据类型。例如,逻辑回归适用于二分类问题,CART 决策树适用于处理离散型数据和分类问题,而神经网络则具有强大的非线性拟合能力。我们根据问题的具体需求和数据的特征选择合适的算法进行建模。最后,使用该集成模型进行评分和分析。通过分析模型的评分结果和预测误差,可以了解模型的性能瓶颈和改进方向,为后续的模型优化提供参考。

3.3.1 逻辑回归

逻辑回归,作为统计学的瑰宝之一,也被称为名义回归或逻辑斯蒂回归,其核心价值在于能够根据输入字段(或称特征)的数值,精准地对记录进行分类。不同于传统的线性回归,逻辑回归处理的是分类问题,即预测一个实例(或记录)所属的类别,而非一个具体的数值。

在逻辑回归中,目标字段(也称响应变量或标签)是分类的,而非连续的。这意味着,逻辑回归能够处理如"是/否""赢/输""疾病 A/疾病 B/疾病 C"等离散型的分类问题。这种灵活性使得逻辑回归在诸如市场营销、医疗诊断、信用风险评估等多个领域都展现出了巨大的应用价值。

逻辑回归的主要工作原理是构建一个方程组,该方程组将输入字段的值与每个输出字段类别的概率关联起来。例如,假定有一个二进制输出变量 Y,要求将条件概率 $p(Y = K-1 | X = x)$ 表示为变量为 x 的函数,且函数中的任何未知参数都要用最大似然法估计,则逻辑回归模型为

$$\ln \frac{p(Y = 1 | X = x)}{1 - p(Y = 1 | X = x)} = \boldsymbol{\beta}_0 + x \cdot \boldsymbol{\beta} \tag{3-1}$$

求解得

$$p(Y = 1 | X = x) = \frac{e^{\boldsymbol{\beta}_0 + x \cdot \boldsymbol{\beta}}}{1 + e^{\boldsymbol{\beta}_0 + x \cdot \boldsymbol{\beta}}} = \frac{1}{1 + e^{-(\boldsymbol{\beta}_0 + x \cdot \boldsymbol{\beta})}} \tag{3-2}$$

为了将具有 K 类输出变量 Y 的逻辑回归模型推广为 x 的函数,条件概率 $p(Y = K-1 | X = x)$ 的模型为

$$\ln \frac{p(Y = K-1 | X = x)}{1 - p(Y = K | X = x)} = \boldsymbol{\beta}_{(K-1)0} + x \cdot \boldsymbol{\beta}_{K-1}^{\mathrm{T}} \tag{3-3}$$

通过简单运算可得

$$p(Y = k | X = x) = \frac{e^{\boldsymbol{\beta}_{k0} + x \cdot \boldsymbol{\beta}_k^{\mathrm{T}}}}{1 + \sum_{k=1}^{K-1} e^{\boldsymbol{\beta}_{k0} + x \cdot \boldsymbol{\beta}_k^{\mathrm{T}}}} = \frac{1}{1 + \sum_{k=1}^{K-1} e^{-(\boldsymbol{\beta}_{k0} + x \cdot \boldsymbol{\beta}_k^{\mathrm{T}})}}, \quad k \in (1, 2, \cdots, K-1)$$

$$\tag{3-4}$$

模型构建是一个至关重要的环节。一旦模型被精心设计和训练完成，它便拥有了强大的能力，就可以用该模型来估计新数据的概率。对于每条记录，需要对每个可能的输出类别进行计算，以获得其隶属概率。具有最高概率的目标类别即为该记录的预测输出值。

3.3.2　分类与回归树

分类与回归树(classification and regression trees,CART)算法，作为机器学习领域中的一颗璀璨明珠，以其卓越的性能和广泛的应用场景，吸引了无数研究者和开发者的目光。这种算法的独特之处在于其能够生成决策树，这些树状结构模型不仅结构清晰，而且具有强大的预测和分类能力，对于处理各种复杂的数据集都具有极高的灵活性和适应性。

CART算法的核心在于递归地将特征空间进行分割，对于多维特征空间，它将其分割成一系列的矩形区域；而对于一维特征，则将其分割成一系列的区间。在每个被分割出的区域内，算法都会拟合一个简单的模型，如常数、平均值或众数等，以此来预测或分类未来的观察结果。假定存在一个具有连续响应 Y 和输入 $x \in R_m$ 的回归问题，每次都在单位区间内取值。要处理这个问题，首先，需要将空间分成两个部分，并通过每个区域的 Y 均值来模拟响应。其次，选择变量和分割点以实现最佳拟合。最后，将这些区域中的一个或两个分割成另外两个区域，并继续这个过程，直到应用某种停止规则。

通常，分割空间的常用方法是递归分割，其通过最小化每一步的杂质将训练记录分割成段，如果树中100%的节点属于目标字段的特定类别，则认为树中的节点是"纯"的。递归分割算法的分割过程如图3-4所示。

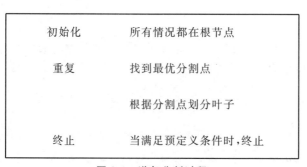

初始化	所有情况都在根节点
重复	找到最优分割点
	根据分割点划分叶子
终止	当满足预定义条件时，终止

图 3-4　递归分割过程

从根节点开始,递归分割算法会根据某一特征(如年龄、收入等)对数据集进行第一次分割。然后,对于每一个子节点,算法会再次选择一个特征进行分割。如此往复,直到所有的节点都达到"纯"的状态或者满足某个停止条件(如节点中数据样本的数量过少)。

值得注意的是,递归分割并不是简单的"一刀切"策略。在每一步的分割过程中,算法都会评估所有可能的特征以及每个特征的所有可能的分割点,然后选择能够最小化杂质的那一个。这种贪心策略确保了每一步的分割都能使得数据的纯度尽可能高,从而提高了模型的预测能力。

此外,递归分割的过程中还涉及一个重要的参数——停止条件。如果不对分割过程进行限制,那么算法可能会一直进行下去,直到每个节点都只包含一个样本。这显然是不合理的,因为这样会导致过拟合的问题。因此,我们需要设置一个停止条件,如节点中数据样本的数量过少、树的深度过大等,来防止算法过度拟合。

用于在区间 R_m 中预测具有常数 C_m 的 Y 的回归模型为

$$F(x) = \sum_{m=1}^{M} C_m I(x \in R_m) \tag{3-5}$$

式中:$\{R_m\}_1^M$——输入变量空间的子区域;

C_m——结果的估计值;

x——变量;

$I(x \in R_m)$——指示函数,用于判断 x 第 m 个空间划分 R_m,如果 x 属于 R_m,则 $I(x \in R_m)$ 为 1,否则为 0。

CART 算法的核心在于其构建决策树的过程中,始终追求一个明确且关键的目标:找到一个能将数据集划分得尽可能纯净的最小化目标函数。这个最小化的目标函数如下所示:

$$e(T) = \sum_{i=1}^{N} \left[Y_i - \sum_{m=1}^{M} C_m I(x \in R_m) \right]^2 \tag{3-6}$$

在机器学习和数据分析领域,当我们面临分类问题时,类的纯度或者杂质的度量显得尤为重要。这种度量不仅能帮助我们评估分类模型的性能,还能指导我们如何优化模型的结构。类中杂质的度量指标主要包括偏差、熵和基尼系数,这些指标为我们提供了关于分类树节点中类分布混乱程度的直观认识。

在分类树的每个节点 i 处,通常会观察到关于 k 个不同类别的概率分布 p_{ik}。这个概率分布描述了在该节点上,每个类别出现的可能性。然后,可以从这个概率分布所指定的多项式分布中随机抽取一个样本 n_{ik},以模拟实际的分类情况。

接下来,逐一探讨这些杂质度量指标。首先是偏差,它衡量的是预测值与实际值之间的平均差异。在分类树中,偏差度量了每个节点上类别分布的均匀性。当所有类别的概率都相等时,偏差达到最大值,表示该节点的类别分布最混乱。相反,当某个类别的概率接近 1 时,偏差接近最小值,表示该节点的类别分布非常纯净。

接下来是熵,这是一个在信息论中被广泛使用的概念,用于描述随机变量的不确定性。在分类树中,熵度量了节点中类别分布的不确定性。当所有类别的概率都相等时,熵达到最大值,表示该节点的类别分布最难以预测。相反,当某个类别的概率接近 1 时,熵接近最小值,表示该节点的类别分布非常确定。

最后是基尼系数,它是另一个用于度量类别分布不确定性的指标。基尼系数的计算方式类似于熵,但它在数学上更为简洁。基尼系数的取值范围也在 0~1 之间,当所有类别的概率都相等时,基尼系数达到最大值,表示该节点的类别分布最混乱。而当某个类别的概率接近 1 时,基尼系数接近最小值,表示该节点的类别分布非常纯净。

在实际应用中,通常会根据具体问题和数据的特点来选择合适的杂质度量指标。通过选择合适的杂质度量指标并合理地运用它们,可以更好地评估和优化分类模型的性能。例如,在某些情况下,可能更关注模型对于稀有类别的识别能力,这时可以选择偏差作为杂质度量指标。而在其他情况下,可能更关心模型对于整体类别分布的预测能力,这时可以选择熵或基尼系数作为杂质度量指标。常用的杂质度量公式如下:

偏差:
$$D = \sum_i D_i = -2 \sum_i \sum_k (n_{ik} \ln p_{ik})$$

熵:
$$\sum_k p_{ik} \ln p_{ik}$$

基尼系数:
$$\sum_{j \neq k} p_{ij} p_{ik} = 1 - \sum_k p_{ik}^2$$

进一步,当深入探索回归树模型时,不得不提的是其在构建和评估过程中的核心度量指标——残差平方和(residual sum of squares,RSS)。残差平方和是回归树模型中一个重要的评估指标。它不仅能够指导模型的构建过程,还能够帮助我们评估模型的性能。

具体来说,残差平方和的计算方式是将每个观测值与模型预测值之间的差的平方进行累加。这个值越小,说明模型对数据的拟合程度越高,预测能力也越强。当我们使用回归树对数据进行拟合时,回归树模型会尝试通过一系列的分裂和节点来逼近真实的数据分布。在每个分裂点,模型都会评估分裂后的子节点是否能够更好地拟合数据,即是否能够减小残差平方和。这个过程会持续进行,直到达到某个停止条件,如树的最大深度、节点中的最小样本数等。

为了更好地理解残差平方和在回归树中的作用,可以考虑一个具体的例子。假设有一组房价数据,其中包含了房屋面积、房间数量、地理位置等多个特征。使用回归树来预测房价,在构建回归树的过程中,模型会首先选择一个特征进行分裂,比如房屋面积。然后,模型会评估分裂后的两个子节点是否能够更好地拟合数据,即是否减小了残差平方和。如果减小了,那么模型就会保留这个分裂;否则,模型会尝试其他特征进行分裂。

在回归树模型中,残差平方和公式如下所示:

$$\sum_{cases, j} (Y_i - \mu_{[j]})^2$$

3.3.3 神经网络

神经网络的本质在于模拟人类大脑处理信息的复杂过程。简而言之,神经网络是一个高度简化的模型,它试图复制大脑内神经元之间错综复杂且高度协同的工作机制。这一模型的核心在于模拟大量相互连接的处理单元,这些单元就如同抽象化的神经元,共同构建了一个能够处理、学习和识别复杂信息的系统。

在处理单元的组织上,神经网络采用了分层排列的设计。这样的设计使得信息能够按照预定的路径进行流动和处理,从而确保信息的有效传递和准确解析。而正是这些处理单元和它们之间的连接方式,构成了神经网络的基础架构。

神经网络的世界是一个多元化的领域,它由一大类不同的体系结构组成。其中,在函数逼近这一领域,多层感知器(MLP)和径向基函数(RBF)网络因其出色的性能而备受瞩目。多层感知器,顾名思义,是由多个层次组成的感知器。它包含一个输入层,用于接收外界信息;若干个隐藏层,用于对信息进行深度处理;一个输出层,用于输出处理结果。MLP网络中的每一个节点被称为神经元,都是神经网络中的重要组成部分。

以图3-5为例,我们可以清晰地看到一个典型的MLP网络中的神经元结构。这个神经元包括一个加法器和一个非线性激活函数 g。加法器负责将来自其他神经元的输入信息进行加和,而激活函数则负责对加和后的结果进行非线性转换,从而赋予神经网络更强的表达能力和学习能力。

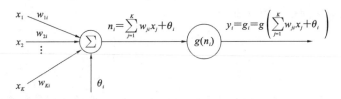

图 3-5 MLP 网络中的单神经元

输入 $x_k(k = 1, 2, \cdots, K)$,并乘权重 w_{ki},然后与常数项 θ_i 一起累加求和。所得

的结果 n_i 即是激活函数 g 的输入。激活函数最初选用的是中继函数,但为了数学计算方便,最常用的是双曲正切函数或 Sigmoid 函数。图 3-5 中节点 i 的输出可以写成

$$y_i = g_i = g\left(\sum_{j=1}^{K} w_{ji} x_j + \theta_i\right) \tag{3-7}$$

通常,MLP 网络以其独特的结构和学习能力,扮演着至关重要的角色。一个 MLP 网络可以由多个节点并联或串联而成。图 3-6 为一个典型的具有单个隐藏层的 MLP 网络的结构。在这个网络中,输入层接收特征向量 (x_1, x_2, x_3),这些特征向量代表了数据的原始形态。这些特征经过网络的处理,最终在输出层产生一个由假设函数 $h_\theta(x)$ 计算的最终值。这个最终值可以是一个分类标签、一个回归值,或者任何其他形式的输出,具体取决于网络任务和训练目标。

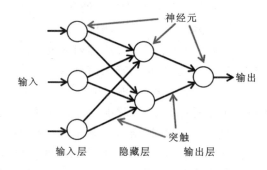

图 3-6 具有单个隐藏层的 MLP 网络

位于输入层和输出层之间的,被称为隐藏层。一个神经网络可以有多个隐藏层,它们在网络中起着至关重要的作用。隐藏层中的神经元接收来自前一层神经元的输出,通过激活函数进行计算,然后将结果传递给下一层。在这个过程中,神经网络能够学习并提取出输入数据的内在特征和模式。

为了解释由神经网络表示的具体计算,本书假定:$a_i^{(j)}$ 为第 j 层中第 i 个神经元的激活,$\varTheta^{(j)}$ 是一个权重矩阵,其控制从第 j 层到下一层第 $j+1$ 层的函数映射。图 3-6 所示的神经网络可以计算为

$$a_1^{(2)} = g(\varTheta_{11}^{(1)} x_1 + \varTheta_{12}^{(1)} x_2 + \varTheta_{13}^{(1)} x_3)$$
$$a_2^{(2)} = g(\varTheta_{21}^{(1)} x_1 + \varTheta_{22}^{(1)} x_2 + \varTheta_{23}^{(1)} x_3) \tag{3-8}$$
$$h_\varTheta(x) = a_1^{(3)} = g(\varTheta_{11}^{(2)} a_1^{(2)} + \varTheta_{12}^{(2)} a_2^{(2)})$$

式中:$g(\cdot)$ 是 Sigmoid 激活函数或 Logistic 激活函数,为输入层的一个线性组合。

3.3.4 层次分析法

层次分析法(analytic hierarchy process,AHP)作为一种在决策领域中被广泛认可和应用的结构化技术,其在处理多标准决策问题时展现出了卓越的效能。这种方法的核心在于能够将定量和定性标准巧妙地结合起来,从而为复杂的决策过程提供一个系统且理性的分析框架。

一般来说,层次分析法的过程可以分为三个步骤:①通过递归分解决策问题构建层次结构。②采用表 3-2 所示的数值评级建立两两比较矩阵以表示备选方案的相对重要性。③根据两两比较矩阵,用下式计算方案的优先级权重:

$$A\omega = \lambda_{max}W, \quad W = (W_1, W_2, \cdots, W_n)^{\mathrm{T}} \tag{3-9}$$

式中:A——一个 n 维矩阵;

λ_{max}——矩阵 A 的最大特征值;

ω——与最大特征值 λ_{max} 对应的特征向量。

表 3-2   **AHP 中的数值评级**

数值	意义
1	同样重要的
3	适度的重要性
5	非常重要
7	显著重要
9	极其重要
2,4,6,8	重要性价值

为了更加深入地说明层次分析法的应用和价值,可以举一个例子。假设某企业需要选择一个新的投资项目,这个项目需要考虑市场前景、技术难度、风险程度等多个标准。通过应用层次分析法,可以首先将这些标准构建成一个层次结构,然后对每个备选项目在不同标准下的表现进行评分,并据此建立两两比较矩阵。最后,利用数学公式计算出各个项目的权重值,并根据这些权重值进行排序和选择。通过这种方式,企业可以更加科学地选择出最适合自己的投资项目,从而实现投资效益的最

大化。

进一步,在 AHP 这一决策工具中,一致性指数(consistency index,CI)用于精确衡量两两比较矩阵 **A** 中的不一致程度。一致性指数的存在,为解决复杂的多属性决策问题,提供了一个评估决策质量的有力工具。

一致性指数的计算公式是基于矩阵 **A** 的特征值和特征向量推导得出的。具体来说,它反映了矩阵 **A** 的最大特征值($\lambda_{\max}$)与矩阵阶数(n)之间的关系。当 $\lambda_{\max}$ 等于 n 时,矩阵 **A** 完全一致;而当 $\lambda_{\max}$ 大于 n 时,矩阵 **A** 则存在一定程度的不一致。一致性指数就是根据这种不一致程度计算得出的,其公式如下所示:

$$CI = \frac{\lambda_{\max} - n}{n - 1} \tag{3-10}$$

为了更直观地理解一致性指数的作用,可以举一个例子。假设在一个产品选择问题中,需要比较四个因素(A、B、C、D)对最终选择的影响程度。通过两两比较的方式,得到了一个 4 阶的比较矩阵 **A**。然而,在实际判断过程中,可能会发现某些判断之间存在矛盾或不一致。例如,认为 A 比 B 重要,B 比 C 重要,但同时又认为 C 比 A 重要,这显然是不合逻辑的。这时,一致性指数就能够识别出这种不一致,并量化其程度。

此外,一致性指数还可以与随机一致性比率(consistency ratio,CR)结合使用,以进一步评估矩阵 **A** 的一致性。CR 是通过将 CI 与随机生成的同阶矩阵的平均一致性指数进行比较得出的。当 CR 小于某个预设的阈值(通常为 0.1)时,我们可以认为矩阵 **A** 的一致性是可以接受的;否则,就需要对矩阵 **A** 进行修正或重新判断。一致性比率 CR 的计算公式如下所示:

$$CR = \frac{CI}{RI} \tag{3-11}$$

式中:RI 为随机一致性指数,它的值取决于矩阵的维度,如表 3-3 所示。如果 CR < 0.10,则比较矩阵 **A** 的不一致程度是可以接受的,归一化后的特征向量 **ω** 可以作为加权向量;否则,需要对比较矩阵进行调整。

需要注意的是,在不确定环境下,模糊层次分析法也可以用来计算决策者和评价指标的权重值。

表 3-3　　　　　　　　　　　　　　随机一致性指数

n	1	2	3	4	5	6	7	8	9	10
RI	0	0	0.52	0.89	1.12	1.26	1.36	1.41	1.46	1.49

3.3.5 混合集成-层次分析法

本节提出一种混合集成-层次分析法,用于选择弹性供应商,其流程图如图 3-7 所示。可以看出,混合集成-层次分析法包括三个阶段,具体描述如下:

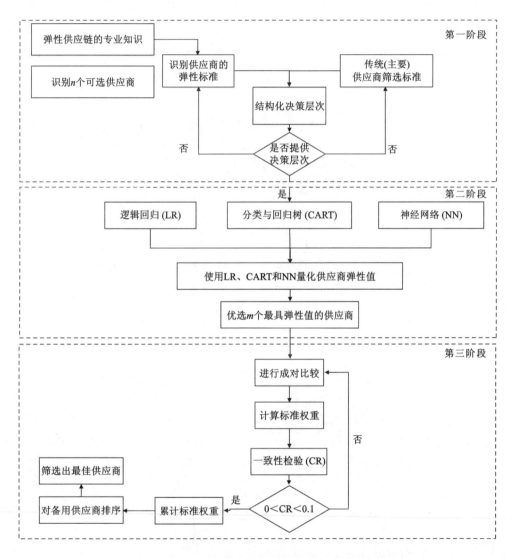

图 3-7 用于选择弹性供应商的混合集成-层次分析法

第一阶段：确定弹性供应商选择的贡献者。

在第一阶段，根据传统（主要）供应商筛选标准确定弹性供应商选择的贡献者，并对其进行分组。然后，基于成本、质量、交付周期和响应率四个主要标准以及弹性标准（包括盈余库存、地理隔离、备用供应商、鲁棒性、可靠性、改道、重组、修复/恢复等子标准），构建层次结构，使目标（弹性供应商选择）处于第一级。弹性供应商选择的层次结构如图 3-8 所示。

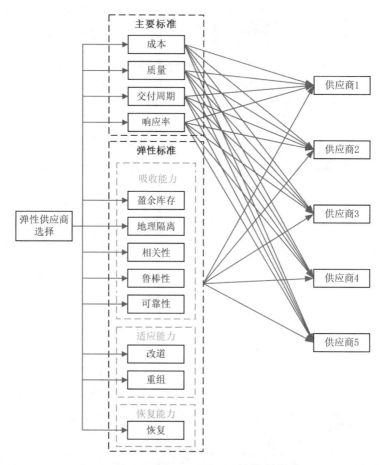

图 3-8　弹性供应商选择的主要标准及弹性标准

第二阶段：用集成方法计算供应商的弹性值。

在形成决策层次后，必须确定供应商的弹性值。采用由逻辑回归、CART 和神经网络组成的鲁棒机器学习技术来计算供应商的弹性值。基于收集到的供应商的三大弹性能力及以往的交付绩效数据,建立了一种组合预测模型——集成模型。该模型的优越性将在 3.4 节进行介绍。

第三阶段:使用 AHP 选择最优供应商。

在第三阶段,首先,选择第二阶段弹性值排名前 5 的供应商;其次,采用层次分析法对这 5 家供应商进行评价和排序;最后,根据排序结果,选择最优供应商。

3.4 案例研究

为了说明混合集成-层次分析法的适用性,本节选择了美国一家著名的生产自来水和污水塑料管的塑料管制造商,以研究弹性供应商选择问题。该公司致力于以 PVC 为原料制造高品质的供水和污水塑料管,交货准时,成本合理。然而,其 PVC 原料必须从国外大量进口。过去,由于中断事件导致的 PVC 原材料短缺,该公司经历了几次生产中断。因此,在原材料需要从国外进口这一背景下,确保原材料和管材的按时供应而不中断已成为该制造商最关心的问题之一。

为了解决这一问题,该制造商从市场上找到了数百家可供选择的原材料供应商,以期通过本章提出的混合集成-层次分析法寻找弹性值排名前 5 的供应商,从而降低中断概率和损失。供应商选择的主要标准和弹性标准的相关数据由采购部门通过向供应商发放问卷的方式进行收集。此外,为了广泛获取数据,提高数据的准确性,采购部门的员工也参考了塑料工业贸易协会和阿里巴巴提供的信息。

3.4.1 弹性预测模型

目前,一种包含三种不同的机器学习算法(即逻辑回归、CART 和神经网络)的集成方法已经被用于商业数据挖掘软件——SPSS Modeler。如前所述,集成方法集成了多个模型,通过综合各模型的特点和优势,可以获得更高的预测精度。通过提出的集成模型,可以根据供应商的属性对供应商评分,从而对供应商进行排序,以选取最优供应商。

(1)数据准备

表 3-4 展示了 PVC 原料供应商的属性和过去业绩的样本数据。$X_1 \sim X_8$ 表示反映供应商弹性能力的 8 个预测变量。表 3-5 展示了预测变量和因变量的数据类型,可以发现,表中主要有两种不同类型的变量——序数变量和二进制变量。其中 6 个预测变量为序数变量,3 个预测变量为二进制变量。序数变量是一种特殊类型的分类变量,其中顺序很重要,但值之间的差异无关紧要。例如,让学生在 1～10 的范围内表达他们在上课后的满意程度。7 分意味着比 5 分更满意,而 5 分意味着比 3 分

更满意。在本章中,所有的序数变量都有 5 个层次,分别为:非常低(1)、低(2)、中(3)、高(4)和非常高(5)。而对于响应变量,也即二进制变量,则需要应用一些分类算法来建立预测模型,本章采用逻辑回归、CART 和神经网络三种不同的分类模型建立集成模型。

表 3-4   样本输入数据

供应商	X_1	X_2	X_3	X_4	X_5	X_6	X_7	X_8	Y
艾哈迈达巴德,印度	2	3	0	1	1	0	2	2	0
北京,中国	5	5	1	3	4	1	3	3	1
大邱,韩国	2	2	0	2	2	0	1	2	0
德里,印度	5	2	1	4	4	1	4	5	1
福建,中国	4	3	1	3	5	1	5	3	1
广东,中国	1	2	0	1	3	0	2	2	0
古吉拉特邦,印度	4	3	1	5	3	1	5	4	1
京畿道,韩国	1	2	0	1	3	0	2	1	0
河内市(1),越南	4	2	1	3	4	1	3	4	1
河内市(2),越南	5	4	1	4	3	1	5	3	1
胡志明市(1),越南	4	5	1	5	5	1	4	5	1
胡志明市(2),越南	3	1	0	1	2	0	2	1	0
香港(1),中国	5	4	1	5	4	1	3	4	1
香港(2),中国	3	2	1	4	5	1	5	5	1
湖南,中国	2	3	0	3	2	0	1	1	0

续表

供应商	X_1	X_2	X_3	X_4	X_5	X_6	X_7	X_8	Y
江苏,中国	2	1	0	2	1	0	2	3	0
江西,中国	3	3	1	4	4	0	4	5	1
马哈拉施特拉邦,印度	1	2	0	1	2	0	1	1	0
首尔,韩国	2	1	0	3	1	1	3	1	0
陕西,中国	3	4	1	4	5	1	2	4	1
山东,中国	5	5	1	5	3	1	3	4	1
上海,中国	5	4	1	4	3	1	3	4	1
四川,中国	2	2	0	3	2	1	1	1	0
台湾(1),中国	5	4	1	3	3	1	3	3	1
台湾(2),中国	4	5	1	2	3	1	4	5	1
台湾(3),中国	4	2	1	5	3	1	3	5	1
台湾(4),中国	1	1	0	1	1	0	2	1	0
泰米尔纳德邦,印度	1	1	0	2	3	0	2	1	0
天津,中国	4	5	1	4	4	1	4	4	1
浙江,中国	5	3	1	3	5	1	5	5	1

表 3-5 输入数据类型

名称	类型	范围
盈余库存(X_1)	序数	1,2,3,4,5
地理隔离(X_2)	序数	1,2,3,4,5
备用供应商(X_3)	二进制	0,1
鲁棒性(X_4)	序数	1,2,3,4,5
可靠性(X_5)	序数	1,2,3,4,5
改道(X_6)	二进制	0,1
重组(X_7)	序数	1,2,3,4,5
恢复(X_8)	序数	1,2,3,4,5
响应/观察(Y)	二进制	0,1

(2)模型开发

图 3-9 和图 3-10 为在 SPSS Modeler 中的模型流。图 3-9 中的模型流中展示了各个分类模型——逻辑回归、CART 和神经网络；而图 3-10 显示了由这三个模型组成的集成模型，该集成模型可以避免单个模型的缺点，从而充分发挥单个模型的优势。图 3-9 中的模型流表示了开发模型的顺序流程。其基本结构如下：①定义变量类型，读取输入数据；②审计数据以评估每个变量的基本统计信息，并检查输入数据的质量；③将输入数据划分为训练集和测试集，使用训练集开发所需的模型，使用测试集评估或验证开发的模型；④对测试集进行评分。通过连接已验证的模型，进一步评估集成模型，并最终对所需的输入数据集进行评价，集成模型的开发如图 3-10 所示。

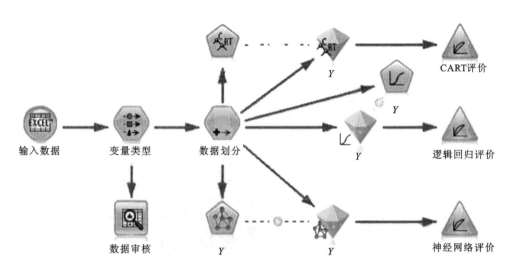

图 3-9　SPSS 单个模型建模器中的模型流

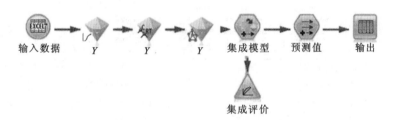

图 3-10　SPSS 集成模型建模器中的模型流

（3）开发预测模型

本节将描述由 SPSS Modeler 中的训练集开发的 3 种不同的分类模型。图 3-11 所示为一个树的深度为 5 的 CART 模型。从图 3-11 中可以发现，树从变量 X_4 开始分支，这意味着鲁棒性是最重要的预测器。然后是恢复性、可靠性、可重组性和盈余库存。

逻辑回归模型参数估计值及其在模型中的显著性被呈现在表 3-6 中。Wald χ^2 统计被用于检验模型中各系数的显著性，其计算公式如下：

$$W_j = \frac{B_j^2}{\mathrm{SE}_{B_j}^2} \tag{3-12}$$

式中：B_j——系数 j 的值；

SE_{B_j}——系数 j 的标准差。

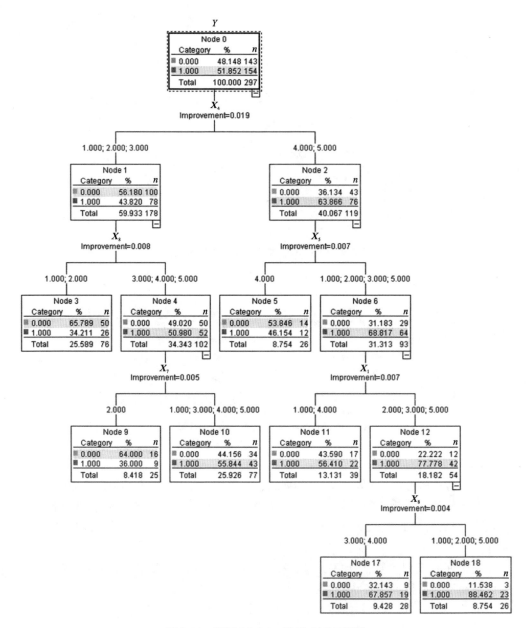

图 3-11　SPSS Modeler 输出 CART 模型

表 3-6   **SPSS Modeler 的逻辑回归输出**

$Y(a)$	参数	B	SE	Wald	df	Sig	exp(B)
1	intercept	2.229	0.689	10.46602	1	0.001	—
	$[X_1 = 1.000]$	−0.473	0.138	11.748	1	0.001	0.623
	$[X_1 = 2.000]$	0.006	0.005	1.44	1	0.225	1.006
	$[X_1 = 3.000]$	−0.379	0.136	7.766058	1	0.009	0.685
	$[X_1 = 4.000]$	−0.548	0.207	7.008425	1	0.01	0.578
	$[X_1 = 5.000]$	0(b)	—	—	0	—	—
	$[X_2 = 1.000]$	−0.505	0.38	1.766101	1	0.184	0.604
	$[X_2 = 2.000]$	−0.639	0.396	2.603822	1	0.107	0.528
	$[X_2 = 3.000]$	−0.512	0.393	1.697285	1	0.193	0.599
	$[X_2 = 4.000]$	−0.306	0.396	0.597107	1	0.439	0.736
	$[X_2 = 5.000]$	0(b)	—	—	0	—	—
	$[X_3 = 0.000]$	0.095	0.258	0.135584	1	0.713	1.099
	$[X_3 = 1.000]$	0(b)	—	—	0	—	—
	$[X_4 = 1.000]$	−0.973	0.428	5.168186	1	0.023	0.378
	$[X_4 = 2.000]$	−0.741	0.381	3.782566	1	0.048	0.476
	$[X_4 = 3.000]$	−0.907	0.405	5.015388	1	0.025	0.404
	$[X_4 = 4.000]$	−0.213	0.129	2.726339	1	0.092	0.808
	$[X_4 = 5.000]$	0(b)	—	—	0	—	—

Y(a)	参数	B	SE	Wald	df	Sig	exp(B)
1	$[X_5=1.000]$	-0.977	0.428	5.210766	1	0.023	0.376
	$[X_5=2.000]$	-0.496	0.305	2.644622	1	0.095	0.609
	$[X_5=3.000]$	-0.513	0.217	5.588757	1	0.021	0.599
	$[X_5=4.000]$	-0.985	0.403	5.973961	1	0.015	0.374
	$[X_5=5.000]$	0(b)	—	—	0	—	—
	$[X_6=0.000]$	-0.214	0.256	0.698792	1	0.403	0.807
	$[X_6=1.000]$	0(b)	—	—	0	—	—
	$[X_7=1.000]$	-0.202	0.118	2.93048	1	0.086	0.817
	$[X_7=2.000]$	-0.027	0.021	1.653061	1	0.201	0.973
	$[X_7=3.000]$	-0.064	0.408	0.024606	1	0.875	0.938
	$[X_7=4.000]$	0.14	0.107	1.71194	1	0.196	1.15
	$[X_7=5.000]$	0(b)	—	—	0	—	—
	$[X_8=1.000]$	-0.292	0.127	5.286379	1	0.021	0.747
	$[X_8=2.000]$	-0.288	0.133	4.689016	1	0.036	0.75
	$[X_8=3.000]$	-0.338	0.141	5.746391	1	0.013	0.713
	$[X_8=4.000]$	-0.025	0.185	0.018262	1	0.748	0.975
	$[X_8=5.000]$	0(b)	—	—	0	—	—

注:b 表示由于参数冗余,该参数的值被设置为 0。

表 3-6 呈现了盈余库存系数、恢复系数、可靠性系数、重组系数和鲁棒性系数的检验,表明它们对供应商弹性值的预测有显著贡献。

表 3-7 中展示了集成模型的有用性,类似于线性回归中的决定系数(R^2)。Cox & Snell R^2 和 Nagelkerke R^2 就是两个这样的统计量,其值分别为 0.711 和 0.824。由于 Nagelkerke R^2 是 Cox & Snell R^2 的更新版本,因此 Nagelkerke R^2 通常是首选。

表 3-7　　　　　　　　　　　　源自 SPSS Modeler 的模型概况

统计量	值
Cox & Snell R^2	0.711
Nagelkerke R^2	0.824

最终,具有显著变量的逻辑回归模型如下式所示:

$$\ln \frac{p(Y = 1 \mid \boldsymbol{X} = x)}{1 - p(Y = 1 \mid \boldsymbol{X} = x)} = 2.229 + (-0.473) \times [\boldsymbol{X}_1 = 1] +$$
$$(-0.379) \times [\boldsymbol{X}_1 = 3] + (-0.548) \times [\boldsymbol{X}_1 = 4] +$$
$$(-0.973) \times [\boldsymbol{X}_4 = 1] + (-0.741) \times [\boldsymbol{X}_4 = 2] +$$
$$(-0.907) \times [\boldsymbol{X}_4 = 3] + (-0.213) \times [\boldsymbol{X}_4 = 4] +$$
$$(-0.977) \times [\boldsymbol{X}_5 = 1] + (-0.496) \times [\boldsymbol{X}_5 = 2] +$$
$$(-0.513) \times [\boldsymbol{X}_5 = 3] + (-0.985) \times [\boldsymbol{X}_5 = 4] +$$
$$(-0.202) \times [\boldsymbol{X}_7 = 1] + (-0.292) \times [\boldsymbol{X}_8 = 1] +$$
$$(-0.288) \times [\boldsymbol{X}_8 = 2] + (-0.338) \times [\boldsymbol{X}_8 = 3] \tag{3-13}$$

神经网络模型如图 3-12 所示,它表明:在输入层和输出层之间,存在两个被称为神经元的隐藏层。在第一个隐藏层中,有 3 个神经元,在第二个隐藏层中有 2 个神经元。这些神经元是根据 3.3.3 节中提出的思想计算出的。图 3-13 为利用 SPSS Modeler 中的神经网络模型对预测变量的重要度进行预测的结果,结果表明:影响弹性供应商选择的最重要的 3 个预测因子依次为鲁棒性、可靠性和改道。

通过绘制增益图、升力图和 ROC 曲线,可以对集成模型的性能进行评价。这些方法简要概括如下。

①增益图:累计增益图是一种基于预测模型的先进图形表示,其中增益的计算方法如下所示:

$$增益(\%) = \frac{增量命中数}{总命中数} \times 100\% \tag{3-14}$$

集成模型的增益图如图 3-14 所示。例如,使用集成模型,与不使用模型相比,将在前 40 个百分数上获得超过 25% 的附加正确响应。

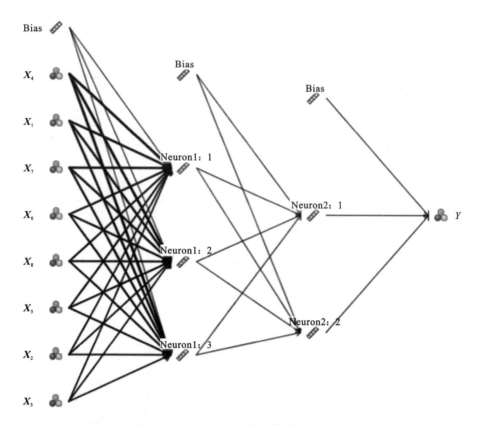

图 3-12　SPSS Modeler 输出的神经网络模型

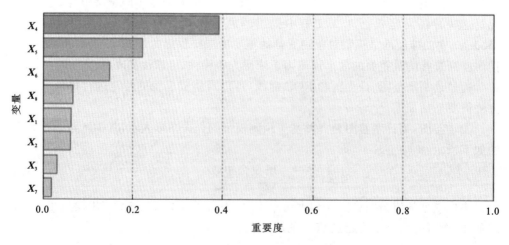

图 3-13　利用 SPSS Modeler 中的神经网络模型预测的重要度

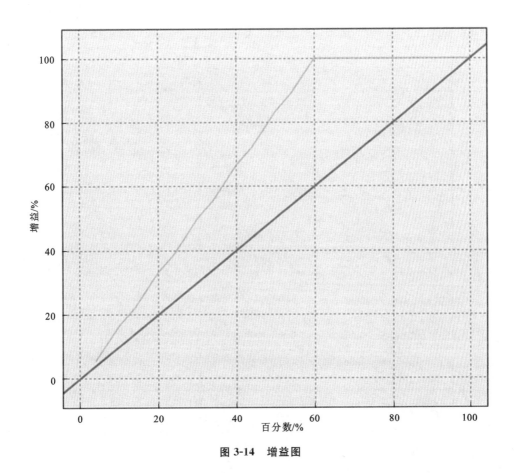

图 3-14　增益图

②升力图:升力是对预测模型有效性的度量,其值等于使用预测模型和不使用预测模型获得的结果之间的比率。通常,升力曲线与基线之间的面积越大,表明预测模型越好。升力值计算公式如下所示:

$$升力指数 = \frac{增量命中数 \,/\, 增量记录数}{总命中数 \,/\, 总记录数} \tag{3-15}$$

图 3-15 为预测模型的升力图,该图揭示了基于模型预测联系供应商与随机联系供应商在回复可能性上的差异。基于预测模型联系前 60% 的供应商,就意味着优先联系了最有可能回复的 60% 的供应商。通过这一策略获得的正确预测(即供应商实际回复)的比例,是随机联系供应商时的 1.7 倍。

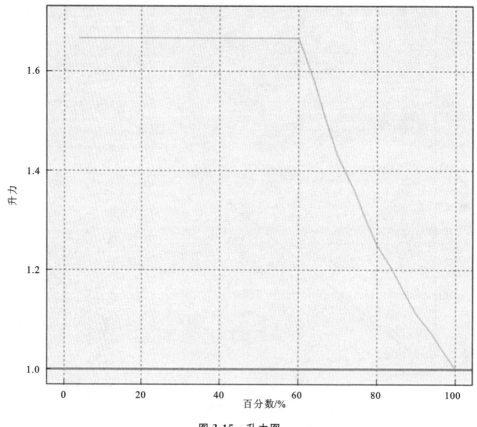

图 3-15　升力图

③ROC 曲线：ROC 曲线可以直观地描绘在不同阈值下，预测模型的真阳性率（true positive rate，TPR）与假阳性率（false positive rate，FPR）之间的关系。ROC 曲线上的每一个点都代表了一对特定的决策阈值下的灵敏度和特异度。当阈值设置得较低时，模型可能更容易将样本预测为阳性，这会导致真阳性率上升，但同时假阳性率也可能上升。反之，当阈值设置得较高时，模型可能更加谨慎，只有在确信样本为阳性时才会做出预测，这会导致真阳性率下降，但假阳性率也会相应下降。理想情况下，希望找到一个平衡点，使得真阳性率和假阳性率都尽可能低。在 ROC 曲线图上，这表现为曲线尽可能地靠近左上角。这是因为左上角的点代表 100% 的灵敏度和 100% 的特异度，即模型在预测时既不会遗漏真正的阳性样本，也不会错误地将阴性样本预测为阳性。

图 3-16 为获得的 ROC 曲线图,结果表明,该模型在特定条件下能够实现 100% 的真阳性反应。这意味着,在设定的阈值下,所有实际为阳性的样本均被模型正确识别,没有遗漏。

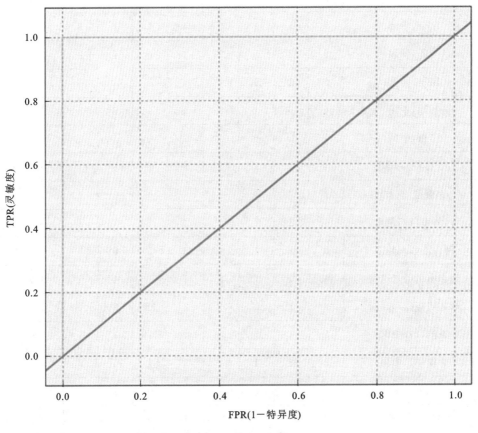

图 3-16 ROC 曲线图

3.4.2 结果分析

采用集成模型计算的弹性预测值或单个供应商弹性概率如表 3-8 所示。在潜在供应商中,选取弹性值排名前 5 的供应商进行评估。这 5 家供应商的弹性值及其他标准的值如表 3-9 所示。根据表 3-9,在弹性最强的供应商中,有 3 家来自中国,2 家来自越南。

表 3-8　　　　　　　　　　　　　　　　　输出数据

供应商	X_1	X_2	X_3	X_4	X_5	X_6	X_7	X_8	预测值
艾哈迈达巴德,印度	2	3	0	1	1	0	2	2	0.3934
北京,中国	5	5	1	3	4	1	3	3	0.8791
大邱,韩国	2	2	0	2	2	0	1	2	0.2108
德里,印度	5	2	1	4	4	1	4	5	0.8501
福建,中国	4	3	1	3	5	1	5	3	0.7721
广东,中国	1	2	0	1	3	0	2	2	0.1638
古吉拉特邦,印度	4	3	1	5	3	1	5	4	0.7923
京畿道,韩国	1	2	0	1	3	0	2	1	0.1934
河内市(1),越南	4	2	1	3	4	1	3	4	0.7098
河内市(2),越南	5	4	1	4	3	1	5	3	0.9056
胡志明市(1),越南	4	5	1	5	5	1	4	5	0.9612
胡志明市(2),越南	3	1	0	1	2	0	2	1	0.2903
香港(1),中国	5	4	1	5	4	1	3	4	0.9369
香港(2),中国	3	2	1	4	5	1	5	5	0.7697
湖南,中国	2	3	0	3	2	0	1	1	0.2332
江苏,中国	2	1	0	2	1	0	2	3	0.2012
江西,中国	3	3	1	4	4	0	4	5	0.6695
马哈拉施特拉邦,印度	1	2	0	1	2	0	1	1	0.1169
首尔,韩国	2	1	0	3	1	1	3	1	0.2437
陕西,中国	3	4	1	4	5	1	2	4	0.6934
山东,中国	5	5	1	5	3	1	3	4	0.9834
上海,中国	5	4	1	4	3	1	3	4	0.8312

续表

供应商	X_1	X_2	X_3	X_4	X_5	X_6	X_7	X_8	预测值
四川,中国	2	2	0	3	2	1	1	1	0.3604
台湾(1),中国	5	4	1	3	3	1	3	3	0.6923
台湾(2),中国	4	5	1	2	3	1	4	5	0.8243
台湾(3),中国	4	2	1	5	3	1	3	5	0.7301
台湾(4),中国	1	1	0	1	1	0	2	1	0.1147
泰米尔纳德邦,印度	1	1	0	2	3	0	2	1	0.2904
天津,中国	4	5	1	4	4	1	4	4	0.8852
浙江,中国	5	3	1	3	5	1	5	5	0.9123

表 3-9　　　　　　　　　　　　　弹性值排名前 5 的供应商

供应商	成本/($/ton)	质量	弹性	交付周期/天	响应率/%
山东,中国	1450	0.82	0.9834	15	62.5
胡志明市(1),越南	1410	0.88	0.9612	30	54.2
香港(1),中国	1390	0.95	0.9369	25	86.2
浙江,中国	1525	0.87	0.9123	12	52.9
河内市(2),越南	1384	0.71	0.9056	18	71

　　图 3-17 为 5 家供应商的绩效敏感性分析。结果表明:位于山东(中国)的供应商整体表现最好,而位于香港(中国)的供应商排名第二。通过对比分析可知,供应商在成本和弹性这两个标准方面的表现相似,但在交付周期和响应率这两个标准方面存在显著差异。各标准的权重如图 3-18 所示。注意,不一致性值的期望值是 0.05。

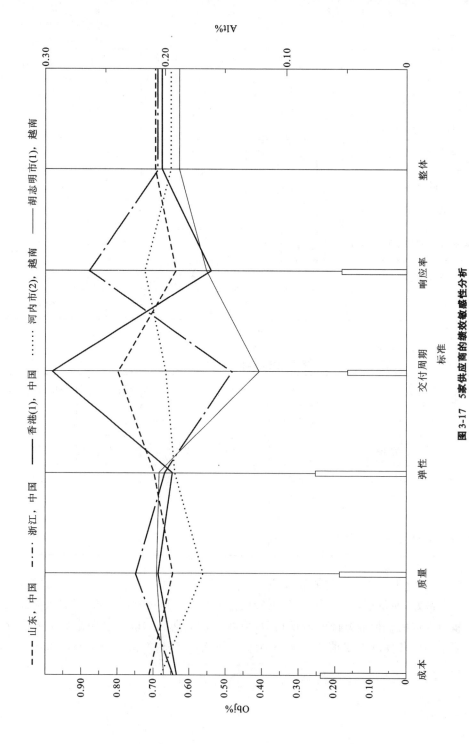

图3-17 5家供应商的绩效敏感性分析

图 3-18 各标准的权重

为了分析最佳供应商的选择决策，本章将采用 AHP 方法得到的 5 家供应商的结果绘制在图 3-19 中。根据图 3-19 可以发现，位于山东(中国)的供应商对目标(最佳供应商选择)的贡献最大，而位于胡志明市(越南)的贡献最小。所以位于山东(中国)的供应商是最可取的。

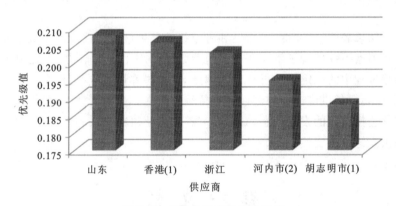

图 3-19 5 家供应商的优先级值

3.5 本章小结

在当今的商业环境中，供应商的选择已经不仅仅局限于成本和质量两个维度，弹性供应商的选择逐渐成为企业供应链管理中的关键议题。相较于传统供应商选择问题和绿色供应商选择问题，对弹性供应商选择问题的研究相对较少。

基于此，本章首先讨论并分析了影响供应商选择弹性的主要因素，发现供应商的吸收能力、适应能力和恢复能力是决定其弹性的关键因素。其中，吸收能力体现在供应商对新技术、新市场的接纳程度上；适应能力则是指供应商在面对市场变化时能够迅速调整其生产、配送等流程的能力；恢复能力则体现为供应商在遭受突发事件后能够快速恢复正常运营的能力。

其次,本章还提出了一种混合集成-层次分析法用于解决弹性供应商选择问题,这种方法首先通过集成方法,对潜在供应商的吸收能力、适应能力和恢复能力进行综合评估,从而计算出潜在供应商的弹性值。在这个过程中,采用了多种评估工具和指标,以确保评估结果的准确性和客观性。

再次,基于以上分析采用集成方法对供应商弹性的 8 个主要贡献者进行了识别、分析和排名。这些贡献者包括供应商的技术创新能力、市场敏感度、供应链管理效率、风险管理能力等。通过细致的分析和评估,成功选取了弹性值排名前 5 的供应商。

最后,在考虑质量、弹性、成本、响应率和交付周期 5 项标准的情况下,采用层次分析法对所选取的 5 家供应商进行了全面而细致的比较。通过这种方式,能够更加准确地了解每家供应商的优势和劣势,从而为企业选择合适的弹性供应商提供有力的支持。

最终的结果表明,鲁棒性、可靠性和可重组性是供应商弹性标准中最重要的促成因素。这些因素不仅体现了供应商在面对突发事件时的应变能力,还反映了供应商在持续运营过程中的稳定性和可靠性。因此,在选择弹性供应商时,企业应充分考虑这些因素,以确保其供应链的稳健性和可持续性。在未来的研究中,我们将继续关注弹性供应商选择问题的发展动态,并不断完善和优化研究方法和模型,以更好地服务于企业的供应链管理实践。

参 考 文 献

[1] HUMPHREYS P K, WONG Y K, CHAN F T S. Integrating environmental criteria into the supplier selection process [J]. Journal of materials processing technology, 2003, 138(1/2/3): 349-356. DOI: 10. 1016/S0924-0136(03)00097-9.

[2] CHAN F T S, CHAN H K, IP R W L, et al. A decision support system for supplier selection in the airline industry [C]. Proceedings of the institution of mechanical engineers part B: journal of engineering manufacture, 2007, 221(4): 741-758. DOI: 10. 1243/09544054JEM629.

[3] HUANG S H, KESKAR H. Comprehensive and configurable metrics for supplier selection [J]. International journal of production economics, 2007, 105(2): 510-523. DOI: 10. 1016/j. ijpe. 2006. 04. 020.

[4] ŞEN S, BAŞLIGIL H, ŞEN C G, et al. A framework for defining both qualitative and quantitative supplier selection criteria considering the buyer-supplier integration strategies [J]. International journal of production research, 2008, 46(7): 1825-1845.

[5] LUO X, WU C, ROSENBERG D, et al. Supplier selection in agile supply chains: an information-processing model and an illustration [J]. Journal of purchasing and supply management, 2009, 15(4): 249-262. DOI: 10.1016/j. pursup. 2009. 05. 004.

[6] ŞEN C G, BARAÇLI H, ŞEN S, et al. An integrated decision support system dealing with qualitative and quantitative objectives for enterprise software selection [J]. Expert systems with applications, 2009, 36 (3p1): 5272-5283. DOI: 10. 1016/j. eswa. 2008. 06. 070.

[7] KAHRAMAN C, KAYA I. Supplier selection in agile manufacturing using fuzzy analytic hierarchy process [M]//Enterprise networks and logistics for agile manufacturing. London: Springer, 2010: 155-190. DOI: 10. 1007/978-1-84996-244-5_8.

[8] REZAEI J, ORTT R. Supplier segmentation using fuzzy logic [J]. Industrial marketing management, 2013, 42(4): 507-517. DOI: 10. 1016/j. indmarman. 2013. 03. 003.

[9] KAR A K. Revisiting the supplier selection problem: an integrated approach for group decision support [J]. Expert systems with applications, 2014, 41(6): 2762-2771. DOI: 10. 1016/j. eswa. 2013. 10. 009.

[10] GÜNERI A F, ERTAY T, YÜCEL A. An approach based on ANFIS input selection and modeling for supplier selection problem [J]. Expert systems with applications, 2011, 38(12): 14907-14917. DOI: 10. 1016/ j. eswa. 2011. 05. 056.

[11] ARIKAN F. A fuzzy solution approach for multi objective supplier selection [J]. Expert systems with applications, 2013, 40(3): 947-952. DOI: 10. 1016/j. eswa. 2012. 05. 051.

[12] DENG X Y, HU Y, DENG Y, et al. Supplier selection using AHP methodology extended by D numbers [J]. Expert systems with applications, 2014, 41(1): 156-167. DOI: 10. 1016/j. eswa. 2013. 07. 018.

4 面向产品和供应链协同的模块化设计

4.1 面向产品和供应链协同的模块化设计概况

由于在可配置性、灵活性和可替换性等方面的独特优势,模块化常被认为是最重要的架构属性[1]。现有的关于产品模块化设计的文献,大多数是从产品设计属性层面进行研究,缺乏对供应链设计属性的关注。例如:通过从三维 CAD 装配模型中提取产品信息,Li 和 Wei[2] 构建了具有不同粒度级别的层次树状图,并提出了一种改进的肘肩方法来确定最佳模块粒度级别和相应的模块谱;基于产品构件相关强度评价标准,Wang 等[3] 提出了一种基于自动生成 DSM 和改进遗传算法的模块化设计方法。然而,在全球化背景下,高科技企业和制造企业的采购成本分别达到了总成本的 80% 和 50%[4],而且很少有公司能够独立完成复杂产品的开发和制造。因此,供应链设计正成为企业重要的战略决策之一,供应链设计属性也成为重要的战略设计属性之一[5-6]。

随着全球化竞争的加剧和供应链的日益复杂,仅仅关注产品设计属性的模块化已经无法满足现代企业的需求。供应链设计属性,如供应链的响应速度、成本效率、可靠性等,同样对模块化架构的成功至关重要。根据 Pashaei 和 Olhager[7] 的研究,模块化概念也可以被应用于供应链设计中,且模块化供应链架构有助于确保标准化生产,降低库存压力[8]。然而,在供应链模块化过程中,设计者倾向于选择拥有低成本的简单供应链架构,但这可能导致更小和更多的产品模块,影响产品架构的模块粒度;同时,在产品模块化过程中,将一些产品组件合并为一个大的产品模块可能是有益的,但这可能导致一个较差的供应链结构,甚至造成最终的产品模块缺乏足够的供应基地[9],从而造成供应链弹性降低。因此,在产品设计的早期就实现产品性能与供应链性能的平衡是非常有必要的。此外,为了确保采购的灵活性,减少中断风险,并提高 OEM 对供应商的议价能力,还应确保每个产品模块有多个独立的候选供应模块(即供应基地)。

尽管越来越多的人意识到在产品设计的早期阶段将供应链设计属性集成到产品设计决策中是必要的,但由于问题的跨学科性质,这仍然是一个新兴的研究领域,面向产品和供应链协同的模块化设计仍面临诸多挑战,具体表现为:①产品和供应链集成设计的标准或共同指南仍然有待识别[10],面向产品和供应链协同的模块化设计方法亟待进一步探索[11]。②产品设计的复杂性和多样性使得模块划分和接口设计变得异常困难。如何在保证产品性能的前提下,实现模块的通用性和互换性,是模块化设计面临的重要问题。③供应链的复杂性和不确定性也给模块化设计带来了巨大挑战。如何确保供应链中各个环节的高效协同,实现模块的快速供应和灵活调整,是模块化设计需要解决的关键问题。如今,虽然有一些关于这个主题的论文,但大部分研究仍处于探索和概念阶段,仅有少数研究能从方法和模型上提出具体的策略。如:Gan 等[9]介绍了模块化产品设计与供应链体系结构并行设计的具体操作过程,实现了与产品相关的模块化目标和与供应链相关的采购灵活性目标之间的具体权衡。但所述方法没有考虑供应商间的协作关系、供应模块间的地理隔离等,采购灵活性及抵御中断风险的能力有待进一步提高。考虑决策者风险态度,Aguila 等[12]提出了供应链与产品结构并行设计的目标规划模型,但所述优化模型中缺乏对产品模块性的评价。

本章提出了一个详细、可行、通用的面向产品和供应链协同的模块化设计(MD-PSC)方法。首先,考虑供应商绩效、产品组件间关联强度和供应商间协作指数,构建供应商-组件矩阵(supplier-component matrix,SCM)、产品设计结构矩阵(product design-related design structure matrix,PD-DSM)和供应链设计结构矩阵(supply chain-related design structure matrix,SC-DSM)。其次,引入产品模块化评价方法和供应链绩效评价方法,建立了双目标整数规划数学优化模型,以平衡产品架构的模块性和供应链架构的性能。最后,以低端充电钻为案例,探索了产品模块化和供应链模块化之间的交互关系和影响,同时,相关成果和分析也有助于建立对模块化供应链架构设计的理解。

4.2 面向产品和供应链协同的模块化设计问题描述

在深入探讨面向产品和供应链协同的模块化设计问题时,为了简化表述、聚焦核心,并帮助读者更好地理解和把握问题的本质,做出如下假设:①OEM 可以作为一个特殊的供应商,OEM 所需的所有产品组件均可看作外购件。这不仅体现了 OEM 在供应链中的核心地位,也揭示了其对于外部供应商的高度依赖。②仅涉及一个产品变体的模块化设计,且这个产品变体仅包含 4 个核心的产品组件。③在产品变体的供应链中,共有 5 个可选供应商。④为了提高采购的灵活性,确保在某一供应商或供应模块出现问题时,能够迅速切换到另一供应商或供应模块,避免生产中断;同时,也为了增强 OEM 的议价能力,通过竞争机制获得更有利的采购条件,采取双源采购策略,即每个产品组件或产品模块应对应两个供应商或供应模块。⑤模块化前后的产品-供应链架构如图 4-1 所示。

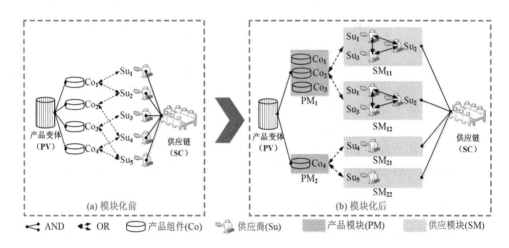

图 4-1　模块化前后的产品-供应链架构对比

通过观察图 4-1 可以发现,在产品模块化之前,各供应商直接向 OEM 提供产品组件,彼此之间并没有直接的信息交流和物料运输。然而,随着产品模块化的推进,产品变体被划分为两个或多个产品模块,每个产品模块对应特定的供应模块。这种模块化的设计不仅简化了产品结构,还使得生产过程更加灵活,能够适应市场的快速变化。在模块化后的供应链中,同一个供应模块内的供应商之间需要进行紧密的信息交流和物料运输。这是因为它们共同负责一个产品模块的研发、生产和交付。为了确保产品模块的质量、成本和交货期,供应商之间需要协同研发、了解彼此的生产进度等关键信息。如果同一个供应模块内的供应商间不能有效地进行信息交流和物料运输,那么产品模块的研发、生产和交付都将受到严重影响。

此外,在追求供应链协同的同时,也不能忽视中断风险、议价能力和产品模块升级等因素。为了降低中断风险,同一个产品模块对应的不同供应模块间应保持一定的地理隔离。这样可以确保在某一地区发生自然灾害、政治动荡等不可预测事件时,其他地区的供应模块能够继续运作,保障产品的稳定供应。为了促进产品模块的升级和创新,同一个产品模块对应的不同供应模块间应保持非协作关系。这意味着各供应模块之间应有一定的竞争关系,通过技术创新、成本控制等方式不断提高自身的竞争力。这种竞争机制有助于推动整个供应链的持续改进和创新。同时,保持供应商或供应模块间的竞争关系,也有助于减少供应商或供应模块之间的依赖和勾结,提高 OEM 的议价能力。

因此,对于拥有大量外包业务的 OEM 来说,协同开发产品架构和供应链架构,以提高自身竞争力、优化供应链性能以及平衡产品设计属性和供应链设计属性是必要的。

4.3 面向产品和供应链协同的模块化设计方法和模型

4.3.1 建立输入

本书所提出的 MD-PSC 方法共需要 3 个基本输入。第一个输入是供应商-组件矩阵(SCM);第二个是产品设计结构矩阵(PD-DSM);第三个是供应链设计结构矩阵(SC-DSM)。

(1)构建 SCM

在本章中,SCM 反映了不同产品组件的不同供应商的绩效评分。为了全面、准确地评估供应商的绩效,通常会采用一系列的评价准则。在这些准则中,一般准则、可持续准则和弹性准则被视为三大核心标准[13],它们共同构成了评价供应商绩效的框架,如表 4-1 所示。

表 4-1　　　　　　　　　　　供应商绩效评价准则

编号	评价准则	评价指标
1	一般准则	(Ⅰ)成本
		(Ⅱ)质量

续表

编号	评价准则	评价指标
2	可持续准则	(Ⅵ)GHG 排放
		(Ⅶ)固体废弃物处理
3	弹性准则	(Ⅲ)吸收能力
		(Ⅳ)恢复能力
		(Ⅴ)适应能力

①一般准则：一般准则是对供应商绩效的基础评价。它涵盖了供应商在产品质量、交货时间、价格合理性等方面的表现。产品质量是评价供应商绩效的首要指标，因为优质的产品是企业赢得客户信赖和市场口碑的关键。交货时间的准时性则体现了供应商在生产和物流环节的管理能力，它直接影响企业的生产计划和市场响应速度。价格合理性则涉及成本控制和企业的盈利能力，是企业在激烈的市场竞争中保持竞争优势的重要保障。

②可持续准则：可持续准则是评价供应商绩效的重要方面。在如今追求可持续发展的时代背景下，企业越来越注重与供应商在环保、社会责任等方面的合作。可持续准则要求供应商在生产经营过程中，不仅要追求经济效益，还要注重环境保护、员工福利等社会责任的履行，这要求供应商在产品设计、原材料采购、生产过程、废弃物处理等方面都要符合环保标准，同时还要关注员工的权益和福利，确保员工在良好的工作环境中工作。

③弹性准则：弹性准则是评价供应商绩效的重要补充。在当今充满变数的商业环境中，企业的运营计划往往受到各种因素的影响，如市场需求波动、政策调整、自然灾害等。因此，企业需要供应商具备足够的弹性和灵活性，以应对各种突发情况。弹性准则要求供应商在产能、供应链、物流等方面具备快速响应和灵活调整的能力，确保在突发事件发生时能够及时、有效地为企业提供支持。

在具体实践中，由于不同的 OEM 有不同的偏好标准，且本章重点不在于供应商评价准则的选取，因此，仅选择表 4-1 中的指标作为供应商绩效评价准则（如果读者想进一步了解这 3 个评价准则，请分别参考 Amindoust[14]、Zimmer 等[15]以及 Hosseini 和 Khaled[16]的文章）。

在确定供应商绩效评价准则后,需要一些科学的方法来量化这些准则,从而精确地评估各个供应商的绩效。这时,层次分析法和专家评价法成为不可或缺的工具。首先,将各个评价准则作为层次分析法的因素,通过专家打分或问卷调查等方式,收集不同评价准则之间的相对重要性数据,进而计算出各评价准则的权重。然后,邀请行业内的专家,根据他们的专业知识和经验,对各个供应商在不同评价准则下的表现进行打分。这些打分结果将作为评估供应商绩效的重要依据。最后,在获取了各评价准则的权重以及不同评价准则下的供应商评分后,就可以通过加权求和的方式,计算出各产品组件的各供应商的绩效评分。具体来说,就是将每个供应商在不同评价准则下的评分与该评价准则的权重相乘,然后将这些乘积相加,即可得到该供应商的绩效评分。这种方法既考虑了不同评价准则的重要性差异,又充分利用了专家的专业知识和经验,因此具有较高的科学性和可靠性。举例来说,假设在评估一家电子产品制造商的供应商时,确定了 3 个评价指标:产品质量、交货期和价格。通过层次分析法,计算出这 3 个评价指标的权重分别为 0.5、0.3 和 0.2。然后,邀请了 5 位行业内的专家,对 5 家供应商在这 3 个评价指标下的表现进行打分,其中一个供应商在上述 3 个评价指标方面获得的分值分别为 0.7、0.7、0.9,则这个供应商的绩效评分为: $0.5 \times 0.7 + 0.3 \times 0.7 + 0.2 \times 0.9 = 0.74$。

最终,构建的 SCM 的数据结构如式(4-1)所示。

$$\boldsymbol{\Omega} = \begin{bmatrix} \Omega_{11} & \cdots & \Omega_{1c} & \cdots & \Omega_{1C} \\ \vdots & & \vdots & & \vdots \\ \Omega_{v1} & \cdots & \Omega_{vc} & \cdots & \Omega_{vC} \\ \vdots & & \vdots & & \vdots \\ \Omega_{V1} & \cdots & \Omega_{Vc} & \cdots & \Omega_{VC} \end{bmatrix} \tag{4-1}$$

其中

$$\Omega_{vc} = \sum_{\bar{u}=1}^{\bar{U}} \delta_{\bar{u}} g_{vc\bar{u}} \tag{4-2}$$

式中: v——供应商指数, $v \in \{1, \cdots, V\}$;

$\bar{u}$——供应商评价指标指数, $\bar{u} \in \{1, \cdots, \bar{U}\}$;

c——产品组件指数, $c \in \{1, \cdots, C\}$;

$\delta_{\bar{u}}$——评价指标 $\bar{u}$ 的权重因子, $0 \leqslant \delta_{\bar{u}} \leqslant 1$,且 $\sum_{\bar{u}=1}^{\bar{U}} \delta_{\bar{u}} = 1$;

$g_{vc\bar{u}}$——产品组件 c 的供应商 v 相对于指标 $\bar{u}$ 的绩效评分;

Ω_{vc}——产品组件 c 的供应商 v 的绩效评分。

假定有 8 个供应商、4 个产品组件,则数值 SCM 示例可以被表示为图 4-2 所示 8×4 矩阵,矩阵中元素取值范围为 0~1,0 表示所在行的供应商无法提供所在列的产品组件；1 表示所在行的供应商可以非常完美地提供所在列的产品组件。绩效评分越高，说明所在行的供应商和所在列的产品组件的匹配度越高。

$$\Omega = \begin{bmatrix} 0 & 0.6 & 0.7 & 0 \\ 0.8 & 0 & 0.6 & 0.9 \\ 0.8 & 0.8 & 0 & 0 \\ 0.7 & 0 & 0 & 0.9 \\ 0.5 & 0.9 & 0 & 0 \\ 0 & 0 & 0.8 & 0.5 \\ 0 & 0.6 & 0 & 0.7 \\ 0.6 & 0 & 0 & 0.6 \end{bmatrix}$$

图 4-2　一个数值 SCM 示例

（2）构建 PD-DSM

DSM 最初是由 Steward[17] 提出的，其目的是以矩阵的方式间接表示复杂设计中的参数依赖关系。在产品设计中，DSM 是一种强有力的工具，常被用来量化不同关联因素下不同产品组件间的关联度。为了全面、准确地评估产品组件间的关联度，通常会采用一系列的评价准则，如表 4-2 所示。在这些准则中，几何关联、功能关联和物理关联被视为三大核心标准[13]，它们共同构成了产品组件间关联度评价的框架。

表 4-2　　　　　　　　　　　　**产品组件间关联度评价准则**

编号	评价准则	评价指标
1	几何关联	（Ⅰ）连接类型
		（Ⅱ）垂直度
		（Ⅲ）平行度
		（Ⅳ）同心度
2	功能关联	（Ⅴ）功能关联度

续表

编号	评价准则	评价指标
3	物理关联	（Ⅵ）物质流
		（Ⅶ）能量流
		（Ⅷ）信息流

①几何关联：几何关联主要关注产品组件之间的空间或几何关系。这种关系不仅包括物理连接，如螺栓和螺母之间的紧固关系，还包括组件的大小、垂直度、平行度和同心度等因素。这些因素对于产品的稳定性和精度至关重要。以精密机床为例，机床的各个部件必须按照严格的几何关系进行装配，以确保加工精度和稳定性。

②功能关联：功能关联描述的是不同的产品组件在共同实现某一功能时的相互作用。例如，在一辆汽车中，发动机、传动系统和车轮之间的关联就是典型的功能关联。发动机提供动力，传动系统将动力传递到车轮，而车轮则负责驱动车辆前进。这些组件的功能紧密关联，任何一个环节的失效都可能影响整个系统的正常运行。

③物理关联：物理关联描述的是产品组件间的物质流、能量流和信息流的交换或传递。这种关联在电子产品中尤为明显。例如，在智能手机中，电池为处理器提供能量，而处理器则通过信号线与显示屏、摄像头等组件进行通信。这些物理关联保证了产品的正常运行和性能。

值得注意的是，产品组件间在几何、功能和物理等方面的相关性越强，产品组件之间的关联度就越高。这种关联度的高低直接影响产品的性能、可靠性和可维护性。因此，在产品设计过程中，需要通过 PD-DSM 量化和分析这些关联度，以便在设计中做出更加明智的决策。

在确定产品组件间关联度评价准则后，可以利用多准则决策分析法，对各个关联因素下的 DSM 进行加权处理，从而获得一个包含各个组件在不同关联因素下的关联度信息的 DSM。有时，为了进一步整合这些信息，还可以采用聚合技术将加权后的 DSM 进行汇总，最终生成一个能够全面反映各产品组件间综合关联度的产品设计结构矩阵，即 PD-DSM，其数据结构如式(4-3)所示。

$$\boldsymbol{\Phi} = \begin{bmatrix} \Phi_{11} & \cdots & \Phi_{1c'} & \cdots & \Phi_{1C'} \\ \vdots & & \vdots & & \vdots \\ \Phi_{c1} & \cdots & \Phi_{cc'} & \cdots & \Phi_{cC'} \\ \vdots & & \vdots & & \vdots \\ \Phi_{C1} & \cdots & \Phi_{Cc'} & \cdots & \Phi_{CC'} \end{bmatrix} \tag{4-3}$$

其中

$$\Phi_{cc'} = \sum_{e=1}^{E} \alpha_e \phi_{ecc'} \tag{4-4}$$

式中：e——与产品设计相关的关联因子指数，$e \in \{1, \cdots, E\}$；

α_e——第 e 个与产品设计相关的关联因子的权重，$0 \leqslant \alpha_e \leqslant 1$，且 $\sum\limits_{e=1}^{E} \alpha_e = 1$；

$\phi_{ecc'}$——第 e 个与产品设计相关的关联因子下产品组件 c 和 c' 之间的关联度；

$\Phi_{cc'}$——产品组件 c 和 c' 之间的综合关联度。

假设一个产品共有 4 个组件，则 PD-DSM 可以被封装为一个 4×4 的数值矩阵 $\boldsymbol{\Phi}$，如图 4-3 所示。矩阵中元素取值范围为 0~1，0 表示所在行的产品组件和所在列的产品组件关联度极低；1 表示所在行的产品组件和所在列的产品组件完全相关。关联度评分越高，说明所在行的产品组件和所在列的产品组件的关联度越高。

$$\boldsymbol{\Phi} = \begin{bmatrix} 1.00 & 0.72 & 0.64 & 0 \\ 0.72 & 1.00 & 0.64 & 0 \\ 0.64 & 0.64 & 1.00 & 0 \\ 0 & 0 & 0 & 1 \end{bmatrix}$$

图 4-3 一个数值 PD-DSM 示例

（3）构建 SC-DSM

在供应链设计中，DSM 被用来量化不同关联因子下不同供应商间的协作度。本章中将影响供应商间协作度的评价准则确定为组织关系、地理关系、文化关系和竞争关系，具体解释如下：

①组织关系：组织关系主要反映了供应商所处的组织间的紧密度。这种紧密度可以表现为股权关系、合作关系或共同的市场战略等多种形式。当组织紧密度较高时，供应商之间的协作度往往也会相应提升。例如，同一集团下的子公司或合作伙伴，由于共享资源、信息和市场渠道，更容易形成紧密的协作关系，从而提高整个供应链的响应速度和效率。

②地理关系：地理关系也是一个不可忽视的因素。它主要反映了供应商在地理距离上的接近度。通常，地理距离越近的供应商，由于运输成本、沟通成本和时间成

本的降低,更容易形成紧密的协作关系。然而,这种地理关系上的紧密联系也带来了一定的风险。当自然灾害等不可抗力事件发生时,地理距离较近的供应商可能会同时受到影响,导致供应链中断的风险增加。

③文化关系:文化关系主要反映了供应商间企业文化、民族文化等的相似度。当供应商之间的文化相似度较高时,它们在沟通、理解和合作上更容易达成共识,从而提高协作度。例如,两个来自同一文化背景的企业,在管理理念、市场策略和风险控制等方面可能具有更多的共同点,这使得它们更容易形成紧密的协作关系。

④竞争关系:在供应链中,竞争也是不可避免的。这些竞争可能发生在技术、产品、客户群体等多个方面。当竞争激烈时,供应商之间的协作度往往会受到严重影响。为了缓解这一现象,企业需要通过建立有效的沟通机制、寻求共同点或引入第三方协调机构等方式来化解矛盾,以维护供应链的稳定性和协作度。

与构建 PD-DSM 相似,将上述与供应链设计相关的准则的 DSM 进行加权、聚合,可以得到用于量化供应商间综合协作度的供应链设计结构矩阵,即 SC-DSM,其数据结构如式(4-5)所示。

$$\boldsymbol{\Psi} = \begin{bmatrix} \Psi_{11} & \cdots & \Psi_{1v'} & \cdots & \Psi_{1V'} \\ \vdots & & \vdots & & \vdots \\ \Psi_{v1} & \cdots & \Psi_{vv'} & \cdots & \Psi_{vV'} \\ \vdots & & \vdots & & \vdots \\ \Psi_{V1} & \cdots & \Psi_{Vv'} & \cdots & \Psi_{VV'} \end{bmatrix} \tag{4-5}$$

其中

$$\Psi_{vv'} = \sum_{r=1}^{R} \beta_r \varphi_{rvv'} \tag{4-6}$$

式中:r——与供应链设计相关的关联因子指数,$r \in \{1, \cdots, R\}$;

β_r——第 r 个与供应链设计相关的关联因子的权重,$0 \leqslant \beta_r \leqslant 1$,且 $\sum_{r=1}^{R} \beta_r = 1$;

$\varphi_{rvv'}$——在第 r 个与供应链设计相关的关联因子下供应商 v 和 v' 间的协作度;

$\Psi_{vv'}$——供应商 v 和 v' 间的综合协作度。

图 4-4 展示了一个包含 8 个供应商的数值 SC-DSM 示例,矩阵中各元素的取值范围为 0~1,0 表示所在行的供应商与所在列的供应商之间实现协作的难度非常大;1 表示所在行的供应商与所在列的供应商是相同供应商,不存在协作困难。协作度评分越高,说明所在行的供应商和所在列的供应商的协作度越高,两者实现协作需要克服的困难越小。

$$\boldsymbol{\Phi} = \begin{bmatrix} 1.0 & 0.5 & 0.5 & 1.0 & 0.5 & 0.5 & 0.5 & 1.0 \\ 0.5 & 1.0 & 0.7 & 0.3 & 0.7 & 0.3 & 0.7 & 0.3 \\ 0.5 & 0.7 & 1.0 & 0.5 & 0 & 1.0 & 0.5 & 0.5 \\ 1.0 & 0.3 & 0.5 & 1.0 & 0.5 & 0.5 & 0.5 & 0 \\ 0.5 & 0.7 & 0 & 0.5 & 1.0 & 1.0 & 0.5 & 0.5 \\ 0.5 & 0.3 & 1.0 & 0.5 & 1.0 & 1.0 & 0.5 & 0.5 \\ 0.5 & 0.7 & 0.5 & 0.5 & 0.5 & 0.5 & 1.0 & 0.5 \\ 1.0 & 0.3 & 0.5 & 0 & 0.5 & 0.5 & 0.5 & 1.0 \end{bmatrix}$$

图 4-4　一个数值 SC-DSM 示例

4.3.2　模块化产品架构评价

通常情况下,模块性测度被用来评价模块化产品架构的性能。在现存的几种基于 DSM 的模块性测度中,模块化指数 Q 是模块化产品架构评价中常用的评价指标之一[18],且基于模块化指数 Q 的模块化设计更容易获得模块粒度均匀的产品架构。因此,为了构建评价模块化产品架构的整数规划数学模型,本书基于模块化指数 Q,将产品架构模块性测度表示为式(4-7)所示的变量 x 的函数,$\varPi^{\mathrm{P}}$ 的值越大,产品架构的模块性越好,反之亦然。

$$\varPi^{\mathrm{P}} = \sum_{k=1}^{K} \Big[\sum_{c=1}^{C} \sum_{c'=1}^{C} \varPhi_{cc'} x_{kc} x_{kc'} / H^{\mathrm{P}} - \Big(\sum_{k'=1}^{K} \sum_{c=1}^{C} \sum_{c'=1}^{C} \varPhi_{cc'} x_{kc} x_{kc'} / H^{\mathrm{P}} \Big)^2 \Big] \qquad (4\text{-}7)$$

其中

$$H^{\mathrm{P}} = \sum_{k=1}^{K} \sum_{k'=1}^{K} \sum_{c=1}^{C} \sum_{c'=1}^{C} \varPhi_{cc'} x_{kc} x_{kc'} \qquad (4\text{-}8)$$

式中:k——产品模块指数,$k \in \{1, \cdots, K\}$,K 是由设计者为产品设置的最大模块粒度;

　　x_{kc}——二进制决策变量,表示产品组件 c 是(1)否(0)被划分到产品模块 PM_k 中。

假定产品组件数 C 为 4,设计者为产品设定的最大模块粒度 K 为 3,则决策变量 x 可以被表示为图 4-5(a)所示的二进制(0-1)矩阵,其中,矩阵 x 的每一行对应一个产品模块,每一列对应一个产品组件。可以发现,产品模块 PM_1 为空,即没有任何产品组件被划分到产品模块 PM_1 中;产品模块 PM_2 包含 3 个组件,分别为 Co_1、Co_2 和 Co_3,即 $\mathrm{PM}_2 = \{\mathrm{Co}_1, \mathrm{Co}_2, \mathrm{Co}_3\}$,同理 $\mathrm{PM}_3 = \{\mathrm{Co}_4\}$,故产品架构包含的真实模块数为 2。综上所述,以图 4-3 所示的 PD-DSM 示例为输入,则由矩阵 x 编译出的模块化产品架构可以被表示为图 4-5(b)所示的数值 DSM 矩阵。将决策变量 x 代入式(4-7)可以得到产品架构模块性测度 $\varPi^{\mathrm{P}}$。经验证,这与将图 4-5(b)所示的 DSM 代入模块化指数 Q 求得的结果一致,证实了式(4-7)可以作为产品架构的模块性测度。

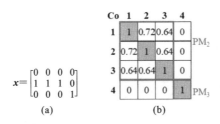

图 4-5 决策变量 x 的示例及由 x 编译的模块化产品架构

(a)决策变量 x 的示例；(b)模块化产品架构

4.3.3 模块化供应链架构评价

如前文所述，在 MD-PSC 过程中，同一个供应模块内的供应商间存在信息和物料的流通，这种流通不仅仅是单向的，还是双向甚至多向的。例如，一个原材料供应商可能需要了解其产品在使用过程中的性能表现，以便优化产品质量；而一个零部件供应商则可能需要知道其产品的库存情况，以便及时调整生产计划。这种信息的共享和物料的交换，要求供应模块内的供应商必须具备高度的协作能力，供应模块内各供应商之间协作度越大，供应商间的信息和物料流通越流畅。因此，在对供应链进行模块化设计时，要求最大化供应模块内部各供应商间的协作度，以优化供应链性能。

除此之外，面对各种不可预测的风险，如自然灾害、政治动荡、技术故障等，为了避免同一产品模块的供应模块同时中断，要求最大化同一产品模块的不同供应模块间的文化差异、组织差异和地理隔离，文化差异、组织差异和地理隔离越大，同一产品模块的供应模块同时中断的概率越小[19-20]。进一步，为了促进产品模块的升级换代和提高 OEM 的议价能力，要求最大化同一产品模块的供应模块间的竞争关系，竞争强度越大，越有利于产品模块的升级换代和 OEM 议价能力的提高。

综上，可以得出如下结论：在供应链架构设计中，应最大化同一产品模块的供应模块内的协作度/连接强度，最小化同一产品模块的不同供应模块间的协作度/连接强度。因此，产品模块的供应链架构(supply chain architecture of product module，SCA-PM)的模块性应作为供应链架构性能的一个评价指标。

在现存的几种基于 DSM 的模块性测度中，Guo 和 Gershenson[21]基于文献[22]的研究提出的模块性指数 $M_{G\&G}$ 同时考虑了模块内外的连接强度，其目的是最大化模块内部连接密度，最小化模块间连接密度，并被验证具有较好的性能[23-24]。因此，为了构建评价模块化供应链架构模块性的整数规划数学模型，本书基于模块性指数 $M_{G\&G}$，将产品模块 PM_k 的供应链架构(SCA-PM_k)的模块性测度表示为式(4-9)所示的函数,Π_k^{SC} 的值越大,SCA-PM_k 的模块性越好,反之亦然。

$$\Pi_k^{\text{SC}} = \frac{1}{N}(D_k^{\text{in-SC}} - D_k^{\text{out-SC}}) \tag{4-9}$$

其中

$$D_k^{\text{in-SC}} = \sum_{n=1}^{N} \left\{ \frac{\sum_{v=1}^{V} \sum_{v'=1}^{V} \sum_{c=1}^{C} \Psi_{vv'} y_{nvc} y_{nv'c} x_{kc}}{\varepsilon + \left(\sum_{c=1}^{C} x_{kc}\right)^2} \right\} \tag{4-10}$$

$$D_k^{\text{out-SC}} = \sum_{n=1}^{N} \left\{ \frac{\sum_{n'=1}^{N} \sum_{v=1}^{V} \sum_{v'=1}^{V} \sum_{c=1}^{C} \Psi_{vv'} y_{nvc} y_{n'v'c} x_{kc} - \sum_{v=1}^{V} \sum_{v'=1}^{V} \sum_{c=1}^{C} \Psi_{vv'} y_{nvc} y_{n'v'c} x_{kc}}{\varepsilon + N\left(\sum_{c=1}^{C} x_{kc}\right)^2} \right\} \tag{4-11}$$

式中:$D_k^{\text{in-SC}}$——SCA-PM_k 的供应模块内的连接密度;

$D_k^{\text{out-SC}}$——SCA-PM_k 的供应模块外的连接密度;

n——供应模块指数,$n \in \{1,\cdots,N\}$,其中,N 是由决策者为产品模块设定的供应模块数量;

y_{nvc}——二进制决策变量,表示是(1)否(0)选择供应商 v 作为产品组件 c 的第 n 个供应商,$\sum_{v=1}^{V} y_{nvc} = 1$;

ε——一个极小正数(如 $\varepsilon = 10^{-6}$)。

供应链架构性能评价的另一指标为供应链中所有供应商的性能,可以被表示为供应链中所有供应商的平均绩效值。SCA-PM_k 的供应商性能可以被表示为式(4-12),Γ_k^{SC} 越大,SCA-PM_k 性能越好,反之亦然。

$$\Gamma_k^{\text{SC}} = \frac{\sum_{n=1}^{N} \sum_{v=1}^{V} \sum_{c=1}^{C} \Omega_v y_{nvc} x_{kc}}{\varepsilon + \sum_{n=1}^{N} \sum_{v=1}^{V} \sum_{c=1}^{C} y_{nvc} x_{kc}} \tag{4-12}$$

假设决策者为产品模块设定的供应模块数量 N 为 2,供应商数量 V 为 8,产品组件数 C 为 4,则决策变量 y 可以被表示为图 4-6(a)所示的 0-1 矩阵。可以发现,为产品组件 Co_1、Co_2、Co_3 和 Co_4 选择的两个供应商依次为 $\{\text{Su}_3,\text{Su}_5\}$、$\{\text{Su}_3,\text{Su}_5\}$、$\{\text{Su}_2,\text{Su}_6\}$ 和 $\{\text{Su}_2,\text{Su}_4\}$。结合图 4-5(a)所示的决策变量 x 的 0-1 矩阵,决策变量 x 和 y 可以编译为图 4-6(b)所示的集成供应链的模块化产品架构。可以看出,产品模块 PM_2 的两个供应模块分别为 $\text{SM}_{21} = \{\text{Su}_3,\text{Su}_3,\text{Su}_2\}$ 和 $\text{SM}_{22} = \{\text{Su}_5,\text{Su}_5,\text{Su}_6\}$;产品模块 PM_3 的两个供应模块分别为 $\text{SM}_{31} = \{\text{Su}_2\}$ 和 $\text{SM}_{32} = \{\text{Su}_4\}$。

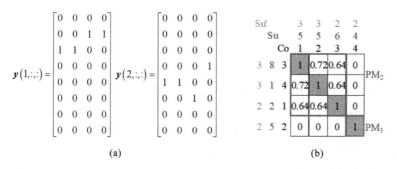

图 4-6　决策变量 y 的示例及由 x 和 y 编译的集成供应链的模块化产品架构

(a)决策变量 y 的示例;(b)集成供应链的模块化产品架构

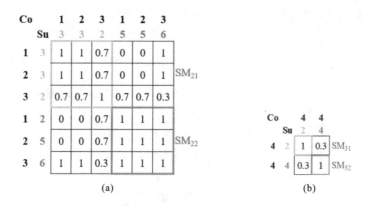

图 4-7　模块化供应链架构

(a)产品模块 PM_2 的模块化供应链架构;(b)产品模块 PM_3 的模块化供应链架构

进一步,为了直观显示供应链架构的模块性,以图 4-3 所示 PD-DSM 和图 4-4 所示 SC-DSM 为输入,则由决策变量 x 和 y 映射的产品模块 PM_2 和 PM_3 的供应链架构分别被展示在图 4-7(a)和图 4-7(b)中。结合图 4-2 所示的 SCM,将决策变量 x 和 y 代入式(4-9)～式(4-13),可以分别求得不同产品模块的供应链架构的模块性测度和供应商绩效,如表 4-3 所示。经验证,表 4-3 所示的各 SCA-PM 的模块性与将图 4-7所示的 DSM 代入模块化指数 $M_{G\&G}$ 求得的结果一致,证实了式(4-9)可以作为 SCA-PM 的模块性测度。

表 4-3　　　　　　　　　不同产品模块的供应链架构的性能评分

项目	模块性测度 Π_k^{SC}	供应商绩效 Γ_k^{SC}
SCA-PM$_1$	—	—
SCA-PM$_2$	0.53	0.73
SCA-PM$_3$	0.70	0.90

综上所述,由于 SCA-PM$_k$ 的性能与其模块性和供应商平均绩效值都呈正相关,因此,SCA-PM$_k$ 的性能可以被表示为其模块性和供应商平均绩效值的权重和,因为 $M_{\mathrm{G\&G}}$ 的范围为 $[-1,1]$,供应商评分范围为 $[0,1]$,所以,SCA-PM$_k$ 的性能可以被表示为

$$\Lambda_k^{\mathrm{SC}} = \chi_1 \frac{\Pi_k^{\mathrm{SC}} + 1}{2} + \chi_2 \Gamma_k^{\mathrm{SC}} \qquad (4\text{-}13)$$

式中:χ_1 和 χ_2 分别为 SCA-PM$_k$ 的模块性测度 Π_k^{SC} 和供应商绩效 Γ_k^{SC} 的权重因子,$0 \leqslant \chi_1, \chi_2 \leqslant 1$,且 $\chi_1 + \chi_2 = 1$。

然后,产品的整个供应链架构性能可以被表示为各 SCA-PM 性能的平均数,如式(4-14)所示。Λ^{SC} 越大,产品的整个供应链架构性能越好,反之亦然。

$$\Lambda^{\mathrm{SC}} = \frac{1}{M^{\mathrm{P}}} \sum_{k=1}^{K} \Lambda_k^{\mathrm{SC}} \qquad (4\text{-}14)$$

其中

$$M^{\mathrm{P}} = \sum_{k=1}^{K} \left\lceil \frac{\sum\limits_{c=1}^{C} x_{kc}}{C} \right\rceil \qquad (4\text{-}15)$$

式中:M^{P}——模块化后的产品架构所包含的实际模块数;

　　符号 $\lceil\ \rceil$——一个向上取整函数(ceil)。

4.3.4　优化模型

综上所述,本章提出的 MD-PSC 优化模型可以表述为式(4-16)~式(4-23)所示的双目标整数规划数学模型。其中,式(4-16)和式(4-17)为目标函数;式(4-18)~式(4-23)为约束条件。具体地:

式(4-16)所示目标函数的目标是最大化产品架构性能,式(4-17)所示目标函数的目标是最大化供应链架构性能。式(4-18)定义了二进制决策变量 x 的取值;

式(4-19)确保所有产品组件都被划分到产品模块中,且任一产品组件不能同时属于多个产品模块。式(4-20)定义了二进制决策变量 y 的取值;式(4-21)确保仅有一个供应商被选作产品组件 c 的第 n 个供应商。式(4-22)定义了权重因子 χ_1 和 χ_2 的取值。

$$\max \qquad \Pi^{\mathrm{P}}(x_{kc}) \qquad\qquad (4\text{-}16)$$

$$\max \qquad \Lambda^{\mathrm{SC}}(x_{kc}, y_{nvc}) \qquad\qquad (4\text{-}17)$$

$$\mathrm{s.\,t.}$$

$$x_{kc} = \{0, 1\} \qquad\qquad (4\text{-}18)$$

$$\sum_{k=1}^{K} x_{kc} = 1 \qquad\qquad (4\text{-}19)$$

$$y_{vcn} = \{0, 1\} \qquad\qquad (4\text{-}20)$$

$$\sum_{v=1}^{V} y_{vcn} = 1 \qquad\qquad (4\text{-}21)$$

$$\chi_1 + \chi_2 = 1; \quad \chi_1, \chi_2 \geqslant 0 \qquad\qquad (4\text{-}22)$$

$$式(4\text{-}7) \sim 式(4\text{-}15) \qquad\qquad (4\text{-}23)$$

4.4 IGA 算法设计

一般情况下,遗传算法(genetic algorithm,GA)因具有计算简单和搜索能力强的特点,常被用于求解模块化设计等组合优化问题,但其求解过程中出现的"早熟"和遗传漂变等现象如同算法中的"暗礁",时常阻碍着遗传算法在复杂问题求解中的高效应用。为了解决这些难题,研究者不断探索各种改进策略,其中之一便是引入生物免疫机制的免疫遗传算法(immune genetic algorithm,IGA)。

免疫遗传算法在遗传算法的基础上增加了抗体多样性维持机制和免疫选择机制。抗体多样性维持机制通过模拟生物免疫系统中抗体的克隆、变异和抑制等过程,使得种群中的个体能够保持一定的多样性,避免"早熟"现象的发生。而免疫选择机制则通过模拟生物免疫系统的免疫应答过程,对种群中的个体进行筛选和排序,使得适应度高的个体有更多的机会被选中进行遗传操作,从而提高算法的搜索效率。实验结果表明,与遗传算法相比,免疫遗传算法在求解大规模、复杂整数规划问题时,能够更快地收敛到全局最优解,并且具有更高的搜索效率和更好的稳定性[25]。因此,本节采用基于生物免疫机制的免疫遗传算法求解所提出的整数规划数学模型。

4.4.1　染色体结构

染色体编码作为免疫遗传算法不可或缺的基础之一,在复杂问题的求解过程中扮演着至关重要的角色。简而言之,染色体编码就是将一系列复杂问题转化为计算机可以理解的字符序列[26],从而实现高效、智能的求解过程。

以图 4-5(a)中决策变量 x 的 0-1 矩阵和图 4-6(a)中决策变量 y 的 0-1 矩阵为例,可以清晰地看到决策变量在特定情境下的取值情况。然而,为了更直观地理解这些决策变量如何影响整体系统的运行,需要进一步将其转化为染色体结构。图 4-8 给出了一个整数编码染色体结构的示例,这一结构不仅展示了决策变量的取值,还揭示了它们之间的内在联系。

具体来说,这个染色体结构由两个主要片段组成:1 个"产品模块化方案"片段和 1 个由 N 个"供应商选择"片段组成的"供应链模块化方案"片段。在"产品模块化方案"片段中,每一个位置的值都代表了一个特定的决策。例如,位置 1 的值 2 表示产品组件 Co_1 被划分到了产品模块 PM_2 中。同样地,位置 2、3 和 4 的值分别代表了产品组件 Co_2、Co_3 和 Co_4 的归属。通过观察这些值,可以清晰地看到 PM_2 模块包含了 Co_1、Co_2 和 Co_3 3 个组件,而 PM_3 模块则仅包含了 Co_4 1 个组件。

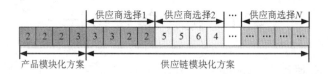

图 4-8　染色体结构示例

同样,在"供应链模块化方案"片段,每一个位置的值也都代表了一个特定的决策。以"供应链模块化方案"片段中的子片段——"供应商选择 2"片段为例,"供应商选择 2"片段中位置 1 的值 5 表示:供应商 5 被选择作为产品组件 Co_1 的第 2 个供应商;同理,"供应商选择 1"片段中位置 1 的值 3 表示:供应商 3 被选择作为产品组件 Co_1 的第 1 个供应商;依次类推,产品组件 Co_1、Co_2、Co_3 和 Co_4 的第 1 个和第 2 个供应商组成的集合分别为 $\{Su_3, Su_5\}$、$\{Su_3, Su_5\}$、$\{Su_2, Su_6\}$ 和 $\{Su_2, Su_4\}$。结合产品模块 $PM_2 = \{Co_1, Co_2, Co_3\}$,$PM_3 = \{Co_4\}$,可得出:产品模块 PM_2 的两个供应模块分别为:$SM_{21} = \{Su_3, Su_3, Su_2\}$ 和 $SM_{22} = \{Su_5, Su_5, Su_6\}$,产品模块 PM_3 的两个供应模块分别为:$SM_{31} = \{Su_2\}$ 和 $SM_{32} = \{Su_4\}$。

综上,这种染色体编码方式不仅降低了问题的复杂度,还使得我们能够利用免疫遗传算法等智能优化技术来求解问题。通过模拟自然界的进化过程,免疫遗传算法能够不断地优化染色体结构,从而找到问题的最优解。

在实际应用中,染色体编码的方式可以根据问题的不同而有所差异。例如,在某些问题中,可能需要使用实数编码或二进制编码来表示决策变量。但无论采用何种编码方式,都是为了将复杂问题转化为计算机可以理解的形式,从而实现高效、智能的求解过程。

4.4.2 适应度函数

在优化问题方面,适应度函数是一种衡量候选解质量的指标。它接受一个候选解作为输入,并返回一个表示该解质量的数值。这个数值通常被称为适应值,它越高,说明该解越接近问题的最优解。因此,适应度函数扮演着评估候选解决方案优劣的关键角色,犹如一位严格公正的裁判,确保搜索过程能够朝着正确的方向前进。

此外,在优化问题中,通常面临着大量的候选解,而适应度函数则可以快速地筛选出那些质量较差的解,从而节省计算资源。适应度函数还可以指导搜索过程。通过不断地调整搜索策略,可以使搜索过程更加高效地逼近问题的最优解。

为了更好地理解适应度函数的作用,可以以一个简单的例子来说明。假设面临一个旅行商问题(TSP),即给定一系列城市和它们之间的距离,需要找到一条遍历所有城市并回到起点的最短路径。在这个问题中,可以将候选解表示为一组城市的访问顺序,而适应度函数则可以定义为该路径的总长度。通过计算每个候选解的适应值,可以轻松地找到最短路径,即适应值最小的解。

当然,在实际应用中,适应度函数的设计并不是一件简单的事情。它需要根据具体问题的特点和需求来定制。例如,在某些问题中,可能需要考虑多个因素来评估解的质量,这时就需要设计一个多维度的适应度函数。此外,适应度函数还需要具有一定的鲁棒性,以应对噪声和干扰等不确定因素的影响。

近年来,随着计算智能和机器学习等领域的快速发展,适应度函数的设计和应用也取得了长足的进步。越来越多的研究者开始关注如何设计更加高效、准确和鲁棒的适应度函数,以应对日益复杂的优化问题。同时,一些新的优化算法和框架也不断涌现,它们为适应度函数的设计和应用提供了更多的可能性和选择。

在本节中,为了便于求解 4.3.4 节中提出的双目标整数规划数学模型,并满足不同决策者对两个优化目标的不同侧重程度要求,适应度函数被定义为两个优化目标函数的权重和,如下所示:

$$\text{fitval} = \omega_1 \frac{\Pi^{\text{P}} - \Pi^{\text{P}}_{\min}}{\Pi^{\text{P}}_{\max} - \Pi^{\text{P}}_{\min}} + \omega_2 \frac{\Lambda^{\text{SC}} - \Lambda^{\text{SC}}_{\min}}{\Lambda^{\text{SC}}_{\max} - \Lambda^{\text{SC}}_{\min}} \tag{4-24}$$

式中:ω_1——产品架构性能函数 Π^{P} 的权重因子,$0 < \omega_1 < 1$;

ω_2——供应链架构性能函数 Λ^{SC} 的权重因子,$0 < \omega_2 < 1$,且 $\omega_1 + \omega_2 = 1$;

$\Pi_{\min}^{\mathrm{P}}$——产品架构性能函数 Π^{P} 的最小值；

$\Pi_{\max}^{\mathrm{P}}$——产品架构性能函数 Π^{P} 的最大值；

$\Lambda_{\min}^{\mathrm{SC}}$——供应链架构性能函数 Λ^{SC} 的最小值；

$\Lambda_{\max}^{\mathrm{SC}}$——供应链架构性能函数 Λ^{SC} 的最大值。

4.4.3 免疫操作

免疫遗传算法中的免疫操作主要包括抗体产生、选择和多样性保持等。首先是抗体产生的过程。在免疫遗传算法中，抗体被视作问题的候选解。在算法的初始阶段，系统会随机生成一组抗体，这些抗体覆盖了问题解空间的一个广泛范围。接着，算法会模拟生物免疫系统中的抗原识别过程，通过特定的适应度函数计算每个抗体与问题的匹配程度，即解的优劣程度。这个过程就像是免疫系统中的 B 细胞初次接触到抗原，通过其表面的受体识别抗原的特定结构。

接下来是抗体的选择阶段。在免疫遗传算法中，抗体的选择并不是随意的，而是模拟了生物免疫系统中的抗体选择机制。具体来说，算法会倾向于选择那些适应度高的抗体，因为它们在某种程度上更能"匹配"问题的解。选择出来的抗体会被进行交叉和变异操作，这是为了模拟生物遗传过程中的基因重组和基因突变，从而产生新的、更优秀的抗体。这就像是在生物体内，B 细胞通过基因重组和基因突变产生新的抗体，以更好地应对抗原的入侵。

然而，仅仅依靠选择和交叉、变异操作并不能保证算法能够找到全局最优解。在遗传算法中，一个常见的问题是随着迭代次数的增加，种群中的抗体会逐渐趋同，导致算法陷入局部最优解。为了避免这种情况，免疫遗传算法引入了生物免疫系统中的多样性保持机制。

多样性保持是免疫遗传算法中的一个重要环节。算法会定期计算种群中抗体的相似度，当相似度过高时，算法会采取措施来提高种群的多样性。这些措施包括但不限于引入新的抗体、提高变异率等。这就像是在生物体内，当某种抗体的数量过多时，免疫系统会采取措施来抑制其数量，同时刺激其他类型的抗体产生，以保持免疫系统的多样性。

本节分别采用轮盘赌选择、单点交叉算子和单点变异方法实现染色体选择、交叉和变异。

（1）免疫选择

抗体的激励度越大，被选为下一代的可能性就越大。抗体激励度可以被表示为

$$\mathrm{sim}_i = \mathrm{Ps} \times \mathrm{fitval}_i \times \Big(\sum_{i=1}^{\mathrm{pop}} \mathrm{fitval}_i\Big)^{-1} - (1 - \mathrm{Ps}) \times \mathrm{den}_i \times \Big(\sum_{i=1}^{\mathrm{pop}} \mathrm{den}_i\Big)^{-1} \quad (4\text{-}25)$$

其中

$$Ps = ps(1) + \frac{iter}{Num}[ps(2) - ps(1)] \qquad (4\text{-}26)$$

$$den_i = \frac{1}{pop} \sum_{j=1}^{pop} \lceil distance(i,j) - \lambda \rceil \qquad (4\text{-}27)$$

式中：Ps——自适应亲和系数，ps(1)和ps(2)为Ps的下限和上限；

iter——当前迭代次数；

Num——总迭代次数；

$fitval_i$——抗体i的适应度值；

den_i——抗体i的浓度；

pop——种群规模；

$distance(i,j)$——抗体i和抗体j间的海明距离；

λ——相似度阈值。

(2)单点交叉

在免疫遗传算法中，单点交叉是一种至关重要的基因重组技术。单点交叉模拟了生物在繁殖过程中染色体上的基因片段进行交换的现象。这种交换有助于产生新的基因组合，从而提高找到更优解的可能性。单点交叉的具体步骤如下：

当满足交叉条件时，系统会随机选择一个交叉点。这个交叉点可以是染色体上的任意位置，其选择是随机的，但每次交叉时只选取一个点。一旦交叉点确定，算法将开始执行基因片段的交换操作。具体来说，它会将两个亲本染色体(即父本和母本)在交叉点后面的基因片段进行互换。这样，两个亲本染色体就分别产生了新的后代染色体。

通过这个过程，可以看到单点交叉的神奇之处。它不仅能够保留亲本染色体中的优良基因片段，还能够引入新的基因组合。这种新的基因组合可能会产生更好的适应度(即更接近问题的最优解)。因此，单点交叉是遗传算法中不可或缺的一部分。

为了更具体地说明单点交叉的过程，可以举一个例子，如图4-9所示，假设有两个亲本染色体，分别代表两个可能的解决方案。它们的基因编码可以被表示为一系列的二进制数字，也可以被表示为一系列实数。当满足交叉条件时，系统随机选择了一个交叉点，例如在第8位。然后，算法将两个亲本染色体在第8位之后的基因片段进行了互换。这样，两个新的子代染色体就产生了。这两个子代染色体可能继承了亲本染色体的部分优良特性，同时也引入了新的基因组合，从而增加了找到更优解的可能性。

(3)单点变异

在遗传算法中，单点变异模拟了生物进化中的基因突变现象。通过这一操作，算法能够在搜索空间中产生新的解，进而寻找更优的解。单点变异的过程如下所述：当

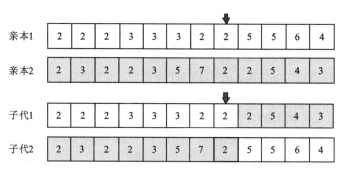

图 4-9　单点交叉示例

满足变异条件时,算法会在亲本染色体上随机选择一个点作为突变点。这个突变点可以是染色体上的任何一个基因位置。然后,算法会随机改变位于该突变点的基因值,从而生成一个新的子代染色体。

为了更深入地理解单点变异,需要关注几个关键因素。首先是变异率,它决定了发生变异的概率。一个合适的变异率可以在保持种群多样性的同时,避免过多的无效搜索。过高的变异率可能导致算法失去稳定性,而过低的变异率则可能使算法陷入局部最优解。其次,需要考虑突变点的选择方式。在单点变异中,突变点是随机选择的,这保证了算法在搜索空间中的均匀性。然而,对于某些特定的问题,可能希望在某些特定的基因位置上进行变异。这时,可以采用定向变异的方式,根据问题的特点来选择突变点。

除了以上因素外,还需要关注变异操作的实现方式。在单点变异中,通常采用随机改变突变点基因值的方式来实现变异。这种方式简单有效,但对于某些问题可能不够灵活。为了更好地适应问题的特点,可以采用更复杂的变异操作,如非均匀变异、高斯变异等。

现在,通过一个具体的例子来演示单点变异的运作过程。图 4-10 为一个单点变异示例。当满足变异条件时,算法随机选择了一个突变点(例如第 3 个基因位置)。然后,算法随机改变了该突变点的基因值(1～6 之间任一整数),从而生成了一个新的子代染色体。这个新的子代染色体继承了亲本染色体的大部分基因信息,但在突变点处发生了改变,这使得它有可能成为一个更优的解。

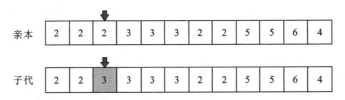

图 4-10　单点变异示例

4.4.4　免疫遗传算法流程

免疫遗传算法作为一种模拟生物免疫系统特性的优化算法,已经在多个领域显示出其独特的优势。其流程图如图 4-11 所示,下面详细解释每一步的具体操作和背后的原理。

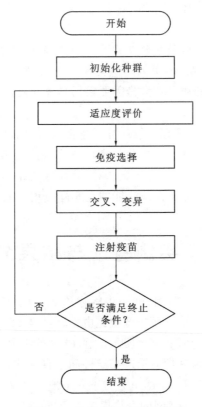

图 4-11　免疫遗传算法流程图

①初始化种群阶段：基于图 4-8 所示的染色体结构，构建初始种群 A_k。这个种群是算法搜索的起点，其质量和多样性将直接影响到后续的搜索效率和结果的质量。因此，在构建初始种群时，通常会采用一些策略，如随机生成、基于先验知识的生成等，以确保种群的多样性和代表性。

②适应度评价阶段：基于式(4-24)所示的适应度函数，求解种群中各抗体的适应度值。通过计算每个抗体的适应度值，可以了解当前种群中各个抗体的性能，为后续的选择和进化提供依据。

③免疫选择阶段：基于抗体-抗原结合度和抗体相似度两个指标，由式(4-25)求解各抗体的激励度。然后基于适应度和激励度，选择出既具有高识别能力又具有一定差异性的抗体，形成记忆细胞库 M 和子代种群 B_k。记忆细胞库 M 保存了历史搜索过程中的优秀抗体，用于后续的加速搜索；而子代种群 B_k 则是接下来进行交叉和变异的对象。

④交叉、变异阶段：如图 4-9 和图 4-10 所示，分别对种群 B_k 进行单点交叉和单点变异操作，以产生新的抗体 C_k(即问题解)。这两个操作可以有效地提高种群的多样性和搜索能力。

⑤注射疫苗阶段：为使种群更快地收敛到全局最优解附近，提高算法的求解效率，需要对种群 C_k 注射疫苗，即引入一些先验知识或优秀解的信息，以指导搜索过程。需要注意的是，疫苗的质量和数量需要根据具体问题进行合理设置，以避免对搜索过程产生负面影响。

⑥终止条件判断阶段。根据预设的终止条件(如达到最大迭代次数、找到满足要求的解等)判断是否终止循环。如果满足终止条件，则算法结束并返回最优解；否则，将返回步骤②继续进行搜索。需要注意的是，终止条件的设置需要权衡求解效率和求解质量两个方面的需求，以确保算法能够在实际应用中取得良好的效果。

4.5　实例验证与结果分析

本节以低端充电钻[27]为案例，进一步阐述所提出的 MD-PSC 方法和模型的应用，为 MD-PSC 提供理论指导。所述低端充电钻共涉及 20 个产品组件，其组件清单和 PD-DSM 分别如表 4-4 和图 4-12 所示。在 PD-DSM 中，"×"表示产品组件间存在连接关系，连接强度为 1；"空"表示产品组件间不存在连接关系，连接强度为 0。通过 FCM 聚类，OEM 获取了 20 个随机分布于 6 个地区、2 种文化、3 个组织的潜在供应商，且处于相同地区的供应商间的合作度为 1，不同地区的供应商间的合作度为 0。同理，拥有相同文化、相同组织的供应商间的合作度为 1，反之，供应商间合作度为 0。

此外,能够提供相同产品组件的供应商间存在潜在竞争关系,其竞争强度被表示为

$$供应商 \, v \, 和 \, v' \, 间的竞争强度 = \frac{供应商 \, v \, 和 \, v' \, 间可提供的相同产品组件数量}{供应商 \, v \, 可提供的产品组件数量}$$

例如:假定供应商 v 和 v' 可分别向 OEM 提供 2 个产品组件(Co_1 和 Co_2)和 3 个产品组件(Co_2、Co_3 和 Co_4),则供应商 v 和 v' 间可提供的相同产品组件数量为 1,即 Co_2,供应商 v 和 v' 间的竞争强度为 $1/2$,而供应商 v' 和 v 间的竞争强度为 $1/3$。进一步,供应商 v 与 v' 的合作意愿为 $(1-1/2)$,而供应商 v' 与 v 的合作意愿为 $(1-1/3)$。

表 4-4 低端充电钻组件清单

组件编号	组件名称	组件编号	组件名称
Co_1	Armature 1	Co_{11}	Grip LE
Co_2	Field 1	Co_{12}	Trigger
Co_3	Commutator	Co_{13}	Fwd/rev switch
Co_4	Front bearing	Co_{14}	VSR switch LE
Co_5	Pinion gear	Co_{15}	Battery connector
Co_6	Rear bearing	Co_{16}	Motor brushes
Co_7	Motor fan	Co_{17}	Brush holders
Co_8	Clamshell	Co_{18}	Chuck LE
Co_9	Belt clip	Co_{19}	Transmission
Co_{10}	Bit clip	Co_{20}	20V battery

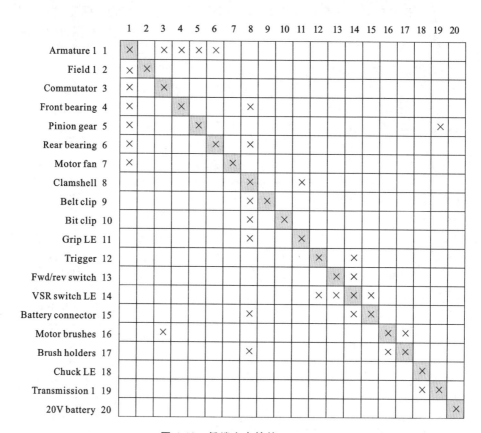

图 4-12 低端充电钻的 PD-DSM

进一步,假定每个供应商可以提供 3 种不同类型的产品组件,每个产品组件对应 3 个潜在供应商,则随机生成的 SCM 和 SC-DSM 分别如图 4-13 和图 4-14 所示。在 SCM 中,符号"/"表示所在行对应的供应商不能提供所在列对应的产品组件,也即所在列的产品组件对应的所在行的供应商的评分为 0。而在 SC-DSM 中,同一供应商间的合作度最高,合作度为 1;供应商 v 与 v' 的合作度由其所处的地区、文化、组织和 SCM 产生的子合作度的加权求和得到。

Co

Su	1	2	3	4	5	6	7	8	9	10	11	12	13	14	15	16	17	18	19	20
1	/	/	/	4	4	/	/	8	6	/	/	/	/	4	/	/	/	/	/	/
2	/	/	/	/	/	/	/	8	/	/	/	6	/	10	/	4	2	/	/	/
3	4	/	/	4	2	/	/	/	/	/	/	/	2	6	/	/	/	/	/	/
4	/	4	4	/	6	/	/	/	/	4	4	/	/	/	/	/	/	/	/	/
5	/	/	/	2	/	/	/	/	/	4	/	/	/	8	/	2	10	/	/	/
6	/	10	/	/	/	4	/	8	/	/	/	10	/	10	/	/	/	/	/	/
7	/	8	/	2	6	/	/	/	/	/	/	/	/	/	/	6	/	/	/	8
8	6	4	/	/	/	6	4	/	/	/	/	/	/	/	10	/	/	/	/	/
9	8	/	/	/	10	6	/	/	/	/	/	/	10	/	/	10	/	/	/	/
10	/	/	/	4	/	/	10	/	4	/	/	/	/	/	/	2	/	/	/	10
11	6	/	/	/	8	/	/	/	/	/	/	4	6	6	/	/	/	/	/	/
12	2	/	4	/	/	/	/	/	8	/	/	10	/	/	/	/	/	/	/	4
13	/	/	/	/	/	/	/	8	/	/	10	/	/	/	6	10	/	/	/	8
14	/	/	/	/	/	6	10	/	2	/	/	/	/	/	/	/	2	6	/	/
15	/	/	/	/	4	/	6	/	/	/	/	/	6	/	/	/	/	/	10	2
16	/	/	/	/	4	/	/	4	/	6	/	10	/	/	/	/	2	/	/	/
17	/	2	/	/	/	/	/	8	/	8	/	/	/	/	/	/	2	10	/	/
18	/	/	4	/	/	8	/	4	6	/	/	/	/	/	/	/	/	/	/	/
19	/	/	6	/	/	/	/	/	6	8	/	/	/	/	/	/	2	10	/	/
20	/	/	2	/	/	/	/	/	4	10	8	/	/	/	/	/	/	/	/	/

图 4-13 SCM($\times 10^{-1}$)

4.5.1 免疫遗传算法收敛性分析

作为评估算法性能的重要指标之一,收敛性是指随着迭代次数的增加,算法的输出结果逐渐逼近真实解或最优解的特性。在实际应用中,算法的收敛性并非总是理想的,很多算法可能面临收敛速度慢、无法收敛到全局最优解等问题。

为了解决这些问题,研究者提出了许多优化策略和改进方法。例如,梯度下降算法是一种常用的优化算法,它通过不断迭代计算函数在某一点的梯度,并沿着梯度的反方向更新参数,从而逐渐逼近函数的最小值点。然而,梯度下降算法存在有时可能

Su	1	2	3	4	5	6	7	8	9	10	11	12	13	14	15	16	17	18	19	20
1	10	5	2	5	3	2	8	3	3	7	3	8	4	3	5	8	3	3	5	3
2	5	10	8	5	5	8	3	5	7	9	7	8	7	5	5	5	5	5	5	8
3	2	8	10	5	5	8	2	8	8	4	8	5	4	8	5	5	8	8	5	8
4	5	5	5	10	3	5	4	2	5	5	3	5	7	3	3	5	3	5	3	5
5	3	5	5	3	10	8	5	5	5	5	5	5	5	5	5	5	5	5	5	5
6	2	8	8	5	8	10	5	5	5	5	5	5	5	5	2	5	5	8	5	8
7	8	3	3	2	4	5	10	5	5	5	3	5	4	3	8	3	5	3	5	3
8	3	5	8	2	8	5	5	10	5	5	4	3	5	10	3	5	10	5	5	5
9	3	7	5	8	5	8	3	5	10	5	10	4	4	5	8	3	5	10	8	8
10	7	7	5	3	5	5	5	5	5	10	5	5	5	5	5	5	5	5	8	5
11	3	8	8	5	5	5	10	5	10	5	5	5	5	7	5	5	10	5	8	5
12	8	7	5	7	3	5	5	3	4	5	5	10	3	3	8	5	3	5	2	4
13	5	5	5	5	5	5	5	5	3	5	5	3	10	5	5	5	5	5	8	7
14	3	5	8	5	5	5	3	10	4	5	5	3	5	10	3	5	10	5	4	5
15	5	5	5	8	3	5	5	3	8	3	7	8	3	3	10	5	2	8	4	5
16	8	3	5	5	5	5	5	5	5	5	5	5	5	5	5	10	5	2	4	3
17	3	5	8	3	8	5	10	5	5	3	10	2	5	10	5	5	10	5	4	5
18	3	8	8	5	8	5	3	10	5	10	5	5	4	5	2	5	10	10	8	8
19	5	5	5	3	5	5	8	5	8	8	2	8	5	4	4	8	5	8	10	4
20	3	8	5	5	8	5	3	5	5	5	8	4	6	5	5	3	5	8	4	10

图 4-14　SC-DSM($\times 10^{-1}$)

陷入局部最优解而无法找到全局最优解的缺陷。为了克服这一缺陷,研究者提出了随机梯度下降、动量法、Adam 优化器等多种改进方法,这些方法在一定程度上提高了算法的收敛性和鲁棒性。

除了优化策略外,算法的收敛性还受到许多其他因素的影响。例如,数据的分布特性、问题的复杂度、算法的初始参数设置等都可能对算法的收敛性产生影响。因此,在实际应用中,需要根据具体问题和数据特点来选择合适的算法和优化策略,并对算法的收敛性进行验证。

为了验证 IGA 在求解 MD-PSC 优化模型中的收敛性和优越性,本节分别对 GA

和 IGA 的收敛性进行了评价和对比,IGA 的相关进化参数如表 4-5 所示。

表 4-5   **IGA 的进化参数**

参数	参数值	参数	参数值
交叉因子 pc	0.80	总迭代次数 Num	1000
变异因子 pm	0.10	亲和系数 Ps	$[0.92, 0.99]$
种群规模 pop	300	相似度阈值 λ	0.7
权重因子 ω	0.50	权重因子 χ	0.50

图 4-15 和表 4-6 展示了 GA 和 IGA 的对比结果。从图 4-15 可以看出:随着迭代次数的增加,GA 和 IGA 都不断地向最优解靠拢。对于 IGA 而言,当迭代次数为 300 次左右,IGA 获取最优解,并保持稳定。对于 GA 而言,整个迭代过程,GA 都在向最优解靠拢,且始终没有获得稳定的最优解。从表 4-6 可以看出:IGA 在均值、最优值、最差值和标准差方面的表现均优于 GA,但在求解时间方面的表现却显著差于GA。然而,从图 4-15 中不难发现:IGA 在迭代次数为 300 次左右时已获取稳定的最优解,GA 在迭代次数为 1000 次时仍没有获取稳定的最优解。由此可以推断:IGA获取稳定最优解的过程实际耗时在 330s 左右,而 GA 获取稳定最优解的过程耗时高于 513s,所以,IGA 在求解时间上的表现也优于 GA。

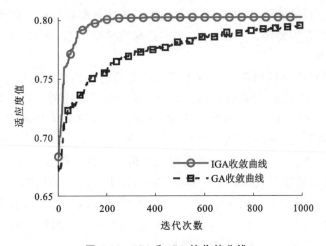

图 4-15   IGA 和 GA 的收敛曲线

表 4-6   **IGA 和 GA 运行 20 次的统计结果**

类型	均值	最优值	最差值	标准差	平均运行时间/s
IGA	0.7995	0.8032	0.7915	0.0040	990.4
GA	0.7923	0.7995	0.7782	0.0058	513.6

综上可知,在求解上文提出的 MD-PSC 优化模型的过程中,IGA 比 GA 具有更好的寻优能力、鲁棒性和求解效率,因此,本章将继续采用 IGA 算法对 MD-PSC 优化模型进行求解。

4.5.2 模块性测度分析

如前文所述,在 MD-PSC 优化模型中,分别采用模块化指数 Q 和 $M_{G\&G}$ 作为产品架构和供应链架构的模块性测度,并没有统一采用模块化指数 Q 或 $M_{G\&G}$。为了证明上述模块化指数选择的合理性,本节分别对比了不同模块化指数下获得的产品架构和供应链架构的模块性。

首先,为了对比不同模块化指数下获得的产品架构的模块性,权重因子 ω_1 被设置为 1,以避免供应链架构性能对产品架构的影响。然后,由 IGA 求得的模块化指数 Q 和 $M_{G\&G}$ 下的模块化产品架构分别被出示在图 4-16 和图 4-17 中。通过对比可以发现:模块化指数为 Q 时获得的模块化产品架构在模块粒度均匀性方面优于模块化指数为 $M_{G\&G}$ 时获得的模块化产品架构;而在模块紧凑性上,模块化指数为 $M_{G\&G}$ 时获得的模块化产品架构性能优于模块化指数为 Q 时获得的模块化产品架构的性能。然而,产品模块内部过于紧凑的关系也导致产品模块外部存在更多的连接关系,这不利于产品模块的拆卸和配置。此外,过多的产品模块增加了 OEM 的库存压力,不利于供应链的管理。

其次,为了对比不同模块化指数下获得的供应链架构的模块性,权重因子 χ_1 被设置为 1,以避免供应链中供应商性能对供应链架构模块性的影响;同时,为了避免不同产品架构对供应链架构模块性的影响,要求统一与图 4-16 所示产品架构匹配的供应链架构。然后,由 IGA 求得的模块化指数为 Q 和 $M_{G\&G}$ 时各主要产品模块的供应链架构被出示在表 4-7 中。对比不同模块化指数下各产品模块的供应链架构可以发现:不同模块化指数下,SCA-PM$_1$ 和 SCA-PM$_5$ 中的两个供应模块的内外连接度基本相同;对于 SCA-PM$_2$、SCA-PM$_3$ 和 SCA-PM$_4$ 而言,尽管两种模块化指数下的供应链架构中的两个供应模块的外部连接度基本相同,但模块化指数 $M_{G\&G}$ 下的供应链架构中的两个供应模块的内部连接度更高。

Co	8	9	10	11	5	18	19	16	17	1	3	4	6	12	13	14	15	2	7	20
8	×			×																
9	×	×																		
10	×		×																	
11	×			×																
5					×		×			×										
18						×														
19						×	×													
16								×	×		×									
17	×							×	×											
1					×					×	×	×	×							
3										×	×									
4	×									×		×								
6	×									×			×							
12														×		×				
13															×	×				
14														×	×	×	×			
15	×															×	×			
2										×								×		
7										×									×	
20																				×

图 4-16　模块化指数为 Q 时的产品模块化架构（$\omega_1=1, \chi_1=0.5$）

Co	1	5	18	10	19	8	11	2	13	16	17	7	4	12	20	3	14	15	9	6
1	×	×											×			×				×
5	×	×			×															
18			×																	
10				×		×														
19			×		×															
8						×	×													
11						×	×													
2	×							×												
13									×								×			
16										×	×					×				
17					×					×	×									
7	×											×								
4	×					×							×							
12														×			×			
20															×					
3	×															×				
14									×					×			×	×		
15						×											×	×		
9						×													×	
6	×					×														×

图 4-17　模块化指数为 $M_{G\&G}$ 时的产品模块化架构（$\omega_1 = 1, \chi_1 = 0.5$）

表 4-7   不同模块化指数下各产品模块的供应链架构模块化方案$(\chi_1=1)$

指数	SCA-PM$_1$	SCA-PM$_2$	SCA-PM$_3$	SCA-PM$_4$	SCA-PM$_5$	图例

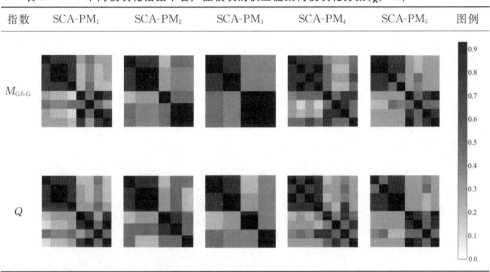

注:SCA-PM$_k$ 为产品模块 PM$_k$ 的供应链架构。

综上,模块化指数 Q 能够在获得较好的模块内聚度的同时,有效地控制模块粒度的均匀性,而模块化指数 $M_{G\&G}$ 更适宜于最大化模块的内部连接度、最小化模块的外部连接度。根据 MD-PSC 方法,供应链架构的模块数量(即供应模块的数量)由决策者预先决定,而供应模块的大小由产品模块的大小决定。因此,供应链架构的模块粒度由决策者和产品架构方案决定,供应链架构的模块性评价是在已有模块粒度下,实现供应模块内部连接度的最大化、供应模块外部连接度的最小化。综上,基于本章提出的 MD-PSC 方法,模块化指数 Q 更适宜作为战略层面的决策性能,用于评价产品架构的模块性;而模块化指数 $M_{G\&G}$ 更适宜作为战术层面的决策性能,用于评价供应链架构的模块性。通过模块化指数 Q 和 $M_{G\&G}$ 的有效配合,可以实现最佳的产品架构模块性和供应链架构模块性。

4.5.3 敏感性分析

简而言之,敏感性分析是一种系统的方法,用于量化评估某个变量或一组变量对系统输出或目标结果的影响程度。通过细致入微地分析这些变量,能够更准确地把握各种因素对最终决策结果的影响,从而为决策者提供更为科学、可靠的依据。

敏感性分析的过程通常包括以下几个步骤:首先,明确系统输出或目标结果,以及需要分析的变量;其次,构建数学模型或仿真模型,对变量与输出之间的关系进行量化表达;再次,通过调整变量的取值,观察系统输出的变化,从而评估各变量对输出的影响程度；最后，根据分析结果，制订相应的决策策略。

本节中，为进一步探索模块化产品架构和模块化供应链架构间的关系，以 0.1 为步长，将产品架构模块性权重因子 ω_1 和供应链架构模块性权重因子 χ_1 的取值设置为 11 个等级，即 0、0.1、0.2、0.3、0.4、0.5、0.6、0.7、0.8、0.9 和 1。图 4-18 和图 4-19 分别为由不同权重因子下的产品架构模块性和供应链架构模块性拟合的三维曲面图。通过对比图 4-18 和图 4-19 可以发现：对于任意给定的 χ_1 值，当 $0 \leqslant \omega_1 < 0.5$ 时，产品架构模块性随 ω_1 的增大而快速提高，同时，供应链架构模块性随着 ω_1 的增大而显著降低；当 $0.5 \leqslant \omega_1 \leqslant 1$ 时，供应链架构模块性随着 ω_1 的增大而显著降低，同时，产品架构模块性随 ω_1 的增大而略有提高。

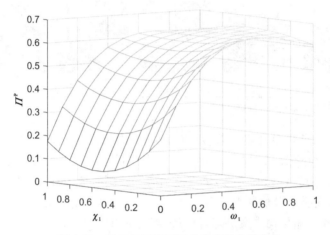

图 4-18　不同权重因子下的产品架构模块性

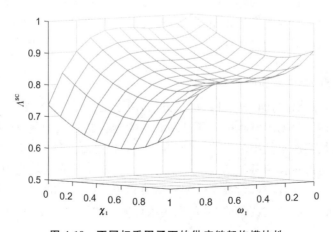

图 4-19　不同权重因子下的供应链架构模块性

上述结果表明:①当 $\omega_1=0$ 和 $\omega_1=1$ 时,分别获取最优供应链架构模块性和产品架构模块性;②权重因子 ω_1 对产品架构模块性和供应链架构模块性的影响的突变点在 $\omega_1=0.5$ 左右,此时,产品架构模块性和供应链架构模块性间存在较好的平衡,不会因一方性能的提高而导致另一方性能的明显衰减;③产品架构模块性和供应链架构模块性间存在博弈关系,一方随着另一方的提高而降低。

图 4-20 展示了 $\omega_1=0.5$,$\chi_1=0.5$ 时低端充电钻的集成供应链的模块化架构,与图 4-16 中 $\omega_1=1$ 时的模块化架构相比,尽管产品模块的数量和产品模块外部的连接关系都增多了,但产品架构仍然比较合理。因此,通过适当降低产品架构的模块性,以提高供应链架构模块性,实现产品架构性能和供应链架构性能的平衡是必要的。

Su'	12	12	6	14	1	17	13	5	13	13	9	19	3	11	9	7	16	10	17	7
Su	19	9	6	6	2	18	20	5	8	9	12	12	1	7	16	6	6	18	15	10
Co	12	14	15	8	9	10	11	18	16	17	1	3	4	5	6	2	13	7	19	20
12 19 **12**	×	×																		
12 9 **14**	×	×	×														×			
6 6 **15**		×	×	×																
14 6 **8**				×		×														
1 2 **9**				×	×															
17 18 **10**				×		×														
13 20 **11**				×		×														
5 5 **18**								×												
13 8 **16**									×	×		×								
13 9 **17**				×					×	×										
9 12 **1**									×	×	×	×	×							
19 12 **3**									×	×										
3 1 **4**				×					×		×									
11 7 **5**									×									×		
9 16 **6**				×					×				×							
7 6 **2**									×					×						
16 6 **13**	×													×						
10 18 **7**									×						×					
17 15 **9**						×										×				
7 10 **10**																				×

图 4-20 低端充电钻的集成供应链的模块化架构方案($\omega_1=0.5$,$\chi_1=0.5$)

4.6 本章小结

随着全球化的不断推进,外包业务已逐渐成为 OEM 不可或缺的一部分。这种趋势推动了产品设计理念的革新,尤其是在模块化设计领域。然而,值得注意的是,当前的产品设计,特别是模块化设计,在早期阶段对产品架构模块性和供应链架构模块性的综合考量尚显不足。为了填补这一空白,本章深入探讨了 MD-PSC 方法,并构建了一个优化模型。

MD-PSC 方法的核心在于,在模块化产品架构的早期设计阶段,就充分考虑供应链架构的模块性和供应商的性能。这种方法旨在确保在实现产品架构模块化的同时,能够为各产品模块选择多个独立的供应模块,从而避免因供应链中某一环节的失效而导致整个供应基地的瘫痪。这种策略对于减少因物料/产品模块等中断等造成的损失具有重要意义。

为了更具体地说明 MD-PSC 方法的实用性和效果,以低端充电钻为例进行了深入分析。通过对 MD-PSC 方法和模型的进一步探索,得到了以下几点发现:

首先,在求解 MD-PSC 数学模型方面,对比了 IGA 和 GA 的求解性能。实验结果表明,IGA 在求解效率和求解质量上都优于 GA,特别是在处理大规模问题时,其优势更为明显。这一发现证明了 IGA 在 MD-PSC 问题求解中的优越性。

其次,采用了不同的模块性指数来度量产品架构和供应链架构的模块性。通过对比分析,发现模块化指数 Q 更适宜于作为产品架构的模块性测度,因为它能够更准确地反映产品架构的模块化程度;而模块化指数 $M_{G\&G}$ 则更适宜于作为供应链架构的模块性测度,因为它能够全面评估供应链架构的稳健性和灵活性。

最后,对权重因子的敏感性进行了分析。结果表明,产品架构模块性和供应链架构模块性之间存在一种博弈关系。在特定情况下,适当降低产品架构的性能,可能有助于实现产品架构性能和供应链架构性能的平衡。这一发现为企业在实际应用中权衡两者之间的关系提供了有益的参考。

总的来说,MD-PSC 方法和优化模型为产品设计提供了新的视角和思路。通过综合考虑产品架构模块性和供应链架构模块性,可以为 OEM 创造更具竞争力的产品,同时确保供应链的稳健性和灵活性。在未来的研究中,我们将继续探索 MD-PSC 方法在不同行业和产品中的应用,并不断完善和优化该方法和模型。

参 考 文 献

[1] MIKKOLA J H,GASSMANN O. Managing modularity of product architectures：toward an integrated theory [J]. IEEE transactions on engineering management,2003,50(2)：204-218.

[2] LI Z K,WEI W Y. Modular design for optimum granularity with auto-generated DSM and improved elbow assessment method [J]. Proceedings of the institution of mechanical engineers part B：journal of engineering manufacture,2022,236(4)：413-426.

[3] WANG S,LI Z K,HE C,et al. An integrated method for modular design based on auto-generated multi-attribute DSM and improved genetic algorithm [J]. Symmetry,2022,14(1)：48.

[4] ESSIG M. Purchasing and supply chain management：analysis,strategy,planning and practice,5th edition. Arjan van Weele. Cengage Learning,Andover,UK(2010). ISBN：978-1-4080-1896-5[J]. Journal of purchasing and supply management,2011,17(2)：143-144.

[5] ZHANG X Y,HUANG G Q,RUNGTUSANATHAM M J. Simultaneous configuration of platform products and manufacturing supply chains [J]. International journal of production research,2008,46(21)：6137-6162.

[6] JAYARAM J,VICKERY S. The role of modularity in the supply chain context：current trends and future research directions [J]. International journal of production research,2018,56(20)：6568-6574.

[7] PASHAEI S,OLHAGER J. Product architecture and supply chain design：a systematic review and research agenda [J]. Supply chain management：an international journal,2015,20(1)：98-112.

[8] FENG T J,ZHANG F Q. The impact of modular assembly on supply chain efficiency [J]. Production and operations management,2014,23(11)：1985-2001.

[9] GAN T S,STEFFAN M,GRUNOW M,et al. Concurrent design of product and supply chain architectures for modularity and flexibility：process,methods,and application [J]. International journal of production

research,2022,60(7):2292-2311.

[10] YAO X F,ASKIN R. Review of supply chain configuration and design decision-making for new product [J]. International journal of production research,2019,57(7): 2226-2246.

[11] GAN T S,GRUNOW M. Concurrent product and supply chain design: a literature review,an exploratory research framework and a process for modularity design [J]. International journal of computer integrated manufacturing,2016,29(12): 1255-1271.

[12] AGUILA J O,ELMARAGHY W,ELMARAGHY H. Impact of risk attitudes on the concurrent design of supply chains and product architectures [J]. Procedia CIRP,2019,81:974-979.

[13] OLIVARES-AGUILA J,ELMARAGHY H. Co-development of product and supplier platform [J]. Journal of manufacturing systems,2020, 54: 372-385.

[14] AMINDOUST A. A resilient-sustainable based supplier selection model using a hybrid intelligent method [J]. Computers & industrial engineering,2018,126: 122-135.

[15] ZIMMER K,FRÖHLING M,SCHULTMANN F. Sustainable supplier management—a review of models supporting sustainable supplier selection,monitoring and development [J]. International journal of production research,2016,54(5): 1412-1442.

[16] HOSSEINI S,AL KHALED A. A hybrid ensemble and AHP approach for resilient supplier selection [J]. Journal of intelligent manufacturing, 2019,30(1): 207-228.

[17] STEWARD D V. The design structure system: a method for managing the design of complex systems [J]. IEEE Transactions on engineering management,1981,28(3): 71-74.

[18] NEWMAN M E J,GIRVAN M. Finding and evaluating community structure in networks [J]. Physical review E,2004,69(2): 026113.

[19] FINE C H,GOLANY B,NASERALDIN H. Modeling tradeoffs in three-dimensional concurrent engineering: a goal programming approach [J]. Journal of operations management,2005,23(3/4): 389-403.

[20] HOSSEINI S,MORSHEDLOU N,IVANOV D,et al. Resilient supplier selection and optimal order allocation under disruption risks [J]. Inter-

national journal of production economics,2019,213：124-137.

[21] GUO F，GERSHENSON J K. A comparison of modular product design methods based on improvement and iteration [C]//ASME international design engineering technical conferences and computers and information in engineering conference. 2004：261-269. DOI：10. 1115/DETC2004-57396.

[22] GUO F，GERSHENSON J K. Comparison of modular measurement methods based on consistency analysis and sensitivity analysis [C]//International design engineering technical conferences and computers and information in engineering conference. 2003：393-401. DOI：10. 1115/DETC2003/DTM-48634.

[23] WANG Q,TANG D B,YIN L L,et al. An optimization method for coordinating supplier selection and low-carbon design of product family [J]. International journal of precision engineering and manufacturing,2018,19(11)：1715-1726.

[24] SAKUNDARINI N,TAHA Z,GHAZILLA R A R,et al. A methodology for optimizing modular design considering product end of life strategies [J]. International journal of precision engineering and manufacturing,2015,16(11)：2359-2367.

[25] 葛红. 免疫算法综述 [J]. 华南师范大学学报(自然科学版),2002(3)：120-126.

[26] LIU D Z,LI Z K. Joint decision-making of product family configuration and order allocation by coordinating suppliers under disruption risks [J]. Journal of engineering design,2021,32(5)：213-246.

[27] BAYLIS K,ZHANG G L,MCADAMS D A. Product family platform selection using a Pareto front of maximum commonality and strategic modularity [J]. Research in engineering design,2018,29(4)：547-563.

5 产品族和供应链集成的平台化架构开发

5.1 产品族和供应链集成的平台化架构开发概况

产品族是一组相似的产品变体,它们共享一个或多个关键的特性、组件和子系统。其中,有一些部分是不变的,称为平台组件或通用组件,它们构成了产品族的基础架构,提供了统一的稳定性和可靠性;而另一些部分则是根据不同的产品配置需求进行变化和调整的,称为可变组件或可选组件[1]。通过在不同的产品变体中共享这些平台组件,企业可以大大降低研发成本,缩短产品上市时间,并提高产品的整体质量。除了平台组件外,产品族中的可变部分通常包括一些特定的功能组件、外观设计或配置选项等。通过选配一些包括特定的功能组件和外观设计等的可变组件,企业可以创建出具有不同功能和性能特点的产品变体,以满足不同市场和用户的需求。例如,在汽车行业中,同一款车型可能提供多种不同的发动机、变速器、内饰和外观选项等,以满足消费者对动力性能、燃油经济性、舒适性和个性化等方面的不同需求。

通常情况下,区分产品族设计和单一产品设计的重要特征之一为:产品族同时处理多个产品[2]。与单一产品架构的模块化设计相比,基于平台化的产品族架构(product family architecture,PFA)设计的核心在于权衡产品模块的通用性和产品变体的模块性[3]。这意味着,在设计之初,企业需要全面考虑产品族中各产品变体的各个组成部分,并将这些部分划分为具有通用性和可变性的模块。

如第 2 章所述,SCA 设计侧重于为产品组件/产品模块选择供应商/供应模块,且各 SCA-PM 的模块性体现为:最大化供应模块内的连接强度,最小化供应模块间的连接强度。然而,在供应链设计中,OEM 常要求最小化供应商数量以便于供应链管理。由于供应商/供应模块在多个产品组件/产品模块间的共享可以减少供应商数量,而供应商/供应模块在 SCA 中的共享程度体现了供应商/供应模块的通用性,因此,与基于平台化的 PFA 设计类似,基于平台化的 SCA 设计的关键是权衡供应商/供应模块的通用性和 SCA-PM 的模块性。

尽管国内外学者在 PFA 设计和 SCA 设计方面已经进行了大量的研究,并取得了丰硕的成果,但传统的 PFA 设计和 SCA 设计往往是孤立的,存在着严重的信息孤岛和协同困难的问题,导致产品族和供应链的集成度不高,难以实现高效的资源配置和协同运作。为了解决这些问题,越来越多的企业开始关注 PFA 和 SCA 的集成设计。通过集成设计,企业可以实现对产品族和供应链的全面优化和协同管理,提高产品的开发效率、降低生产成本、缩短交付周期,并更好地满足市场的多元化需求。

然而,深入探讨这一领域的研究现状,不难发现,大部分的研究主要集中在产品族与供应链集成的配置优化上,并且常常基于一个假设,即 OEM 已经开发出了可灵活配置的 PFA 和 SCA[4]。这种不彻底、不充分的集成设计在一定程度上限制了企业实现产品族与供应链的深度融合和高效协同。因此,真正从设计源头开展 PFA 和 SCA 集成设计的研究还比较匮乏。尽管如此,随着市场的不断变化和技术的快速发展,这一领域的研究将会越来越受到关注和重视。我们相信,在不久的将来,PFA 和 SCA 的集成设计将成为企业提升竞争力、满足市场多元化需求的重要手段。

综上,为了更好地推动 PFA 和 SCA 的集成设计研究和实践,本章将深入探讨产品族和供应链集成的平台化架构开发(PAD-PFSC),以期为企业的决策提供有力的支持,帮助决策者同时权衡产品模块的通用性和产品变体的模块性、供应商的通用性和 SCA-PM 模块性,以及 PFA 整体性能和 SCA 整体性能。PAD-PFSC 的核心在于实现 PFA 和 SCA 的协同优化,从而在早期设计阶段就实现产品族和供应链的紧密集成。首先,基于矩阵方法,构建一系列输入信息矩阵,如产品-组件矩阵、供应商-组件矩阵、产品族设计结构矩阵和供应链设计结构矩阵。这些矩阵将提供关于产品族和供应链结构的详细数据,为后续的集成设计提供基础。其次,运用通用性评价方法和模块性评价函数,分别构建 PFA 评价函数和 SCA 评价函数。其中,PFA 评价函数将权衡 PFA 的模块性和通用性,确保产品族在保持高度灵活性的同时,也具备足够的通用性以降低生产成本;而 SCA 评价函数则将权衡 SCA 的模块性和通用性,确保供应链在保持高效运作的同时,也具备足够的灵活性以应对市场变化。在此基础上,构建一个双目标整数规划数学模型,以实现对 PFA 整体性能和 SCA 整体性能的同时权衡。最后,以电动工具产品族为例,对 PAD-PFSC 方法进行实证分析,进一步探索了 PFA 设计和 SCA 设计之间的关系,为早期设计阶段的产品族架构和供应链架构的集成设计提供理论依据和参考。电动工具作为一种典型的产品族,其产品设计往往涉及众多的产品变体,且供应链管理也较为复杂。对电动工具产品族的集成设计和分析也可以为其他行业的产品族和供应链集成设计提供有价值的参考。

5.2 产品族和供应链集成的平台化架构开发问题描述

在深入探讨 PAD-PFSC 时,不得不提及其中错综复杂的交互关系。如图 5-1 所示,为了说明 PAD-PFSC 中存在的交互关系,同时也为了简化表述、聚焦核心,并帮助读者更好地理解和把握问题的本质,做出如下假设:

①一个产品族中存在两个产品变体 PV_1 和 PV_2,它们各自具有独特的组件构成,其产品组件组成分别为 $PV_1 = \{Co_1, Co_2, Co_3, Co_4\}$ 和 $PV_2 = \{Co_3, Co_4, Co_5\}$,各产品组件间的连接关系如图 5-1 中"产品族设计结构矩阵(product family-related design structure matrix,PF-DSM)"所示,其中"×"表示产品组件间存在连接关系,否则不存在连接关系。

②产品族中的每个产品组件都存在两个候选供应商,如图 5-1 中"PF-DSM"前两行所示,产品组件 $Co_1 \sim Co_5$ 的两个候选供应商分别为 $\{Su_3, Su_4, Su_3, Su_4, Su_5\}$ 和 $\{Su_1, Su_2, Su_6, Su_6, Su_2\}$,这种供应商的多样性为 OEM 提供了更多的选择和灵活性。

③供应商间的协作关系如图 5-1 中"$SC-DSM_1$"所示,其中"×"表示供应商间可以协作,否则不可以协作。这种协作关系对于供应链的顺畅运行至关重要,因为它能够确保产品组件的及时供应、协同研发,降低供应链中断的风险。

④为了实现采购灵活性、提高 OEM 议价能力、促进产品模块升级、降低供应链中断风险,OEM 决定为每个产品模块匹配 2 个供应模块。从图 5-1 中的"PF-DSM"可以看出,产品变体 PV_1 和 PV_2 共享产品组件 Co_3 和 Co_4;供应商 Su_1 被共享的程度最低,仅提供产品组件 Co_1。

⑤假设存在两种组件共享策略,即产品平台 PP_1 和 PP_2,其中 PP_1 仅由产品组件 Co_4 组成,表示产品变体 PV_1 和 PV_2 仅共享产品组件 Co_4;PP_2 由产品组件 Co_3 和 Co_4 组成,表示产品变体 PV_1 和 PV_2 仅共享产品组件 Co_3 和 Co_4。

⑥假设存在两种供应商共享策略,即 $SC-DSM_1$ 和 $SC-DSM_2$,其中 $SC-DSM_2$ 是 $SC-DSM_1$ 删除共享程度最低的供应商 Su_1 后形成的,由于产品组件 Co_1 仅由供应商 Su_1 和 Su_3 提供,因此,在供应商 Su_1 被移除后,产品组件 Co_1 的两个供应商都是 Su_3,即仅由供应商 Su_3 提供。

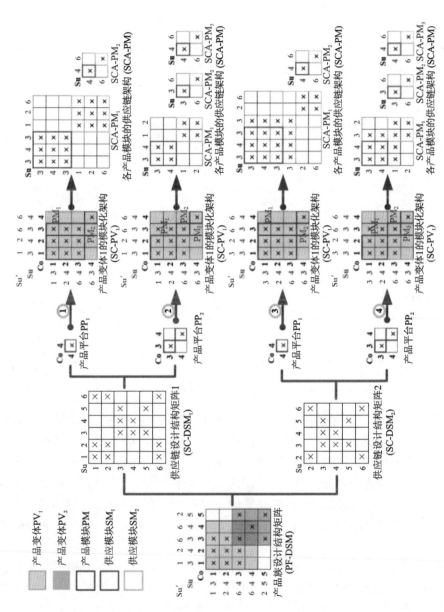

图 5-1 PAD-PFSC中存在的交互关系

首先,在保证供应商共享策略相同的情况下,对比不同产品组件共享策略下的产品架构,如图 5-1 中的路线 1 和 2 或路线 3 和 4 所示,可以发现:不同产品组件共享策略导致了不同的产品架构方案;与组件共享策略 PP_1 相比,产品组件共享策略 PP_2 有更高的通用性,但却导致产品变体 PV_1 的模块性变差(表 5-1)。因此,对产品组件/模块的通用性的过度关注可能造成单个产品的性能损失。综上,在产品族架构设计中,设计者应在产品模块的通用性和产品变体的模块性间做出权衡,以最大化 PFA 的整体性能。

表 5-1　　　　　基于 $M_{G\&G}^{[5]}$ 求得的不同共享方案下的模块性测度

项目	SC-DSM$_1$		SC-DSM$_2$	
	PP$_1$	PP$_2$	PP$_1$	PP$_2$
PV$_1$	0.5	0.15	0.5	0.15
SCA-PM$_1$	1	1	0.44	0.5
SCA-PM$_2$	1	1	1	1
SCA-PM$_3$	—	1	—	1
SCA-PV$_1$	1	1	0.72	0.83

其次,在保证产品架构相同的情况下,对比不同供应商共享策略下的供应链架构,如图 5-1 中的路线 1 和 3 或路线 2 和 4 所示,可以发现:不同的供应商共享策略可能导致不同的供应链架构性能。例如:如表 5-1 所示,路线 1 和 3 中 SCA-PV$_1$ 的模块性测度平均值分别为 1 和 0.72,路线 2 和 4 中 SCA-PV$_1$ 的模块性测度平均值分别为 1 和 0.83。因此,对供应商共享的过度关注可能造成供应链架构性能损失。综上,设计者应在供应商通用性和各 SCA-PM 的模块性间做出权衡,以最大化 SCA 的整体性能。

最后,在保证供应商共享策略相同的情况下,对比不同产品架构下的供应链架构,如图 5-1 中的路线 1 和 2 或路线 3 和 4 所示,可以发现:不同的产品架构产生不同的供应链架构。此外,假设决策者赋予产品架构性能和供应链架构平均性能的权重分别为 0.2 和 0.8,则路线 1、2、3 和 4 中的产品族和供应链集成的平台化架构的模块性测度分别为 1、0.83、0.676 和 0.694,供应商共享策略 SC-DSM$_1$ 和 SC-DSM$_2$

下的最佳产品族-供应链架构分别位于路线1和路线4中。因此,不同的供应链架构也可能导致不同的产品架构。综上,PFA和SCA之间存在交互关系,过度关注一方的性能可能会降低另一方的性能,设计者应该综合权衡PFA性能和SCA性能,以最大化产品族-供应链架构的整体性能。

5.3　产品族和供应链集成的平台化架构开发模型

5.3.1　建立输入

本章提出的支持PAD-PFSC的数学模型共需要4个输入。这4个输入可以提供丰富的数据和信息支持,使我们能够更全面地了解产品族和供应链的现状和问题。

第一个输入是产品-组件矩阵(product-component matrix,PCM),其映射了产品族中每个产品变体的产品组件清单。在构建PCM的过程中,首先,需要对每个产品变体进行深入分析,了解其由哪些组件构成。其次,对比不同产品变体中的产品组件,以识别出产品族中的差异化组件。这些差异化组件是产品族中不同产品变体之间差异性的来源,也是在进行产品设计和优化时需要特别关注的对象。最后,将这些分析结果整理为一个二进制矩阵,即PCM。这个矩阵清晰地展示了每个产品变体与其组件之间的对应关系,为后续的供应链优化提供了重要的数据支持。

第二个输入是SCM,其映射了产品族中每个产品组件的供应商清单,展示了各供应商与产品组件之间的供应关系。在构建SCM时,需要对每个产品组件的供应链进行梳理,了解哪些供应商能够提供这些组件,以及它们之间的供应关系。

第三个输入是PF-DSM,其映射了产品族中各产品组件之间的连接关系。在构建PF-DSM时,需要深入了解产品组件功能、性能以及它们之间的相互作用关系。

第四个输入是SC-DSM,其映射了各供应商间的协作关系,揭示了供应链的整体结构。在构建SC-DSM时,需要综合考虑供应商的地理位置、文化背景、组织关系等因素,以及各因素的权重。

接下来,以PCM的建立过程为例,详细说明PCM、SCM、PF-DSM和SC-DSM的建立过程。具体过程如下:①分析各产品变体中的产品组件组成;②对比各产品变体中的产品组件,以识别产品族中的差异化组件;③将产品变体及其产品组件的清单封装为一个二进制矩阵 $\boldsymbol{\Theta}$,即PCM,如式(5-1)所示。

$$\boldsymbol{\Theta} = \begin{bmatrix} \Theta_{11} & \cdots & \Theta_{1c} & \cdots & \Theta_{1C} \\ \vdots & & \vdots & & \vdots \\ \Theta_{j1} & \cdots & \Theta_{jc} & \cdots & \Theta_{jC} \\ \vdots & & \vdots & & \vdots \\ \Theta_{J1} & \cdots & \Theta_{Jc} & \cdots & \Theta_{JC} \end{bmatrix} \qquad (5\text{-}1)$$

式中：j——产品变体指数，$j \in \{1, \cdots, J\}$；

c——产品组件指数，$c \in \{1, \cdots, C\}$；

Θ_{jc}——二进制变量，表示产品变体 PV_j 是(1)否(0)包含产品组件 c。

SCM、PF-DSM 和 SC-DSM 的建立可分别参照式(4-1)～式(4-6)。在本章中，为了降低计算复杂度、避免矩阵中低分值对结果的过度影响，通过设置不同的阈值，将 SCM、PF-DSM 和 SC-DSM 表示为 0-1 矩阵。

5.3.2　产品族架构评价

在 PFA 的模块化过程中，可以将模块粒度理解为模块数量的大小和功能的聚合程度[6]。模块粒度小，会造成部分产品模块所包含的产品组件增多，这也意味着该部分产品模块可能包含更多的功能，复杂性更高；而模块粒度大，会造成部分产品模块所包含的产品组件数量减少，这意味着这部分产品模块更加专注于单一或少数几个功能。因此，模块粒度的大小直接影响着模块之间的耦合度和内聚性，进而影响模块化结果的效能、灵活性和可维护性，甚至影响整个系统的可维护性、可扩展性和可重用性。所以，选择合适的模块粒度是重要的，但这通常也是一个需要权衡多方面因素的复杂过程。如今，随着计算机技术的发展，可以借助算法对模块粒度进行随机探索，以打破传统模块化设计方法的局限，使得组件的选择和使用更加灵活多变。同时，通过动态调整模块粒度的大小和数量，可以更加精准地控制模块之间的依赖关系和耦合程度，从而获得最优的模块粒度，构建最优的模块化产品族架构。

进一步，为了扩大算法对模块粒度的探索范围，在本章中，允许由大量产品变体共享的产品组件被较少量的产品变体共享，从而允许该产品组件与其他产品组件集成为产品模块，以改善产品变体的模块性[7]。这种尽可能拓展模块粒度随机探索范围的策略有助于在模块性和通用性之间进行权衡，即拓展模块粒度随机探索范围的策略与特定模块粒度或小范围的模块粒度探索策略相比，不仅减少了设计人员的工作量，而且更有利于获得最佳 PFA。基于此，为了实现组件共享、模块粒度的随机探索以及模块粒度随机探索范围的拓展，在本章中，二进制矩阵 x 被用来映射 PFA，如式(5-2)所示。

$$\boldsymbol{x}(j,:,:) = \begin{bmatrix} \overline{x}_{j11} & \cdots & \overline{x}_{j1c} & \cdots & \overline{x}_{j1C} \\ \vdots & & \vdots & & \vdots \\ \overline{x}_{jk1} & \cdots & \overline{x}_{jkc} & \cdots & \overline{x}_{jkC} \\ \vdots & & \vdots & & \vdots \\ \overline{x}_{jK1} & \cdots & \overline{x}_{jKc} & \cdots & \overline{x}_{jKC} \end{bmatrix} \qquad (5-2)$$

式中：k——产品模块指数，$k \in \{1, \cdots, K\}$，$K = \max\limits_{j \in \{1, \cdots, J\}} K_j$；

$\quad\quad K_j$——由设计者为产品变体 PV_j 设置的最大模块粒度；

$\quad\quad \overline{x}_{jkc}$——二进制决策变量，表示产品组件 c 是（1）否（0）被划分到产品变体 PV_j

$\quad\quad$ 的产品模块 PM_k 中，$\sum\limits_{k=1}^{K} \overline{x}_{jkc} = \Theta_{jc}$。

（1）产品族架构模块性评价

由于不同的产品变体对 PFA 具有不同的重要性，为了更灵活地控制 PFA 的设计过程，PFA 的模块性应为所有产品变体模块性的加权平均值，其中，某一产品变体的权重可以根据该变体在整体产品策略中的重要性、市场规模、预期收益等因素来确定。根据式（4-7）和式（4-8），PFA 的模块性 Π^{PF} 可以被表示为式（5-3）。Π^{PF} 越大，PFA 的模块性越好，反之亦然。

$$\Pi^{PF} = \sum_{j=1}^{J} \xi_j \Pi_j^{PF} \qquad (5-3)$$

其中

$$\Pi_j^{PF} = \sum_{k=1}^{K} \Big[\sum_{c=1}^{C} \sum_{c'=1}^{C} \Phi_{cc'} \overline{x}_{jkc} \overline{x}_{jkc'} / H_j^{PF} - \Big(\sum_{k'=1}^{K} \sum_{c=1}^{C} \sum_{c'=1}^{C} \Phi_{cc'} \overline{x}_{jkc} \overline{x}_{jkc'} / H_j^{PF} \Big)^2 \Big] \qquad (5-4)$$

$$H_j^{PF} = \sum_{k=1}^{K} \sum_{k'=1}^{K} \sum_{c=1}^{C} \sum_{c'=1}^{C} \Phi_{cc'} \overline{x}_{jkc} \overline{x}_{jkc'} \qquad (5-5)$$

式中：ξ_j——产品变体 PV_j 在整个产品族中的权重因子，$0 < \xi_j < 1$，$\sum\limits_{j=1}^{J} \xi_j = 1$。

（2）产品族架构通用性评价

由于每个产品变体所涉及的组件类型是固定的，因此，PFA 中每个产品组件在产品变体间的共享度是常数，这样，传统上以共享度为产品族架构通用性评价指标的策略便不再适宜。因此，PFA 的通用性应体现为由产品模块在产品变体间的共享度映射的产品组件的共享度。也就是说，只有当产品模块在产品变体之间共享时，产品模块中包含的产品组件才被认为是在产品变体之间共享的。此外，与共享产品组件相比，产品模块的共享使得产品变体间的差异化和定制化变得更加容易实现。

为了更好地解释这一点，可以举一个具体的例子。假设有一个智能手机的产品族，其中包含了多个产品变体，如标准版、旗舰版和限量版。这些产品变体在外观、性能和功能上可能有所不同,但它们都共享了一些基本的组件,如屏幕、电池和处理器。然而,如果进一步分析这些组件的共享度,会发现它们并非独立存在,而是被封装在特定的产品模块中。例如,屏幕和电池可能组成一个"显示与电源模块",而处理器则可能单独作为一个"计算模块"。在这些模块中,只有当"显示与电源模块"或"计算模块"在多个产品变体中得到共享时,模块内的屏幕、电池或处理器等组件才能被认为是在产品变体间共享的。

综上所述,PFA 的通用性应体现为由产品模块在产品变体间的共享度映射的产品组件的共享度。这种评估策略不仅更符合 PFA 的实际情况,而且有助于更好地理解产品族架构的通用性,并为其优化提供有力的支持。因此,在本节中,产品模块 PM_{jk} 中产品组件 c 的共享频率 Δ^{PF}_{jkc} 可以被表示为如下公式:

$$\Delta^{PF}_{jkc} = \sum_{j'=1}^{J} \sum_{K'=1}^{K} \overline{x}_{jkc} z_{jkj'k'} \tag{5-6}$$

式中:$z_{jkj'k'}$——二进制变量,表示产品模块 PM_{jk} 和产品模块 $PM_{j'k'}$ 是(1)否(0)完全相同。

由于只有当产品模块 PM_{jk} 和产品模块 $PM_{j'k'}$ 中的所有产品组件都相同时,产品模块 PM_{jk} 和产品模块 $PM_{j'k'}$ 才是相同的,否则,产品模块 PM_{jk} 和产品模块 $PM_{j'k'}$ 是不同的,故 $z_{jkj'k'}$ 被表示为

$$z_{jkj'k'} = \max\left\{0, 1 - \sum_{c=1}^{C} \mid \overline{x}_{jkc} - \overline{x}_{j'k'c} \mid \right\} \tag{5-7}$$

然后,根据 Wacker 和 Treleven[8] 的研究,PFA 的通用性测度 Δ^{PF} 可以被表示为式(5-8)。Δ^{PF} 越大,PFA 的通用性越好,反之亦然。

$$\Delta^{PF} = 1 - \frac{\sum\limits_{j=1}^{J} \sum\limits_{c=1}^{C} \Theta_{jc} - 1}{\sum\limits_{j=1}^{J} \sum\limits_{k=1}^{K} \sum\limits_{c=1}^{C} \Delta^{PF}_{jkc} - 1} \tag{5-8}$$

为了验证式(5-8)的合理性,假设存在两个极端情况:①产品族中所有产品变体中的所有产品模块都不相同(如:产品族中包含多个产品变体,且每个产品变体都被集成为一个产品模块);②产品族中所有产品变体中的所有产品模块都相同(如:产品族中仅包含一个产品变体,且该产品变体被集成为一个产品模块)。

显然,对于第一种极端情况,由于产品族中两个产品不存在共享的产品模块,所以,产品族的通用性评价值最低。对于第二种极端情况,由于产品族中仅包含一个产品变体,且这个产品变体仅包含一个产品模块,所以,可以认为这个产品模块在产品族内部是完全通用的,这样,产品族的通用性评价值最高。

接着,把这两种极端情况代入式(5-8)中,经计算得:对于第一种极端情况,PFA

的通用性测度 Δ^{PF} 最小，$\Delta^{PF}=0$；而对于第二种极端情况，PFA 的通用性测度 Δ^{PF} 最大，$\Delta^{PF}=1$。这与实际情况相符，因此式(5-8)可以作为产品族架构的通用性测度公式。

综上，由于上述两种极端情况在现实中是没有意义的，即 PFA 的通用性测度 Δ^{PF} 的值不可能取到 0 和 1，因此，Δ^{PF} 的取值范围为 $0<\Delta^{PF}<1$。

（3）产品族架构的整体性能评价

综上，由于产品族架构的整体性能与 PFA 模块性和通用性都呈正相关，且不同的设计者对模块性和通用性有不同的偏好，为了保持设计灵活性，PFA 的整体性能 Λ^{PF} 被表示为 PFA 模块性测度和 PFA 通用性测度的权重和，如式(5-9)所示。Λ^{PF} 越大，PFA 的整体性能越好。

$$\Lambda^{PF} = \gamma_1 \frac{\Pi^{PF} - \Pi^{PF}_{\min}}{\Pi^{PF}_{\max} - \Pi^{PF}_{\min}} + \gamma_2 \frac{\Delta^{PF} - \Delta^{PF}_{\min}}{\Delta^{PF}_{\max} - \Delta^{PF}_{\min}} \tag{5-9}$$

式中：γ_1,γ_2——PFA 的模块性测度和通用性测度的权重因子，$0<\gamma_1,\gamma_2<1$，且 $\gamma_1+\gamma_2=1$；

$\Pi^{PF}_{\min},\Pi^{PF}_{\max}$——PFA 模块性测度的最小值和最大值；

$\Delta^{PF}_{\min},\Delta^{PF}_{\max}$——PFA 通用性测度的最小值和最大值。

5.3.3 供应链架构评价

如前文所述，为产品变体匹配的供应商的数量和类型会显著影响供应链架构的模块性（即最大化同一产品模块的供应模块内各供应商间的协作度以促进物料和信息流通，最小化同一产品模块的供应模块间的协作度，以提高议价能力、降低中断风险、促进产品模块更新）和通用性（即最小化 SCA 中供应商数量以降低因供应商过多而带来的复杂性和不确定性）。因此，与 PFA 类似，在本章中，二进制矩阵 $\mathbf{y}$ 被用来映射 SCA，以确保供应商选择的随机性和灵活性。

$$\mathbf{y}(n,:,:,j) = \begin{bmatrix} \bar{y}_{n11j} & \cdots & \bar{y}_{n1cj} & \cdots & \bar{y}_{n1Cj} \\ \vdots & & \vdots & & \vdots \\ \bar{y}_{nv1j} & \cdots & \bar{y}_{nvcj} & \cdots & \bar{y}_{nvCj} \\ \vdots & & \vdots & & \vdots \\ \bar{y}_{nV1j} & \cdots & \bar{y}_{nVcj} & \cdots & \bar{y}_{nVCj} \end{bmatrix} \tag{5-10}$$

式中：$\bar{y}_{nvcj}$——二进制决策变量，表示供应商 v 是(1)否(0)被选择作为产品变体 PV_j 中产品组件 c 的第 n 个供应商。

（1）供应链架构模块性评价

根据式(4-9)~式(4-11)，产品模块 PM_{jk} 的供应链架构（supply chain architecture of product module PM_{jk}，SCA-PM_{jk}）的模块性 Π^{SC}_{jk} 可以被表示为式(5-11)，Π^{SC}_{jk}

越大,SCA 模块性越好。

$$\Pi_{jk}^{\text{SC}} = \frac{1}{N}(D_{jk}^{\text{in-SC}} - D_{jk}^{\text{out-SC}}) \tag{5-11}$$

其中

$$D_{jk}^{\text{in-SC}} = \sum_{n=1}^{N}\left\{\frac{\sum_{v=1}^{V}\sum_{v'=1}^{V}\sum_{c=1}^{C}\Psi_{vv'}\,\overline{y}_{nvcj}\,\overline{y}_{nv'cj}\,\overline{x}_{jkc}}{\varepsilon + \left(\sum_{c=1}^{C}\overline{x}_{jkc}\right)^{2}}\right\} \tag{5-12}$$

$$D_{jk}^{\text{out-SC}} = \sum_{n=1}^{N}\left\{\frac{\sum_{n'=1}^{N}\sum_{v=1}^{V}\sum_{v'=1}^{V}\sum_{c=1}^{C}\Psi_{vv'}\,\overline{y}_{nvcj}\,\overline{y}_{n'v'cj}\,\overline{x}_{jkc} - \sum_{v=1}^{V}\sum_{v'=1}^{V}\sum_{c=1}^{C}\Psi_{vv'}\,\overline{y}_{nvcj}\,\overline{y}_{n'v'cj}\,\overline{x}_{jkc}}{\varepsilon + N\left(\sum_{c=1}^{C}\overline{x}_{jkc}\right)^{2}}\right\}$$

$$\tag{5-13}$$

式中:$D_{jk}^{\text{in-SC}}$,$D_{jk}^{\text{out-SC}}$——产品模块 PM_{jk} 的供应模块内、外的连接密度。

然后,根据式(4-14),产品变体 PV_{j} 的供应链架构的模块测度可以被表示为其所有产品模块的供应链架构的模块性测度的平均值,如下式所示:

$$\Pi_{j}^{\text{SC}} = \frac{1}{M_{j}^{\text{PF}}}\sum_{k=1}^{K}\Pi_{jk}^{\text{SC}} \tag{5-14}$$

其中

$$M_{j}^{\text{PF}} = \sum_{k=1}^{K}\left\lceil\sum_{c=1}^{C}\overline{x}_{jkc}/C\right\rceil \tag{5-15}$$

式中:M_{j}^{PF}——产品族中产品变体 PV_{j} 模块化后所包含的实际产品模块数。

由于不同的产品变体的性能可能对 PFA 的性能具有不同的重要性,因此,不同的产品变体的供应链架构性能对产品族的供应链架构性能也具有不同的重要性。为了更灵活地控制 SCA 的设计过程,SCA 的模块性 Π^{SC} 被表示为所有产品变体的供应链架构的模块性测度的加权平均值,如式(5-16)所示。Π^{SC} 越大,SCA 模块性越好,反之亦然。

$$\Pi^{\text{SC}} = \sum_{k=1}^{K}\xi_{j}\Pi_{j}^{\text{SC}} \tag{5-16}$$

(2)供应链架构通用性评价

如前文所述,SCA 的通用性反映了其包含的供应商的共享频率。供应商 v 在供应链中的共享频率可被表示为式(5-17)。然后,根据 Wacker 和 Treleven[8] 的研究,SCA 的通用性测度 Δ^{SC} 可以被表示为式(5-18)。Δ^{SC} 越大,SCA 的通用性越好,反之亦然。当所有产品组件的所有供应商都不相同时,通用性最差,$\Delta^{\text{SC}} = 0$;当所有产品组件的所有供应商都相同时,通用性最好,$\Delta^{\text{SC}} = 1$。

$$\Delta_v^{SC} = \sum_{n=1}^{N} \sum_{c=1}^{C} \sum_{j=1}^{J} \bar{y}_{nvcj} \Theta_{jc} \tag{5-17}$$

$$\Delta^{SC} = 1 - \left[\sum_{v=1}^{V} \left[\frac{\Delta_v^{SC}}{\sum_{j=1}^{J} \sum_{c=1}^{C} N\Theta_{jc}} \right] - 1 \right] \Big/ \left(\sum_{v=1}^{V} \Delta_v^{SC} - 1 \right) \tag{5-18}$$

（3）供应链架构整体性能评价

综上，由于 SCA 的整体性能与 SCA 的模块性和通用性都呈正相关，且不同的设计者对模块性和通用性有不同的偏好，为了保持设计灵活性，SCA 的整体性能 Λ^{SC} 被表示为 SCA 的模块性测度和通用性测度的权重和，如式（5-19）所示。Λ^{SC} 越大，SCA整体性能越好。

$$\Lambda^{SC} = \rho_1 \frac{\Pi^{SC} - \Pi_{min}^{SC}}{\Pi_{max}^{SC} - \Pi_{min}^{SC}} + \rho_2 \frac{\Delta^{SC} - \Delta_{min}^{SC}}{\Delta_{max}^{SC} - \Delta_{min}^{SC}} \tag{5-19}$$

式中：ρ_1，ρ_2——SCA 的模块性测度和通用性测度的权重因子，$0 < \rho_1$，$\rho_2 < 1$，且 $\rho_1 + \rho_2 = 1$；

Π_{min}^{SC}，Π_{max}^{SC}——SCA 模块性测度的最小值和最大值；

Δ_{min}^{SC}，Δ_{max}^{SC}——SCA 通用性测度的最小值和最大值。

5.3.4　PAD-PFSC 优化模型

综上，支持 PAD-PFSC 的优化模型被表示为式（5-20）～式（5-26）所示的双目标整数规划数学模型。其中式（5-20）和式（5-21）为目标函数，式（5-22）～式（5-26）为约束条件。具体地：

式（5-20）为第一个目标函数，其目的是最大化 PFA 整体性能；式（5-21）为第二个目标函数，其目的是实现 SCA 整体性能的最大化。

式（5-22）定义了二进制决策变量 $\bar{x}_{jkc}$ 的取值。如果 $\bar{x}_{jkc} = 1$，表示产品组件 c 被划分到产品模块 PM_{jk} 中；否则，产品组件 c 不被划分到产品模块 PM_{jk} 中。式（5-23）确保产品变体 PV_j 的一个产品组件仅能被划分到一个产品模块 PM_k 中，且不属于产品变体 PV_j 的产品组件 c 不能被划分到产品变体 PV_j 的任一产品模块 PM_k 中。

式（5-24）定义了二进制决策变量 $\bar{y}_{nvcj}$ 的取值，并确保为任一产品组件选择的供应商不超出其供应范围。如果 $\bar{y}_{nvcj} = 1$，表示供应商 v 被选择作为产品变体 PV_j 中产品组件 c 的第 n 个供应商；否则，供应商 v 不被选择作为产品变体 PV_j 中产品组件 c 的第 n 个供应商。式（5-25）确保仅选择一个供应商作为产品变体 PV_j 中产品组件 c 的第 n 个供应商。

$$\max \qquad\qquad\qquad \Lambda^{PF}(\bar{x}) \tag{5-20}$$

$$\max \qquad \Lambda^{SC}(\bar{x}, \bar{y}) \tag{5-21}$$

s. t.

$$\bar{x}_{jkc} \in \{0,1\} \tag{5-22}$$

$$\sum_{k=1}^{K} \bar{x}_{jkc} = \Theta_{jc} \tag{5-23}$$

$$\bar{y}_{nvcj} \in \{0, \Omega_{vc}\} \tag{5-24}$$

$$\sum_{v=1}^{V} \bar{y}_{nvc} = 1 \tag{5-25}$$

$$式(5\text{-}3) \sim 式(5\text{-}9); 式(5\text{-}11) \sim 式(5\text{-}19) \tag{5-26}$$

5.4 NSGA-II 算法设计

与仅考虑产品族架构性能或供应链架构性能的单目标优化问题不同,本章提出的 PAD-PFSC 优化模型同时考虑产品族架构性能和供应链架构性能,力求实现两者的高度协同和平衡。由第 2 章可知,产品架构和供应链架构之间并非简单的线性关系,而是一种充满博弈的复杂互动。如:产品架构的优化可能会牺牲供应链的某些性能,而供应链架构的改进也可能对产品架构产生负面影响。

故 PAD-PFSC 优化问题是一个多目标优化问题,其求解并非易事,因为往往存在多个解都符合优化条件,即所谓的 Pareto 前沿解。因此,选择一种合适的优化算法是必要的。

与传统的多目标进化算法(multi-objective evolutionary algorithm,MOEA)不同,NSGA-II 算法采用了非支配排序和拥挤度比较算子,这两种机制使得算法能够在保持种群多样性的同时,提高优化结果的精度。此外,NSGA-II 算法还引入了精英保留策略,这一策略使得算法在迭代过程中能够保留优秀的个体,从而避免了算法"早熟"和陷入局部最优解的风险。

具体来说,非支配排序将种群中的个体按照其支配关系进行排序,使得优秀的个体能够在种群中占据更高的位置。而拥挤度比较算子则通过计算目标空间中个体之间的距离来评估其优劣,避免了种群中个体的过度集中。精英保留策略则通过保留每一代中的优秀个体,使得算法在迭代过程中能够不断向最优解靠近。

因此,本章采用 NSGA-II 算法对双目标整数规划数学模型进行求解。

5.4.1 染色体结构

以图 5-1 中路线 1 所示的 PF-DSM 为例,一个染色体结构示例被出示在图 5-2

中。可以看出,染色体架构共包含两大部分,分别为产品族架构部分和供应链架构部分,其中产品族架构部分又可分为 J 个基因片段,每个基因片段代表一个产品变体的模块化方案,如产品变体 PV_1 的模块化方案为:产品族组件 Co_1、Co_2 和 Co_3 被划分到产品模块 PM_{11},产品组件 Co_4 被划分到产品模块 PM_{14}。产品变体 PV_J 的模块化方案为:产品族组件 Co_3 和 Co_5 被划分到产品模块 PM_{J2},产品组件 Co_4 被划分到产品模块 PM_{J1}。此外,供应链架构部分可以分为 N 个基因片段,其中,第 n 个基因片段形成各产品模块的第 n 个供应模块,如供应商 Su_3、Su_4、Su_3、Su_4 和 Su_5 分别作为产品组件 Co_1、Co_2、Co_3、Co_4 和 Co_5 的第一个供应商,则根据产品族架构方案,可推出:产品模块 PM_{11}、PM_{14}、PM_{J1} 和 PM_{J2} 的第一个供应模块分别为 $\{Su_3,Su_4,Su_3\}$、$\{Su_4\}$、$\{Su_3,Su_5\}$ 和 $\{Su_4\}$;同理,产品模块 PM_{11}、PM_{14}、PM_{J1} 和 PM_{J2} 的第 N 个供应模块分别为 $\{Su_1,Su_2,Su_6\}$、$\{Su_6\}$、$\{Su_6,Su_2\}$ 和 $\{Su_6\}$。

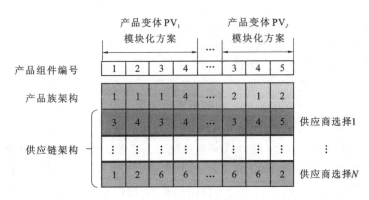

图 5-2　染色体结构示例

5.4.2　遗传操作

（1）选择算子

在 NSGA-II 算法中,选择算子扮演着至关重要的角色,它决定了哪些个体能够进入下一代种群,从而影响着算法的搜索方向和效率。本章所述 NSGA-II 算法采用锦标赛选择法,锦标赛选择法的基本思想是每次从种群中抽取一定比例的个体,优先选取非支配等级最高的个体进入新种群。这里的非支配等级是 NSGA-II 算法中的一个重要概念,它表示个体在种群中的优劣程度。如果一个个体不被种群中的任何其他个体支配(即它的所有目标函数值都不比其他个体差),那么它的非支配等级就是 1,是最高的。

然而,在实际应用中,可能会出现多个非支配等级最高的个体。在这种情况下,就需要进一步考虑这些个体之间的相对优劣关系。这就涉及另一个概念——拥挤度。拥挤度是一个反映个体在种群中分布密集程度的指标,它可以帮助我们在非支配等级相同的个体中做出选择。具体来说,我们对非支配等级最高的个体按拥挤度进行排序,然后选择拥挤度最高的个体进入新种群。这样可以保证新种群中既包含最优的个体,又具有较好的分布性,从而提高算法的搜索能力。

重复执行锦标赛选择法,直到构建出一个新的种群。在这个过程中,算法会不断地向解空间中的优秀区域进行搜索,同时保持种群的多样性和分布性,从而确保算法能够找到高质量的解。

(2)交叉算子

交叉算子是进化算法中的另一个重要算子,它通过模拟生物进化过程中的基因重组过程,实现亲本染色体之间的基因交换,从而生成新的子代染色体。常用的交叉算子有单点交叉法、多点交叉法和均匀交叉法。与其他交叉算子相比,多点交叉法可以实现染色体上多个基因片段的交换,从而生成更多样化的子代染色体。这种多样化对于算法的性能提升至关重要,具体表现为:①多点交叉法可以帮助算法更全面地搜索解空间,发现更多的潜在优质解;②多点交叉法可以提高种群的多样性,防止算法过早陷入局部最优解;③多点交叉法可以提高算法的鲁棒性,使得算法对于不同的初始种群和参数设置具有更好的适应性。

基于上述多点交叉法的优点,本章采用多点交叉法对亲本染色体进行交叉,其交叉过程如图 5-3 所示。首先,从种群中选择两个亲本染色体作为交叉对象。然后,随机生成多个交叉位,将染色体分割为若干段。当满足交叉条件(如交叉概率大于某个阈值)时,就交换亲本染色体位于交叉间的基因片段,从而生成新的子代染色体。

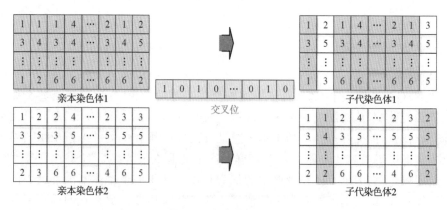

图 5-3　多点交叉示例

（3）均匀变异

在遗传算法中，均匀变异是一种常用的策略，它通过对染色体上的基因值进行细微的调整，从而提高种群的多样性和算法的搜索能力。与其他变异方法相比，均匀变异不会像其他变异策略那样产生剧烈的变化，导致种群的稳定性受到严重影响。相反，均匀变异通过细微地调整染色体的基因值，使得种群在保持一定稳定性的同时，也能够逐渐地向更优秀的解靠近。因此，本章采用均匀变异法。

图 5-4 为均匀变异的操作步骤，具体可描述为：

①生成一个与亲本染色体维度相同的均匀分布随机数矩阵。这个矩阵的每一个元素值都代表了该位置上基因变异的可能性。这些随机数通常在 $0\sim1$ 之间均匀分布，它们为后续的变异操作提供了基础。

②设定一个变异概率 p_m，它决定了染色体上基因发生变异的概率。如果随机数矩阵中某元素的值小于这个变异概率 p_m，就认为这个位置的基因需要发生变异，该元素位的元素值被赋为 1，反之，该元素位的元素值被赋为 0，从而形成突变位矩阵。

③获取突变位矩阵中元素值为 1 的索引，这些索引对应着亲本染色体上需要进行变异的基因位置。然后，用变异范围内的随机整数来替换亲本染色体中这些索引位的值。

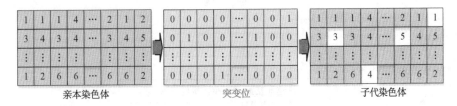

图 5-4　均匀变异示例

5.4.3　NSGA-II 算法流程

NSGA-II 算法作为多目标优化领域的一种经典算法，其求解多目标优化问题的过程不仅条理清晰，而且效果显著。NSGA-II 算法求解多目标优化问题的过程如图 5-5 所示，具体步骤可描述为：

①初始化种群：基于图 5-2 展示的染色体结构，随机生成初始亲代种群。这个种群是算法搜索最优解的起点，其多样性和分布性将直接影响后续的优化效果。为了确保种群的多样性，在初始化时需要采用一系列的策略，如随机生成、基于问题的特性生成等。

②适应度值计算：基于式（5-20）和式（5-21）对亲代种群进行适应度评价，适应度评价是算法选择优秀个体的基础，也是推动算法向最优解前进的关键。

③快速非支配排序和拥挤度计算：根据种群中每个个体被支配的个体数量和被其支配的个体集合，首先，从种群中找出所有未被其他个体支配的个体，将它们存入当前集合；其次，考察当前集合中的每个个体所支配的个体集合，并将该集合中的所有个体的被支配数量减去1，重复上述操作，直到种群中的所有个体都被分层；最后，基于欧氏距离，对各非支配层的所有个体求解拥挤度。

④遗传操作：如5.4.2节所述，对亲代种群执行锦标赛选择、多点交叉和均匀变异，生成子代种群。这些操作能够模拟自然界的进化过程，使种群中的个体不断向更优的方向进化。

⑤亲/子代合并：合并亲/子代种群，以形成新的亲代种群。这个过程能够充分利用亲代和子代的信息，提高算法的优化效率。同时，合并后的种群将作为下一轮迭代的输入，继续参与后续的适应度值计算、非支配排序和遗传操作等步骤。

⑥终止条件判断：判断是否满足终止条件。终止条件通常是基于迭代次数、适应度提高程度等因素设定的。如果满足终止条件，则算法会终止循环，并返回最优解；否则，返回步骤②。

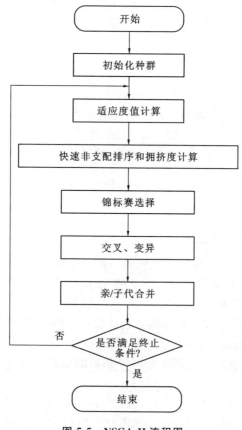

图 5-5　NSGA-II 流程图

5.5 实例研究与结果分析

为了深入阐述 PAD-PFSC 的方法及其在实际应用中的效果,并为之提供详尽的指导和理论探索,本书将聚焦于 PAD-PFSC 方法在电动工具产品族[9]开发中的应用。这一领域不仅体现了产品设计和供应链管理的融合,也展示了如何通过创新方法提升产品族的多样性和生产效率。图 5-6 和表 5-2 分别为电动工具产品族所涉及的 4 个产品变体(低端充电钻、低端电扳手、高端充电钻和高端电扳手)和 40 种产品组件及由它们组成的 PCM。PCM 矩阵中,如果某一产品变体所在列与某一产品组件所在行的交点位置的值为 1,则表示该产品变体包含这一产品组件,反之,则不包含这一产品组件。

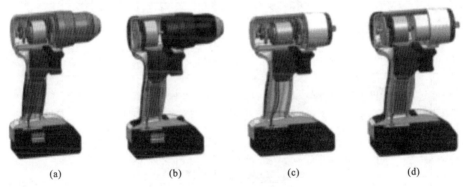

(a)   (b)   (c)   (d)

图 5-6　电动工具产品族
(a)低端充电钻;(b)高端充电钻;(c)低端电扳手;(d)高端电扳手

表 5-2　　　　　　　　　　　　　　　电动工具产品族的 PCM

编号	产品组件(Co)	产品变体(PV)			
		低端充电钻	低端电扳手	高端充电钻	高端电扳手
1	Clamshell	1	1	1	1
2	Armature 1	1	0	0	0

续表

编号	产品组件(Co)	产品变体(PV)			
		低端充电钻	低端电扳手	高端充电钻	高端电扳手
3	Armature 2	0	1	0	0
4	Field 1	1	0	0	0
5	Field 2	0	1	0	0
6	Motor brushes	1	1	0	0
7	Brush holders	1	1	0	0
8	Commutator	1	1	0	0
9	Front bearing	1	1	1	1
10	Pinion gear	1	1	1	1
11	Rear bearing	1	1	1	1
12	Motor fan	1	1	1	1
13	ESC	0	0	1	1
14	Rotor magnet 1	0	0	1	0
15	Rotor magnet 2	0	0	0	1
16	Stator 1	0	0	1	0
17	Stator 2	0	0	0	1
18	Trigger	1	1	1	1
19	Fwd/rev switch	1	1	1	1

续表

编号	产品组件（Co）	产品变体（PV）			
		低端充电钻	低端电扳手	高端充电钻	高端电扳手
20	VSR switch LE	1	1	0	0
21	VSR switch HE	0	0	1	1
22	Heat sink	0	0	1	1
23	Electronics board	0	0	1	1
24	Belt clip	1	1	1	1
25	Bit clip	1	0	1	0
26	Drill light	0	0	1	0
27	Impact driver light	0	1	0	1
28	Chuck HE	0	0	1	0
29	Chuck LE	1	0	0	0
30	Transmission 1	1	0	0	0
31	Transmission 2	0	0	1	0
32	Impact mech LE	0	1	0	0
33	Impact mech HE	0	0	0	1
34	Anvil LE	0	1	0	0
35	Anvil HE	0	0	0	1

编号	产品组件(Co)	产品变体(PV)			
		低端充电钻	低端电扳手	高端充电钻	高端电扳手
36	Nose cone	0	1	0	1
37	Battery connector	1	1	1	1
38	20V battery	1	1	1	1
39	Grip LE	1	1	0	0
40	Grip HE	0	0	1	1

通过 FCM 聚类,OEM 获取了 40 个随机分布于 8 个地区、4 种文化、6 个组织的潜在供应商。此外,为了降低计算复杂度、避免矩阵中低分值对结果的过度影响,通过设置不同的阈值,将 PF-DSM 和 SC-DSM、SCM 分别表示为图 5-7～图 5-9 所示的0-1 矩阵。对 PF-DSM,"×"表示产品组件间存在连接关系,连接强度为 1;"空"表示产品组件间不存在连接关系,连接强度为 0。同样,对 SC-DSM,"×"表示所在行供应商可以和所在列的供应商开展合作,合作度为 1;反之,合作度为 0。对于 SCM,"×"表示所在行供应商可以提供所在列的产品组件;反之,所在行供应商不可以提供所在列的产品组件。

5.5.1 算法收敛性分析

基于 MATLAB 2021a 平台设计的 NSGA-II 算法的相关控制参数设置如下:种群规模为 500;迭代次数为 3000 次;交叉概率和变异概率分别为 0.8 和 0.1。

为了全面评估 NSGA-II 在求解 PAD-PFSC(特定应用领域的多目标优化问题)数学模型过程中的收敛性能,进行了详尽的实验和分析。图 5-10 出示了 PFA 模块性权重因子 $\gamma_1 = 0.5$、SCA 模块性权重因子 $\rho_1 = 0.5$、迭代步长为 300 次时,第 300 次迭代到第 3000 次的迭代过程中产生的 10 组非支配解集。从图 5-10 中可以清晰地观察到,随着迭代次数的不断增加,这些非支配解逐渐呈现出向最优 Pareto 前沿解逼近的趋势。这一趋势不仅体现在解的分布范围逐渐缩小上,更体现在解的质量不断提升上,即解的各个目标函数值越来越接近 Pareto 前沿上的最优值。

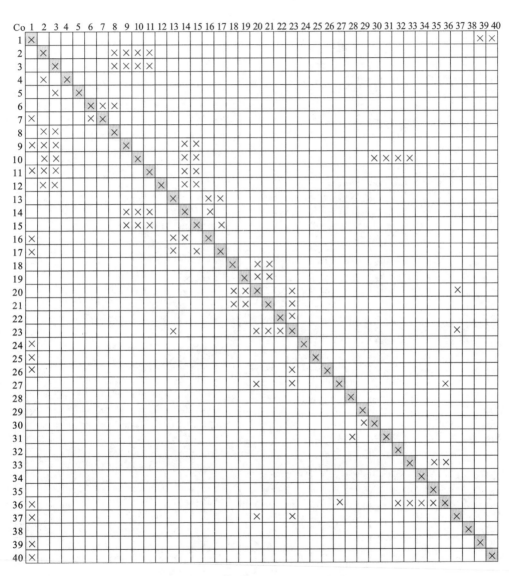

图 5-7 电动工具产品族的 PF-DSM

Su	1	2	3	4	5	6	7	8	9	10	11	12	13	14	15	16	17	18	19	20	21	22	23	24	25	26	27	28	29	30	31	32	33	34	35	36	37	38	39	40
1	×											×	×				×				×																	×		
2		×					×									×											×									×				
3			×		×						×												×	×								×		×						×
4				×	×																								×	×			×		×	×	×			
5		×	×	×	×																				×															
6						×		×			×				×																									×
7		×					×		×									×					×					×								×	×			
8						×		×										×																×						×
9									×																			×											×	
10							×			×						×	×					×			×			×					×							
11					×			×			×						×					×	×																	
12	×											×	×									×						×						×						
13	×											×	×					×						×					×	×		×	×		×					
14														×					×																		×			
15						×									×	×																								
16		×														×	×																							
17	×											×					×															×	×		×					
18													×	×				×	×									×								×				
19											×								×	×															×				×	
20													×	×	×					×												×				×				
21	×																	×			×																		×	
22											×	×	×							×		×							×			×		×				×		
23								×	×														×									×								×
24		×														×	×	×						×	×							×		×			×			×
25		×										×	×	×				×				×	×	×	×									×						
26					×								×	×	×								×			×														
27														×					×								×							×				×	×	
28		×					×										×		×					×				×					×							
29		×										×							×	×								×	×				×			×		×		
30			×							×																		×	×	×		×								
31			×							×																		×	×	×	×		×							
32		×																					×	×	×			×			×	×		×					×
33		×					×															×									×	×	×		×					
34		×															×			×	×							×					×	×					
35		×		×																					×							×		×	×				
36		×	×																			×							×						×	×			
37	×																×		×									×							×	×			
38	×		×							×						×			×			×		×				×		×	×		×		×		×	×		
39				×							×				×			×			×	×						×						×			×	×	×	
40		×		×	×		×												×	×		×					×	×			×			×				×	×	×

图 5-8 电动工具产品族的 SC-DSM

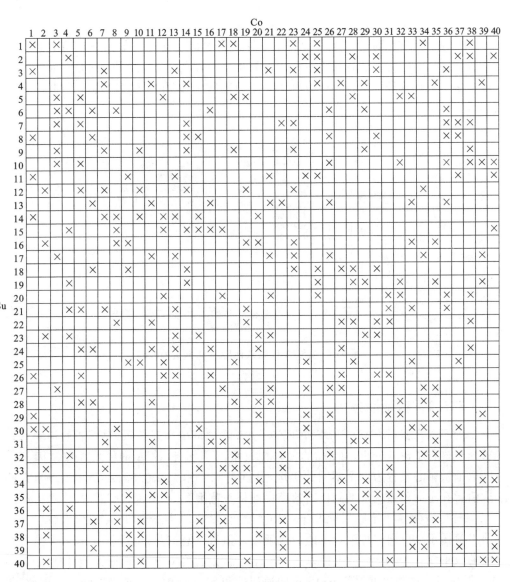

图 5-9　电动工具产品族的 SCM

具体来说,当迭代次数达到 1800 次时,这些非支配解已经与最优 Pareto 前沿解几乎完全重叠。这一结果充分展示了 NSGA-II 算法在求解 PAD-PFSC 模型时强大的收敛性能。它能够在有限的迭代次数内,有效地搜索到问题的最优解集,并且这些解集在多个目标函数之间达到了良好的平衡。

此外,在整个迭代过程中,NSGA-II 算法得到的非支配解集始终保持着良好的一致性。这意味着算法在搜索过程中没有出现过度的波动或跳跃,而是稳步地向最优解集靠近。这种一致性不仅有利于算法的稳定性,也有助于提高解的质量。

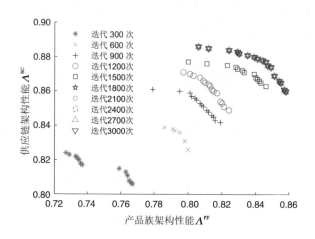

图 5-10　NSGA-II 收敛性($\gamma_1 = 0.5$, $\rho_1 = 0.5$)

5.5.2　敏感性分析

为了深入探讨 PAD-PFSC 中 PFA 与 SCA 之间的交互关系,对两者的模块性权重因子进行了深入分析。PFA 的模块性权重因子 γ_1 和 SCA 的模块性权重因子 ρ_1 的取值被精心设置为 5 个不同的等级,分别是 0.01、0.25、0.50、0.75 和 0.99,这些取值旨在全面覆盖从极低到极高的模块性权重范围。

图 5-11 展示了不同权重组合下 PFA 性能和 SCA 性能的 Pareto 前沿解。这些前沿解揭示了不同权重配置下的最优解集。值得注意的是,前沿解 Pareto 1 具有特殊的权重配置,其中 γ_1 被设置为 0.01,而 ρ_1 被设置为 0.99。根据性能评估式(5-9)和式(5-19),这种权重配置下,PFA 的通用性和 SCA 的模块性被高度强调。因此,前沿解 Pareto 1 体现了 PFA 的通用性和 SCA 的模块性占据主导地位时,两者之间的交互关系如何影响整体性能。

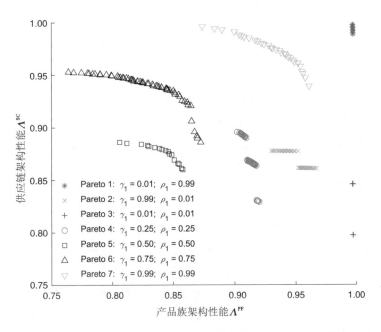

图 5-11 产品族架构性能和供应链架构性能间的 Pareto 前沿解

与前沿解 Pareto 1 中的权重配置方案相反,前沿解 Pareto 2 则展示了当 PFA 的模块性权重较高($\gamma_1 = 0.99$),而 SCA 的通用性权重较高($\rho_1 = 0.01$)时的情况。同样,根据性能评估式(5-9)和式(5-19),这种权重配置下,PFA 的模块性占主导地位,而 SCA 的通用性占主导地位。因此,前沿解 Pareto 2 体现了 PFA 的模块性和 SCA 的通用性占据主导地位时,两者之间的交互关系如何影响整体性能。

类似地,前沿解 Pareto 3 和前沿解 Pareto 7 是一对截然相反的案例,在前沿解 Pareto 3 中,PFA 和 SCA 的模块性权重都被设置为接近最低值(γ_1 和 ρ_1 均为0.01),而在前沿解 Pareto 7 中,PFA 和 SCA 的模块性权重都被设置为接近最高值(γ_1 和 ρ_1 均为 0.99),因此,前沿解 Pareto 3 反映了 PFA 的通用性和 SCA 的通用性占据主导地位时,两者之间的交互关系如何影响整体性能,而前沿解 Pareto 7 反映了 PFA 的模块性和 SCA 的模块性占据主导地位时,两者之间的交互关系如何影响整体性能。

而前沿解 Pareto 4 至 Pareto 6 则代表了更为复杂的权重配置,它们反映了 PFA 整体性能和 SCA 整体性能之间的综合关系。这些解提供了关于如何在不同需求下平衡 PFA 和 SCA 性能的宝贵见解。

为了更具体地说明这些前沿解的实际意义,可以引用一些实证研究的结果。例如,在某些实际应用场景中,当 PFA 和 SCA 的通用性被赋予更高的权重时(如 Pareto 3 所示),PAD-PFSC 包含的共享模块更多,但同时可能会牺牲一定的模块性。相反,当 PFA 和 SCA 的模块性被高度强调时(如 Pareto 7 所示),系统则可能通过更完善的模块化设计来实现更灵活的配置,而在组件和供应商的通用性上做出一定牺牲。

深入解析图 5-11 中的前沿解分布,可以观察到:在众多前沿解中,仅 Pareto 4 至 Pareto 7 展现出了相对优异的前沿面形态,与之相对,Pareto 1、Pareto 2 和 Pareto 3 则并未形成清晰、连续前沿面。这一发现,揭示了 PFA 与 SCA 间的博弈关系。具体来说,PFA 的通用性和 SCA 的模块性之间、PFA 的模块性和 SCA 的通用性之间,以及 PFA 的通用性和 SCA 的通用性之间并不存在明显的博弈关系。

然而,值得注意的是,PFA 的模块性和 SCA 的模块性之间却存在较为明显的博弈关系。这种博弈并非简单的此消彼长,而是表现为一种微妙的平衡与对抗。

为了进一步验证 PFA 的通用性和 SCA 的通用性对 PAD-PFSC 的影响,分别考虑了仅优化产品族架构和在给定产品族架构下优化供应链架构两种情况,实验结果如图 5-12 和图 5-13 所示。可以看出,PFA 的通用性随着模块性的提高而降低,表明 PFA 的模块性和通用性间存在显著博弈关系;此外,SCA 的通用性也随着其模块性的提高而显著降低,表明 SCA 的模块性和通用性间也存在显著博弈关系。

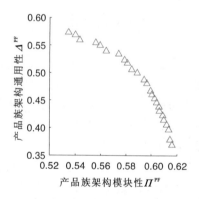
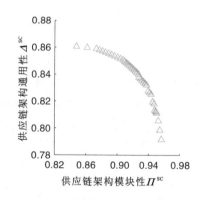

图 5-12　PFA 模块性和通用性间的 Pareto 解　　图 5-13　SCA 模块性和通用性间的 Pareto 解

综上,尽管 PFA 的通用性和 SCA 的性能间、SCA 的通用性和 PFA 的性能间不存在直接影响关系,但其各自的通用性和模块性间存在明显博弈关系,当 PAD-PFSC 中对 PFA 和 SCA 的模块性和通用性都有较高要求时,PFA 和 SCA 都可以通过其通用性影响各自的模块性,从而间接影响彼此的性能,也即 PFA 和 SCA 间的博弈关系。因此,PAD-PFSC 中主要存在 3 种博弈关系,即 PFA 的通用性和模块性间的博弈关系、SCA 的通用性和模块性间的博弈关系,以及 PFA 整体性能和 SCA 整体性能间的博弈关系,只有根据设计者偏好和实际情况,正确处理这 3 种关系,才能获得理想的产品族-供应链平台化架构方案。

通过深入分析这些前沿解背后的数学模型和作用原理，可以更好地理解 PAD-PFSC 的工作原理以及 PFA 和 SCA 之间的交互机制。这不仅有助于优化系统性能，还提供了在未来研究中进一步探索和改进这一架构的宝贵思路。

5.5.3　产品族和供应链集成的平台化架构规划

为了构建合适的产品族-供应链平台化架构，进一步分析了图 5-11 所示的前沿解集中的特殊点（如端点和中间点）的平台化架构方案。附录 1～附录 4 分别为与不同特殊点对应的产品族-供应链平台化架构方案。通过对比附录 1、附录 2 和附录 3 可以发现，附录 1 中各产品变体的模块粒度更均匀，附录 3 中各供应模块有更好的聚合度，附录 2 中的产品模块粒度和供应模块聚合度均处于中间位置。因此，对于附录 1～附录 3 所示的产品族-供应链平台化架构方案而言，在 PFA 模块性方面，附录 1 所示的方案依次优于附录 2 和附录 3 所示的方案；在 SCA 模块性方面，附录 3 所示的方案依次优于附录 2 和附录 1 所示的方案。上述结果再次表明：在 PAD-PFSC 中，PFA 的模块性和 SCA 的模块间存在明显博弈关系。对比附录 2 和附录 4 中所示方案可以发现，附录 2 所示方案的 PFA 性能显著优于附录 4 所示方案的 PFA 性能。由于随着 PFA 的模块性权重因子 γ_1 和 SCA 的模块性权重因子 ρ_1 的逐次降低，产品族和供应链集成的平台化架构的模块性也依次降低，且在附录 3 和附录 4 所示的方案中，PFA 性能均太差，故本章将不再继续对剩余特殊点的 Pareto 前沿解做进一步分析和展示。

基于附录 1 所示的平台化架构方案，图 5-14 所示为电动工具产品族的产品族-供应链平台化架构规划方案，以反映电动工具产品族中各产品组件和供应商的共享情况和层次关系，如产品模块实例 PM_{13} 被低端充电钻和低端电扳手共享，产品模块 PM_1、PM_2、PM_3 和 PM_4 分别为低端充电钻、低端电扳手、高端充电钻和高端电扳手所独有的产品模块；供应商 Su_1 同时被供应模块 SM_{341}、SM_{461} 和 SM_{492} 共享。OEM 可以基于该平台化架构，进一步升级、改造和丰富相应产品模块实例和供应模块，以提供更多种类的产品变体和服务，满足不同客户群体的个性化需求。

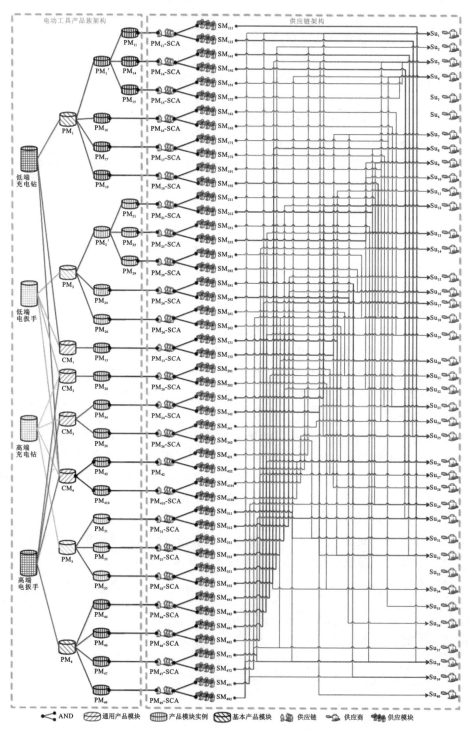

图 5-14　电动工具产品族的产品族-供应链平台化架构规划方案

5.6 本 章 小 结

在当今日益复杂多变的市场环境中,产品族与供应链的有效集成成为企业持续竞争力的重要源泉。然而,在现有的产品族架构设计领域,对供应链架构的模块性和通用性的深入探讨和研究相对较少。鉴于此,本章致力于打破这一局限,深入探索并提出了一种全新的支持 PAD-PFSC 方法及其相应的优化模型。这一方法不仅旨在提升产品族的模块化与通用性,更着重于将这一理念与供应链的架构设计相结合,以实现两者的无缝集成。

PAD-PFSC 方法的核心在于其能够同时处理多个维度的权衡问题。首先,它考虑了产品族架构中模块性与通用性之间的权衡,确保在追求模块化的灵活性和通用性的成本效益之间找到最佳平衡点。其次,该方法还关注供应链架构的模块性与通用性,以确保供应链在满足多样化需求的同时,也能实现规模效应和成本控制。最后,PAD-PFSC 还涉及了产品族性能与供应链性能之间的权衡,从而确保企业在满足市场需求、提高产品竞争力的同时,也能保证供应链的稳定性和高效性。

为了更具体地阐述 PAD-PFSC 方法的实用性和有效性,本章以电动工具产品族为案例进行了深入探讨。通过对权重因子的敏感性分析,验证了 PAD-PFSC 中存在的复杂博弈关系。这一分析不仅揭示了不同因素对产品族和供应链集成的影响程度,还为企业提供了优化决策的依据。

在案例研究中,还给出了产品族和供应链集成的平台化架构的详细规划方案。这一方案通过直观的图示和详尽的说明,清晰地展示了各产品模块和供应模块间的层次关系和共享关系。这不仅有助于 OEM 深入理解平台化架构的内涵和优势,还为产品族和供应链集成的配置优化研究提供了坚实的架构平台。

综上所述,PAD-PFSC 方法及其优化模型为产品族和供应链的有效集成提供了一种全新的思路和方法。通过深入探索和实践,我们相信这一方法将在未来的企业管理和市场竞争中发挥越来越重要的作用。

参 考 文 献

[1] LINDQUIST A,BERGLUND F,JOHANNESSON H. Supplier integration and communication strategies in collaborative platform development [J]. Concurrent engineering,2008,16(1):23-35.

[2]　FUJITA K,YOSHIDA H. Product variety optimization simultaneously designing module combination and module attributes [J]. Concurrent engineering-research and applications,2004,12(2): 105-118.

[3]　BAYLIS K,ZHANG G L,MCADAMS D A. Product family platform selection using a Pareto front of maximum commonality and strategic modularity [J]. Research in engineering design,2018,29(4): 547-563.

[4]　LIU D Z,LI Z K. Joint decision-making of product family configuration and order allocation by coordinating suppliers under disruption risks [J]. Journal of engineering design,2021,32(5): 213-246.

[5]　GUO F, GERSHENSON J K. A comparison of modular product design methods based on improvement and iteration [C]//ASME international design engineering technical conferences and computers and information in engineering conference. 2004: 261-269. DOI:10.1115/DETC2004-57396.

[6]　MAIER J F,WYNN D C,BIEDERMANN W,et al. Simulating progressive iteration,rework and change propagation to prioritise design tasks [J]. Research in engineering design,2014,25(4): 283-307.

[7]　ROBERTSON D,ULRICH K. Planning for product platforms[J]. Sloan management review,1998,39(4):19-31.

[8]　WACKER J G,TRELEVEN M. Component part standardization: an analysis of commonality sources and indices [J]. Journal of operations management,1986,6(2): 219-244.

6 产品族配置和供应商选择的风险规避型协同决策

6.1 产品族配置和供应商选择协同决策概况

当前,产品族配置和供应商选择(PCSS)协同决策的重要性愈发凸显,它不仅是学术界关注的焦点,也受到了工业界的广泛关注[1]。然而,随着气候变化的加剧以及恐怖袭击等不确定和随机事件的频繁发生,供应链的脆弱性逐渐暴露出来,其面临的中断风险日益加剧。一旦供应链中断,将导致物资短缺、生产停滞、交货延误等一系列连锁反应,给企业和整个社会带来巨大的损失。面对这样的挑战,如何构建一条可持续、高弹性的供应链成为摆在我们面前的一道亟待解决的问题[2]。这不仅需要对现有的 PCSS 协同决策模式进行重新审视,还需要探索新的方法和策略,以应对日益复杂多变的市场环境。在之前的研究中,虽然已有学者在 PCSS 协同决策中提及了供应风险的问题[3],但是关于如何在协同决策中充分考虑供应链的弹性和评估最坏情况下的损失的研究仍然相对较少。

通常,弹性被定义为组织或系统在面对意外事件造成的中断时,展现出的响应能力和恢复速度。对于供应链而言,供应商的弹性尤为关键,它不仅反映了供应商管理风险的能力,更体现了其在中断后迅速恢复供应的韧性。由于可以通过关注供应链的鲁棒性及恢复速度来探索和分析弹性,且特殊条件下的弹性实践有助于改善供应链的可持续性[4],因此,选择弹性供应商并确保供应商拥有可靠的弹性水平,对于保护组织免受缺陷和中断的影响,确保供应链的连续性和稳定性具有至关重要的作用[5]。

然而,尽管弹性供应商选择和弹性策略在学术界和实践中越来越受到关注,但很少有学者将弹性特征引入 PCSS 的协同决策中。对这一领域的忽视可能导致组织在面临复杂多变的市场环境时,无法充分利用供应商的弹性优势来优化产品配置方案,从而错失宝贵的商业机会。此外，随着环境问题的日益严峻，持续的环境退化和频繁的极端天气已经成为组织不得不面对的挑战。在这种情况下，组织需要更加注重环保和可持续发展，以降低自身对环境的影响。而产品变体配置方案作为影响产品族温室气体排放的关键因素之一，其决策过程[6]必须充分考虑环保因素[7]。

因此，在 PCSS 的协同决策中引入弹性特征，并探讨 GHG 排放问题，具有重要的现实意义和深远的发展前景。通过综合考虑供应商的弹性水平和产品变体配置方案的环保性能，组织可以制定出更加科学、合理和可持续的决策方案，以应对复杂多变的市场环境和日益严峻的环境挑战。这不仅有助于提升组织的竞争力和可持续发展能力，也将为整个社会的可持续发展贡献一份力量。

进一步，在大部分关于 PCSS 协同决策的文献中，决策者的态度往往被简单地描绘为风险中性。风险中性假设的核心在于，决策者对所有可能的结果都持有相同的期望效用，不论这些结果是正面的还是负面的。然而，在全球化日益深入的今天，供应链的复杂性和不确定性如同波涛汹涌的大海，不断挑战着传统的决策模式。特别是在全球随机供应的背景下，供应链中的不确定性因素层出不穷，如原材料价格的波动、运输延误、市场需求的变化等，使得决策方案的可行性和可靠性面临前所未有的挑战，在这样的背景下，一个微小的决策失误都可能带来灾难性的后果。因此，我们不得不重新审视风险中性假设在当代供应链管理中的适用性[8-9]。与风险中性模型不同，风险规避模型强调在不确定环境中，决策者应尽可能地降低潜在损失的风险。此外，风险规避模型更加注重对潜在风险的评估和预测，从而制定出更加稳健和可靠的决策方案。这种模型在处理供应链中的不确定性因素时，能够更加灵活地应对各种风险场景，降低损失的可能性。

除了风险规避模型外，鲁棒优化可以通过引入处理数据歧义的不确定集来表示不确定性，并被认为是一种处理不确定性因素的方法[10]。但在实际应用中，鲁棒优化往往会产生过于保守的解决方案。这是因为鲁棒优化在设计时，总是假设最坏的情况会发生，并据此制定出相应的决策方案[11-12]。然而，在大多数情况下，最坏的情况并不会真的发生，这就导致了资源的浪费和效率的降低。相比之下，风险规避模型在不确定环境中比传统的风险中性模型具有更高的可靠性，并且没有鲁棒优化那么保守[13-14]。所以，风险规避模型在不确定环境中更加具有灵活性和实用性。它不仅可以评估潜在的风险，还可以根据风险的类型和程度，制定出相应风险应对策略。例如，在面对原材料价格波动的风险时，风险规避模型可以通过多元化采购、长期合同等来降低风险；在面对市场需求变化的风险时，它可以通过灵活的生产计划、快速响应的物流系统等来应对。

因此，在 PCSS 协同决策中，引入风险规避模型来替代传统的风险中性假设是非常必要的[15]。这不仅可以提高决策方案的可行性和可靠性，还可以帮助企业在不确定的市场环境中保持竞争优势。

综上,考虑中断风险,本章提出改进的双目标整数规划模型,以支持低碳产品族配置和弹性供应商选择的协同决策。本章的主要贡献在于:①本章提出的模型不仅关注利润,还注重产品族的低碳性能和供应链弹性,通过优化产品配置和选择供应商,降低产品对环境的影响,提高供应链的抗风险能力;②基于强化供应商策略,对供应链进行了优化,以提高供应链弹性;③本章引入了金融工程中流行的两种百分位风险度量方法——风险值(value-at-risk,VaR)和条件风险值(CVaR),建立了风险规避模型来度量供应中断可能造成的最坏情况下的损失,为企业提供更有效的决策支持。

6.2 产品族配置和供应商选择协同决策问题描述

如图 6-1 所示,PCSS 协同决策问题可以描述为:OEM 已经开发了产品族和供应链集成的平台化架构,包括通用产品模块(CM)、可选产品模块(PM)和供应模块。其中通用产品模块在所有产品变体中共享,因此,产品变体配置决策过程将不再关注通用产品模块的配置。可选产品模块作为产品变体的关键组成部分,其配置决策直接影响到产品的功能、性能和成本。每个可选产品模块都有多个候选的产品模块实例可供选择,这些实例由不同的候选供应商(Su)提供。每个供应商都拥有独特的生产能力和技术水平,可以提供不同质量、价格和功能的产品模块实例。因此,选择合适的供应商和产品模块实例对于实现产品变体的优化配置至关重要。

在配置产品变体时,OEM 需要从每个基本产品模块(PM)中选择一个产品模块实例。通过组合不同的产品模块实例,可以形成各种产品变体(如产品变体 $PV_1 = \{CM, PM_{11}, PM_{\cdots}, PM_{kl}\}$),以满足不同客户群体的需求。这种灵活的配置方式使得 OEM 能够快速响应市场变化,提高客户满意度和市场竞争力。在完成所有产品变体的配置后,将所有产品变体中同类型模块实例的需求进行汇总,然后,才将产品模块实例外包给具有不同价格、供应风险水平和强化水平的供应商,确保 OEM 可以根据各模块实例的采购量与供应商进行价格谈判。例如:被用于配置产品变体 PV_1 和 PV_2 的产品模块 PM_{11} 被外包给供应商 Su_1。

在不发生供应中断的情况下,每个供应商的产能足以满足制造商的订单需求。然而,由于中断的不确定性和随机性,供应中断事件随时会发生,中断发生后每个供应商都存在产能约束。为了维持业务和应对中断风险,不同的供应商提供了不同的强化等级,旨在提高供应商在最坏情况下的供应量。通过强化,供应商可以优化生产设施、增加库存量、提高生产效率等,以改善最坏情况下的订单供应量。

因此,构建一个能够模拟和应对各种中断场景的决策框架显得尤为重要。本书

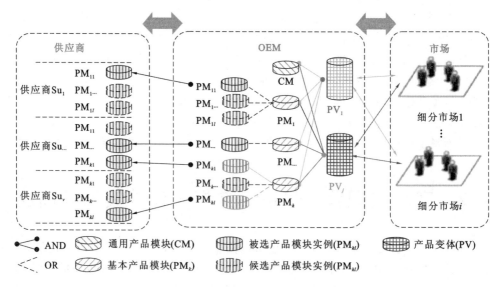

图 6-1　PCSS 协同决策问题描述

便是在这样的背景下,将基于场景的建模方法和 CVaR 用于 PCSS 的建模过程中。

具体来说,首先,根据历史数据和专家意见,构建了多个可能的中断场景,并评估了每个场景的发生概率和影响程度。其次,采用基于场景的建模方法,模拟和预测在特定条件下可能发生的各种离散中断场景。这种建模方法,不仅有效考虑了中断事件的发生概率,还考虑了其对企业运营可能产生的具体影响。此外,通过构建不同的场景,可以更全面地了解中断事件对企业供应链的潜在威胁,从而制定更为精准的应对措施。最后,利用 CVaR 来度量每个场景下的最坏情况损失。CVaR 不仅有助于加深对损失期望值的了解,还有助于了解极端情况下的损失,从而确保 OEM 能够更准确地评估中断事件可能带来的潜在损失,进而在决策过程中更为谨慎和明智。

为了简化模型,以更好地反映现实问题,本书做出如下假设:①同一产品模块中由不同供应商/供应模块提供的产品模块实例具有相同的接口,完全可以互换。②每个产品变体可以通过从每个基本产品模块中选且仅选一个产品模块实例被配置。③所有候选供应商/供应模块均通过前期的评审和筛选,都被认为是合格的。④各供应商/供应模块相互独立,且存在独立随机的中断事件。⑤在不发生供应中断的情况下,每个供应商/供应模块都可以向制造商提供全部的订单量;但在发生供应中断的情况下,每个供应商/供应模块只能向制造商提供与其被强化等级对应的订单量。

6.3 产品族配置和供应商选择的风险中性型协同决策模型

6.3.1 客户偏好和需求分析

在竞争激烈的市场环境中,公司开发的新产品往往面临着来自多个同类竞争产品的挑战。这些竞争产品可能来自同一行业的其他公司,也可能是本公司先前的产品。因此,客户购买新产品的行为并非只取决于新产品的盈余效用,即产品能为用户带来的实际价值或满足感。在很大程度上,他们的选择还受到市场上已有的同类产品的盈余效用影响。这种影响可能源自对已有产品的熟悉度、信任感,或是基于先前使用经验的满意度。

因此,企业为了更准确地预测客户对不同产品的选择概率,通常会采用概率选择规则,如多项 logit(MNL)模型或 Bradley-Terry-Luce(BTL)模型。这些模型假设消费者的选择行为是基于产品的效用,而效用是一个随机变量,受到多种因素的影响,如产品质量、品牌形象、价格等。消费者在选择产品时,会遵循随机效用最大化的原则[16],即在给定选择集下,选择他们认为效用最大的产品。

运用这些概率选择规则,企业可以更加精确地分析不同细分市场的客户需求和偏好,预测新产品的市场前景。例如,企业可以通过收集历史销售数据、市场调研数据等,构建出不同产品在不同细分市场的效用函数,进而利用 MNL 或 BTL 模型计算出客户对不同产品的选择概率。这不仅有助于企业制定更加精准的营销策略,还可以指导企业在新产品开发和产品组合优化等方面的决策。所以,本节根据 MNL 规则,将细分市场 i 对产品变体 PV_j 的选择概率 $\tilde{\rho}_{ij}$ 表示为

$$\tilde{\rho}_{ij} = \frac{\exp(\mu\lambda_{ij})}{\sum_{j=1}^{J}\exp(\mu\lambda_{ij}) + \sum_{j=1}^{N^e}\exp(\mu\lambda_{ij}^e) + \sum_{j=1}^{N^c}\exp(\mu\lambda_{ij}^c)} \tag{6-1}$$

其中

$$\lambda_{ij} = U_{ij} - P_j \tag{6-2}$$

$$U_{ij} = \sum_{k=1}^{K}\sum_{l=1}^{L_k} u_{ikl}\tilde{x}_{jkl} + \eta_j \tag{6-3}$$

式中:i——细分市场指数,$i \in \{1, \cdots, I\}$;

j——产品变体指数,$j \in \{1, \cdots, J\}$;

k——产品模块指数,$k \in \{1, \cdots, K\}$;

l——产品模块实例指数，$l \in \{1, \cdots, L_k\}$；

μ——MNL 中的标度参数，可通过实际市场份额的调查数据进行校准，当 μ 取值较大时，该模型近似于确定性规则，当 μ 取值趋近于 0 时，该模型近似于均匀分布；

N^e, N^c——本公司和竞争公司已经存在于市场上的同类产品的种类数；

$\lambda_{ij}, \lambda_{ij}^e, \lambda_{ij}^c$——OEM 新研发的和现有的以及有竞争关系的产品变体 PV_j 在细分市场 i 的盈余效用，可以由式(6-2)求得；

P_j——产品变体 PV_j 的售价；

u_{ikl}——产品模块实例 PM_{kl} 在细分市场 i 的部分效用值；

η_j——与产品变体 PV_j 的效用值的推导相关的常数；

$\tilde{x}_{jkl}$——二进制决策变量，表示产品模块实例 PM_{kl} 是(1)否(0)被选择以配置产品变体 PV_j。

然后，根据上述不同细分市场的顾客对不同产品变体的选择概率，产品变体 PV_j 的总需求 d_j(即市场份额)可以被表示为

$$d_j = \sum_{i=1}^{I} \tilde{\rho}_{ij} d_i \qquad (6\text{-}4)$$

式中：d_i——细分市场 i 对所有产品变体的总需求。

进一步，产品变体 PV_j 的产品模块实例 PM_{kl} 的总需求量 d_{jkl} 可以被表示为式(6-5)。所有细分市场对产品模块实例 PM_{kl} 的总需求可以由式(6-6)求得。

$$d_{jkl} = \tilde{x}_{jkl} d_j \qquad (6\text{-}5)$$

$$d_{kl} = \sum_{j=1}^{J} d_{jkl} \qquad (6\text{-}6)$$

6.3.2　中断和交付

供应中断会对供应链中的物料流动产生不利影响。供应商中断意味着 OEM 从该供应商订购的所有产品模块实例均不能在交货期内满负荷生产。在供应链中，每个供应商都扮演着不可或缺的角色。它们负责提供特定的产品模块或组件，这些模块或组件是 OEM 生产最终产品所必需的。当某个供应商发生中断时，OEM 将面临物料短缺的困境，这不仅会影响生产进度，还可能导致交货延迟、客户满意度下降以及潜在的合同违约风险。为了更具体地理解供应商中断的影响，可以考虑一个实际案例。假设一家汽车制造商依赖一家特定的电子零部件供应商，如果这家供应商由于某种原因中断了供货，汽车制造商将面临无法生产完整车辆的问题。这将导致生产线的停滞，影响公司的生产和销售计划，进而影响其财务状况和市场地位。

在数学模型中，供应商中断的总数可以通过一个简单的公式来计算。假设实际

选择的供应商数量为 n，由于每个供应商总是处于"中断"或"正常"状态，故中断场景的总数 S 等于 2^n。这意味着随着供应商数量的增加，潜在的中断场景数量将呈指数级增长。这进一步强调了供应商管理的复杂性和重要性。

为了更准确地评估供应中断的风险，学者们进行了大量的研究和实证分析。其中，Dupont 等[17]的研究提供了一个重要的参考。他们通过对多个行业和供应链的深入分析，提出了一个计算场景 s 下中断概率的模型。在该模型中，场景 s 下的中断概率 $\tilde{\beta}_s$ 被表示为

$$\tilde{\beta}_s = \prod_{v \in V_{sel}} \max\{(1-\theta_v)(1-\tilde{r}_{vs}), \theta_v \tilde{r}_{vs}\} \tag{6-7}$$

式中：V_{sel}——被选供应商集合；

θ_v——供应商 v 的中断概率；

$\tilde{r}_{vs}$——二进制变量，表示供应商 v 在场景 s 下是(1)否(0)中断。

一般来说，尽管 OEM 不需要为订购但未交付的产品模块实例支付费用，但由于供应中断而未能满足客户需求可能会导致更高的损失，为了减少供应链中断造成的潜在最坏情况下的损失，管理者可以使用一些弹性策略来提高供应链的弹性。本章采用了弹性策略之一的强化供应商策略，不同的供应商因其能力、可靠性、地理位置等因素的不同，会有不同的强化等级。每个强化等级都对应着不同的供应比例和强化费用，企业需要根据自身的实际情况和预算，合理选择强化等级，以最大化供应链的弹性。

基于问题描述中的第四条假设，在场景 s 下，供应商 v 能够供应的产品模块实例 PM_{kl} 的数量可被表示为

$$Q_{sklv} = (1-\tilde{r}_{vs})d_{kl}\tilde{y}_{klv} + \tilde{r}_{vs}\sum_{t=1}^{T_{klv}}\tilde{\alpha}_{klvt}d_{kl}\tilde{y}_{klv}\tilde{\gamma}_{klvt} \tag{6-8}$$

式中：$\tilde{y}_{klv}$——二进制决策变量，表示是(1)否(0)选择供应商 v 供应产品模块实例 PM_{kl}；

t——强化等级指数，$t \in \{1, \cdots, T_{klv}\}$，$T_{klv}$ 表示产品模块实例 PM_{kl} 的供应商 v 可被强化到的最高等级；

$\tilde{\alpha}_{klvt}$——中断发生后被强化到等级 t 的供应商 v 能够提供产品模块实例 PM_{kl} 的数量与产品模块实例 PM_{kl} 的订单数量的百分比；

$\tilde{\gamma}_{klvt}$——二进制决策变量，表示是(1)否(0)将提供产品模块实例 PM_{kl} 的供应商 v 强化到等级 t。

然后，在场景 s 下，产品模块实例 PM_{kl} 的总交付量 Q_{skl} 可以由式(6-9)求得。

$$Q_{skl} = \sum_{v=1}^{V} Q_{sklv} \tag{6-9}$$

接下来,可以根据各产品模块实例的总交付量,确定可配置的产品变体的数量。通常,由于"交付瓶颈"的存在,在所有订购的产品模块实例中,交付数量最小的那个产品模块实例决定了可配置产品变体的数量。为了便于理解,可以举个例子:如果一个产品变体由10种不同的产品模块配置而成,在这10种产品模块中,某一种模块的库存量严重不足,甚至无法满足一个订单的需求。那么,无论其他模块的库存多么充足,企业都无法完成该产品变体的订单,因为那个交付数量最小的模块成为整个生产流程的瓶颈。

实际上,"交付瓶颈"问题在现实中并不罕见。据统计,供应链中的某个环节出现问题,导致某个产品模块的交付数量无法满足需求,从而影响整个产品的生产和交付的案例屡见不鲜。

因此,基于"交付瓶颈"这一客观存在的问题,场景 s 下可配置的产品变体 PV_j 的数量 Q_{sj} 等于场景 s 下交付数量最小的那个产品模块实例的数量,如式(6-10)所示。

$$Q_{sj} = \min_{k \in \{1,\cdots,K\}; l \in \{1,\cdots,L_k\}; x_{jkl}=1} \left\{ \frac{d_{jkl}}{d_{kl}} Q_{skl} \right\} \tag{6-10}$$

6.3.3　成本模型

在产品族的成本管理中,一个全面而精细的成本模型是至关重要的。成本模型不仅有助于企业准确预测和控制成本,还能为决策制定提供有力的支持。通常情况下,产品族的成本模型包括内部制造相关成本和与外包相关成本两部分,每一个部分又可分为固定成本和可变成本[18]。

内部制造相关固定成本主要包括产品研发、管理等方面的投入。由于随着产品变体种类 J 的增加,企业需要在研发、设计、测试等方面投入更多的资源,以确保每种产品都能满足市场需求并保持竞争力,这也会提高管理成本。因此,内部制造相关固定成本往往与产品变体的种类数紧密相关。故场景 s 下的内部制造相关固定成本可以被表示为

$$C_s^{\text{in-fix}} = c_J^{\text{in-fix}} \tag{6-11}$$

式中: $c_J^{\text{in-fix}}$ ——OEM 设计 J 种产品变体需要的内部制造相关固定成本。

内部制造相关可变成本主要涉及装配成本和包装成本等,根据线性可加性成本模型[19],内部制造相关可变成本随着生产量的增加而线性增长。因此,场景 s 下的内部制造相关可变成本可以被表示为

$$C_s^{\text{in-var}} = \sum_{j=1}^{J} \sum_{k=1}^{K} \sum_{l=1}^{L_k} c_{kl}^{\text{in-var}} Q_{sj} \tilde{x}_{jkl} \tag{6-12}$$

式中: $c_{kl}^{\text{in-var}}$ ——产品模块实例 PM_{kl} 的单位内部制造相关可变成本。

外包相关固定成本与供应商选择相关，主要涉及与供应商谈判沟通和签订合同等产生的费用。场景 s 下的外包相关固定成本可以被表示为

$$C_s^{\text{out-fix}} = \sum_{k=1}^{K} \sum_{l=1}^{L_k} \sum_{v=1}^{V} c_{klv}^{\text{out-fix}} \tilde{y}_{klv} \tag{6-13}$$

式中：$c_{klv}^{\text{out-fix}}$——由供应商 v 提供产品模块实例 PM_{kl} 产生的外包相关固定成本。

本章涉及的外包相关可变成本包括强化成本、采购成本和中断造成的缺货成本。因此，外包相关可变成本可以被表示为强化成本、采购成本和缺货成本的累加，如式（6-14）所示。

$$C_s^{\text{out-var}} = C_s^{\text{for}} + C_s^{\text{pur}} + C_s^{\text{sho}} \tag{6-14}$$

其中

$$C_s^{\text{for}} = \sum_{k=1}^{K} \sum_{l=1}^{L_k} \sum_{v=1}^{V} \sum_{t}^{T_{klv}} \sum_{t'=1}^{t} c_{klv}^{\text{pur}} \delta_{klvt'} \left[\tilde{\alpha}_{klvt'} - \tilde{\alpha}_{klv(t'-1)} \right] d_{kl} \tilde{y}_{klv} \tilde{\gamma}_{klvt} \tag{6-15}$$

$$C_s^{\text{pur}} = \sum_{k=1}^{K} \sum_{l=1}^{L_k} \sum_{v=1}^{V} c_{klv}^{\text{pur}} Q_{sklv} \tag{6-16}$$

$$C_s^{\text{sho}} = \sum_{j=1}^{J} c_j^{\text{sho}} (d_j - Q_{sj}) \tag{6-17}$$

式中：c_{klv}^{pur}——由供应商 v 提供的产品模块实例 PM_{kl} 的单位采购成本；

δ_{klvt}——将中断下由供应商 v 提供的产品模块实例 PM_{kl} 的供应量强化到等级 t 所需的单位强化成本与其单位采购成本间的百分比；

c_j^{sho}——产品变体 PV_j 的单位缺货成本。

综上所述，场景 s 下所有产品变体的总成本 TC_s 可以被表示为内部制造相关固定成本、内部制造相关可变成本、外包相关固定成本和与外包相关可变成本之和，如式（6-18）所示。进一步，场景 s 下 OEM 的总利润 TP_s 可以由式（6-19）求得。

$$\text{TC}_s = C_s^{\text{in-fix}} + C_s^{\text{in-var}} + C_s^{\text{out-fix}} + C_s^{\text{out-var}} \tag{6-18}$$

$$\text{TP}_s = \sum_{j=1}^{J} Q_{sj} P_j - \text{TC}_s \tag{6-19}$$

6.3.4 GHG 排放量模型

二氧化碳作为 GHG 的核心组成部分，其排放量不仅是空气质量污染程度的重要衡量标准[20]，更是评估环境整体影响不可或缺的关键数据。在全球环保呼声日益高涨以及绿色低碳消费理念深入人心的背景下，本节将 GHG 排放量模型引入 PCSS 模型的构建中，并期望通过该模型的有效运用，显著降低产品族在配置、生产、运输等各个环节中产生的温室气体排放量，为构建更加绿色、低碳的生态环境贡献力量。

与成本模型相类似,GHG 排放量同样可以分解为两大核心组成部分:一部分是直接与内部制造活动挂钩的 GHG 排放量,另一部分则是通过外包服务或供应链间接产生的 GHG 排放量。而这两者又均可进一步细化为固定 GHG 排放量和可变 GHG 排放量两个类别。

内部制造相关的固定 GHG 排放量,主要源自产品研发过程。这包括实验室测试、原材料开发和样品制作等环节。值得一提的是,这些排放通常与产品变体的种类数密切相关。随着产品种类和变体数量的增加,研发过程中涉及的实验和测试也会相应增多,从而可能导致更高的 GHG 排放量。而内部制造相关的可变 GHG 排放量,则主要产生于产品装配、生产及质量控制等过程中。这些排放受到多种因素的影响,如生产规模、设备效率、能源使用类型等。

外包相关的固定 GHG 排放量,主要源于供应商选择过程,如市场调研、洽谈合作等。这些活动虽然不直接涉及产品制造,但同样会产生一定的碳排放。而外包相关的可变 GHG 排放量,则主要源于产品模块实例的运输、储存和分销过程。这些环节往往涉及大量的物流和运输活动,因此是外包相关 GHG 排放量的主要来源。

综上,场景 s 下的总 GHG 排放量可以被表示为内部制造相关固定 GHG 排放量、内部制造相关可变 GHG 排放量、外包相关固定 GHG 排放量和外包相关可变 GHG 排放量的和,如下式所示:

$$\mathrm{TG}_s = G_s^{\text{in-fix}} + G_s^{\text{in-var}} + G_s^{\text{out-fix}} + G_s^{\text{out-var}} \tag{6-20}$$

其中

$$G_s^{\text{in-fix}} = g_J^{\text{in-fix}} \tag{6-21}$$

$$G_s^{\text{in-var}} = \sum_{j=1}^{J} \sum_{k=1}^{K} \sum_{l=1}^{L_k} g_{kl}^{\text{in-var}} Q_{sj} \widetilde{x}_{jkl} \tag{6-22}$$

$$G_s^{\text{out-fix}} = \sum_{k=1}^{K} \sum_{l=1}^{L_k} \sum_{v=1}^{V} g_v^{\text{out-fix}} \widetilde{y}_{klv} \tag{6-23}$$

$$G_s^{\text{out-var}} = \sum_{k=1}^{K} \sum_{l=1}^{L_k} \sum_{v=1}^{V} g_{klv}^{\text{out-var}} Q_{sklv} \tag{6-24}$$

式中:$G_s^{\text{in-fix}}$——场景 s 下的内部制造相关固定 GHG 排放量;

$\quad G_s^{\text{in-var}}$——场景 s 下的内部制造相关可变 GHG 排放量;

$\quad G_s^{\text{out-fix}}$——场景 s 下的外包相关固定 GHG 排放量;

$\quad G_s^{\text{out-var}}$——场景 s 下的外包相关可变 GHG 排放量;

$\quad g_J^{\text{in-fix}}$——OEM 研发 J 种产品变体产生的 GHG 排放量;

$\quad g_{kl}^{\text{in-var}}$——产品模块实例 PM_{kl} 的单位内部制造相关 GHG 排放量;

$\quad g_v^{\text{out-fix}}$——选择供应商 v 的过程中产生的 GHG 排放量;

$g_{klv}^{\text{out-var}}$——由供应商 v 提供的产品模块实例 PM_{kl} 的单位外包相关 GHG 排放量。

6.3.5 风险中性型 PCSS 协同决策优化模型

综上所述,本书所提出的风险中性型 PCSS 协同决策优化模型可以被表示为式(6-25)～式(6-35)所示的双目标整数规划数学模型。其中,式(6-25)和式(6-26)为目标函数,式(6-27)～式(6-35)为约束条件。具体地:

式(6-25)为第一个目标函数,其目的是最大化预期总利润。这不仅是企业生存和发展的基础,也是推动经济持续增长的关键动力。

式(6-26)为第二个目标函数,其目的是最小化预期总 GHG 排放量。在环境问题日益凸显的今天,企业的环保责任已不容忽视。通过降低 GHG 排放量,企业不仅可以减少对环境的影响,还可以树立良好的企业形象,提升品牌价值。这种双赢的策略,正是现代企业管理理念的体现。

式(6-27)～式(6-29)定义了二进制决策变量 $\widetilde{x}_{jkl}$ 的值,并确保从每个基本产品模块中选且仅选一个产品模块实例以配置产品变体 PV_j,且配置的产品变体彼此不同,如:不同的产品变体间至少有一个产品模块实例是不同的。

式(6-30)～式(6-32)定义了二进制决策变量 $\widetilde{y}_{klv}$ 的值,并确保仅为被选产品模块实例选且仅选一个供应商。

式(6-33)和式(6-34)定义了二进制决策变量 $\widetilde{\gamma}_{klvt}$ 的值,并确保为产品模块实例 PM_{kl} 选择的供应商 v 仅能被强化到一个等级。

$$\max \quad \text{TP}(\widetilde{x}_{jkl},\widetilde{y}_{klv},\widetilde{\gamma}_{klvt}) = \sum_{s=1}^{S} \widetilde{\beta}_s \text{TP}_s \tag{6-25}$$

$$\min \quad \text{TG}(\widetilde{x}_{jkl},\widetilde{y}_{klv},\widetilde{\gamma}_{klvt}) = \sum_{s=1}^{S} \widetilde{\beta}_s \text{TG}_s \tag{6-26}$$

s. t.

$$\widetilde{x}_{jkl} \in \{0,1\} \tag{6-27}$$

$$\sum_{l=1}^{L_k} \widetilde{x}_{jkl} = 1 \tag{6-28}$$

$$\sum_{k=1}^{K} \sum_{l=1}^{L_k} \mid \widetilde{x}_{jkl} - \widetilde{x}_{j'kl} \mid > 0 \tag{6-29}$$

$$\widetilde{y}_{klv} \in \{0,1\} \tag{6-30}$$

$$\widetilde{y}_{klv} \leqslant \sum_{j=1}^{J} \widetilde{x}_{jkl} \tag{6-31}$$

$$\widetilde{x}_{jkl} \leqslant \sum_{v=1}^{V} \widetilde{y}_{klv} \leqslant 1 \tag{6-32}$$

$$\tilde{\gamma}_{klvt} \in \{0,1\} \tag{6-33}$$

$$\sum_{t=1}^{T_{klv}} \tilde{\gamma}_{klvt} = 1 \tag{6-34}$$

$$式(6-1) \sim 式(6-24) \tag{6-35}$$

6.4 产品族配置和供应商选择的风险规避型协同决策模型

6.4.1 CVaR 理论

图 6-2 阐述了 CVaR 的概念,其中横轴表示各场景下的损失,纵轴表示各场景发生的概率,这种可视化的表示方式,使得我们能够更直观地理解风险与概率之间的关系。假定对于变量 $x \in \dot{X}$,其概率密度函数和累积分布函数分别为 $P_x(\cdot)$ 和 $F_x(\cdot)$,则置信度 ζ 下的风险值 ζ-VaR(即所有损失的 ζ 分位数)被表示为

$$\text{VaR} = \min\{\dot{x}' \in \dot{X} : F_x(\dot{x}') \geqslant \zeta\} \tag{6-36}$$

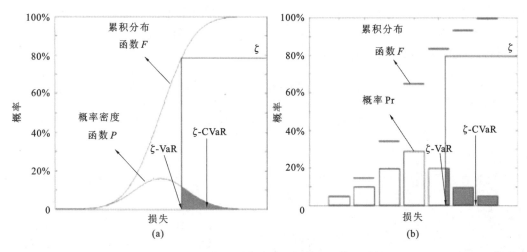

图 6-2 CVaR 概念说明

(a)连续变量;(b)离散变量

然而,尽管 VaR 在度量置信度下的最大损失方面有着显著的作用,但它也存在一些不容忽视的缺点。

①过度追求降低 VaR 的值可能会提高风险变异性的不确定性。当最小化 VaR

的值时,可能会忽视其他潜在但同样重要的风险因素,从而导致风险分布变得更加不稳定,进而提高超出 VaR 预期损失的可能性。换句话说,虽然降低 VaR 的值可能看似降低了风险,但实际上却可能提高了风险的不可预测性和不确定性。

②VaR 忽略了尾部风险。尾部风险通常指的是那些极端但发生概率较低的事件,如自然灾害、政治危机等。这些事件虽然发生概率低,但一旦发生,往往会造成巨大的损失。然而,由于 VaR 只关注一定置信度下的最大损失,它并不能很好地捕捉这些尾部风险。因此,当灾难性事件发生时,VaR 可能会低估实际的损失情况,导致投资者或金融机构面临不可接受的风险。

③VaR 不是一个连贯的风险测度。这意味着,在不同的置信水平下,VaR 的值可能会产生不一致的结果。这种不一致性使得投资者或金融机构难以在不同的投资组合或资产组合之间进行比较和选择,从而提高了风险管理的复杂性。

尽管这些缺点限制了 VaR 在风险管理中的应用,但却推动了更为全面和细致的风险度量工具的发展,其中最具代表性的便是 CVaR。CVaR 是在给定置信度下,超过 VaR 阈值的损失的平均值,即:置信度 ζ 下的条件风险值 ζ-CVaR 是尾部最坏的发生概率为 $(1-\zeta)$ 的场景下产生的风险损失的平均值。

与 VaR 相比,CVaR 不仅考虑了尾部风险,而且还考虑了超出 VaR 的所有可能损失的平均值。这使得 CVaR 能够更全面地反映投资组合或资产组合的风险状况,为投资者或金融机构提供更准确、更可靠的风险度量工具。在实际应用中,CVaR 已经被广泛用于风险管理、资产配置和绩效评估等领域。例如,在资产配置中,投资者可以使用 CVaR 来评估不同投资组合的风险水平,并选择风险收益比最优的投资组合。在绩效评估中,CVaR 也可以作为一个重要的指标来评估基金经理或投资顾问的风险管理能力。

在风险管理和统计学的广阔领域中,损失作为一个核心概念,经常需要被量化、建模和分析。损失的类型和特性多种多样,但通常可以分为两大类:连续型损失和离散型损失。当损失 $\ddot{x}$ 是一个连续变量时,ζ-CVaR 可以被表示为式(6-37)。当损失 $\ddot{x}$ 是一个离散变量时,累积分布函数 $F_x(\cdot)$ 是一个在 ζ-VaR 点跳跃的阶跃函数。为了确保尾部最坏场景的发生概率正好为 $(1-\zeta)$,需要对某一场景的发生概率进行分割。假设离散型损失 $\ddot{x} \in \{\ddot{X}_1, \cdots, \ddot{X}_n, \cdots, \ddot{X}_N\}$,且 $\ddot{X}_1 < \cdots < \ddot{X}_n < \cdots < \ddot{X}_N$,其相应的发生概率分别为 $Pr_1, \cdots, Pr_n, \cdots, Pr_N$,则离散变量下的 ζ-CVaR 可以被表示为式(6-38)。

$$\mathrm{CVaR} = (1-\zeta)^{-1} \int_{\dot{x}'}^{\ddot{X}} \ddot{x} P_x(x) \tag{6-37}$$

$$\mathrm{CVaR} = (1-\zeta)^{-1} \Big[\Big(\sum_{n=1}^{\ddot{N}} Pr_n - \zeta \Big) \ddot{X}_{\ddot{N}_\zeta} + \sum_{n=\ddot{N}_\zeta+1}^{\ddot{N}} Pr_n \ddot{X}_n \Big] \tag{6-38}$$

式中:$\ddot{x}'$ 为 ζ-VaR 的值;$\ddot{N}_\zeta$ 满足 $\sum_{n=1}^{\ddot{N}_\zeta} Pr_n \geqslant \zeta \geqslant \sum_{n=1}^{\ddot{N}_\zeta-1} Pr_n$。

进一步,式(6-37)和式(6-38)可以被分别表示为式(6-39)和式(6-40)。

$$\text{CVaR} = \text{VaR} + (1 - \zeta)^{-1} \int_{\dot{x} \in \dot{X}} [\dot{x} P_{\dot{x}}(\dot{x}) - \text{VaR}] \tag{6-39}$$

$$\text{CVaR} = \text{VaR} + (1 - \zeta)^{-1} \sum_{\ddot{n}=1}^{\ddot{N}} (\text{Pr}_{\ddot{n}} \ddot{X}_{\ddot{n}} - \text{VaR}) \tag{6-40}$$

6.4.2 风险规避型 PCSS 协同决策优化模型

在构建 PCSS 模型时,决策者需要首先明确一个关键参数,即置信水平 ζ,这个参数反映了决策者对于风险的接受程度。具体来说,如果决策者仅愿意在预期总利润小于 VaR 的场景下,该场景发生的总概率不大于某个预设值(风险容忍度)时接受 PCSS 方案,那么置信水平 ζ 就是这个风险容忍度的倒数。简言之,置信水平 ζ 越大,决策者对风险的规避意愿就越强烈。

为了更清晰地解释这一点,可以设想一个具体的例子。假设某家制造企业的决策者设定了置信水平 ζ 为 95%,风险容忍度为 5%,VaR 为 100 万美元。这意味着,决策者只有在预期利润低于 100 万美元且这种情况发生的概率不超过 5% 时,才会考虑接受该 PCSS 方案。若提高置信水平 ζ,比如将其设定为 99%,决策者实际上是在降低风险容忍度(此时风险容忍度为 1%),也就是要求预期利润低于 VaR 的概率更低,这反映出决策者对于风险的极度规避。

当然,设定较高的置信水平 ζ 并非没有代价。一方面,它可能会限制决策者的选择范围,使得一些潜在的高利润但风险稍高的方案被排除在外。另一方面,过于严格的风险控制可能会导致企业在面对市场变化时反应迟钝,错失一些宝贵的商机。

然而,从长期和整体的角度来看,设定合理的置信水平 ζ 对于企业的稳定发展至关重要。它可以帮助企业在复杂的供应链环境中,有效地规避潜在的风险,保障企业的利润水平和成本控制。同时,通过不断优化和调整置信水平 ζ,企业还可以实现风险与收益之间的最佳平衡,实现可持续发展。

因此,在 PCSS 的风险规避型协同决策模型中,置信水平 ζ 的设定是一个至关重要的环节。决策者需要先设定置信水平 ζ,以控制供应中断导致的低利润/高成本下的损失。

由于利润可以被表示为损失的负值,所以基于条件风险值的风险规避型 PCSS 协同决策模型可以被表示为式(6-41)~式(6-44)。其中式(6-41)和式(6-42)为目标函数,式(6-43)、式(6-44)为约束条件。具体地:

式(6-41)为第一个目标函数,其目的是通过最大化 CVaR 来最大化尾部最坏的发生概率为 $(1 - \zeta)$ 的场景下的利润(潜在最坏情况利润)。式(6-42)为第二个目标函数,其目的是最小化预期的 GHG 总排放量。对 CVaR 的度量,有助于决策者充分把握尾部利润的值,从而更准确地估计风险,并采取适当的风险缓解策略。式(6-43)为各中断场景下的利润低于 VaR 的风险约束。

$$\max \qquad \mathrm{CVaR} = \mathrm{VaR} - (1-\zeta)^{-1} \sum_{s=1}^{S} \mathrm{TP}'_s \beta_s \qquad (6\text{-}41)$$

$$\min \qquad \mathrm{TG}(\tilde{x}_{jkl}, \tilde{y}_{klv}, \tilde{\gamma}_{klvt}) = \sum_{s=1}^{S} \tilde{\beta}_s \mathrm{TG}_s \qquad (6\text{-}42)$$

s. t.

$$\mathrm{TP}'_s = \max\{0, \mathrm{VaR} - \mathrm{TP}_s\} \qquad (6\text{-}43)$$

$$式(6\text{-}1) \sim 式(6\text{-}24);式(6\text{-}27) \sim 式(6\text{-}34) \qquad (6\text{-}44)$$

6.5 产品族配置和供应商选择协同决策模型求解

因为基于精英策略的 NSGA-II 在处理多目标优化问题中具有较好的鲁棒性和稳定性,所以,本书采用该算法对双目标整数规划数学模型进行求解。

6.5.1 NSGA-II 求解过程

由于 NSGA-II 已被广泛应用于各种领域,其主要过程在前文及很多文献中都有说明,因此,本章对 NSGA-II 算法简单描述如下:①通过设计染色体编码策略随机生成初始种群。②通过遗传算子(即选择、交叉和突变)生成子代种群。③将子代种群和亲代种群合并生成中间种群,并根据其非支配等级、个体拥挤距离进行排序。④将中间种群按支配等级和拥挤度由高到低排序,并填充到亲代种群,以更新亲代种群。

6.5.2 染色体结构

图 6-3 为一个染色体结构示例,可以发现染色体结构包含 3 个基因片段,分别是产品变体片段、供应商选择片段和强化等级片段。这 3 个片段共同协作,构成了一个完整的决策框架,用于指导产品配置、供应商分配以及强化策略的制定。

对于产品变体片段,一个产品变体包括 3 个基本产品模块,每个基本产品模块包含的产品模块实例数分别为 3、2、2。从每个基本产品模块中选且仅选一个产品模块实例,可以完成产品变体的配置。例如:产品变体 PV_1 的基因片段可以编译为:$\mathrm{PV}_1 = \{\mathrm{PM}_{13}, \mathrm{PM}_{21}, \mathrm{PM}_{32}\}$。价格 1 处的值 9 表示选择第 9 个离散价格作为产品变体 1 的单价。

为了构造固定长度的染色体,在供应商选择片段为每个产品模块实例选择供应商,相应地,在强化等级片段,每个被选供应商也被赋予了一个强化等级。因此供应

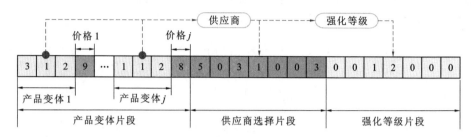

图 6-3　染色体结构示例

商选择片段和强化等级片段的染色体长度等于 7（即产品模块实例的总数）。在供应商选择片段，为产品模块实例 $Co_1 \sim Co_7$ 选择的供应商编号，依次为 5、0、3、1、0、0、3，其中 0 表示不为产品模块实例选择供应商。

对于强化等级片段，每个基因位的编码可以编译为：中断发生后，由供应商 1 提供的产品模块实例 PM_{21} 的供应量被强化到等级 2，由供应商 3 提供的产品模块实例 PM_{13} 的供应量被强化到等级 1，其他产品模块实例的供应量不被强化。

6.5.3　遗传操作

本章分别采用轮盘赌选择、单点交叉算子和单点变异算子，以分别实现染色体的选择、交叉和变异。由于该部分内容在前文已经做了较为详细的介绍，本章不再重复介绍。

6.6　案例分析

6.6.1　案例描述

本节以电子词典[7]的产品族架构为例，对支持中断风险下低碳产品族配置和弹性供应商选择协同决策的双目标优化模型的性能进行评估。实验还比较了两种不同中断概率范围下获得的风险中性方案和风险规避方案。所述案例包含 12 家供应商，6 个基本产品模块，包括机座（PM_1）、存储模块（PM_2）、语音模块（PM_3）、键盘模块（PM_4）、控制模块（PM_5）、显示模块（PM_6）。上述各基本产品模块的产品模块实例数分别为 4、4、3、3、3、3。经过市场调研和专家分析，最终决定开发 2 种产品变体，即 $J = 2$。

如表 6-1 所示，本书使用的部分数据源于或基于 Wang 等[7]的文章。然后，假设来自同一个供应商的所有产品模块实例在同一强化水平上具有相同的供应量百分比和单位强化成本百分比,中断下的供应量百分比和单位强化成本百分比的信息如表 6-2 所示。中断概率 θ_v 服从均匀分布 $U[0.15, 0.20]$,取值如表 6-2 最后一列所示。

表 6-1   **模型中的相关参数值**

参数	值	参数	值
d_i、$\bar{u}_{ikl}$、λ_{ij}^e、λ_{ij}^c、P_j、$c_{kl}^{\text{in-var}}$	文献[7]中的值	c_j^{sho}	$0.3 \times P_j$
c_{klv}^{pur}、$g_{kl}^{\text{in-var}}$、$g_{klv}^{\text{out-var}}$、distance	文献[7]中的值	$g_J^{\text{in-fix}}$	1500
$c_J^{\text{in-fix}}$	400000	$g_v^{\text{out-fix}}$	$0.66 \times$ distance
$c_{klv}^{\text{out-fix}}$	$5000 \times c_{klv}^{\text{pur}}$	θ_v	$U[0.15, 0.20]$

表 6-2   **不同供应商在不同强化等级下的供应量和强化成本信息**

供应商	供应量百分比 $\bar{a}_{klvt}$[单位强化成本百分比 δ_{klvt}]					中断概率 θ_v
	等级 0	等级 1	等级 2	等级 3	等级 4	
1	40 [0]	50 [12]	60 [24]	70 [36]	—	0.17
2	50 [0]	60 [16]	70 [32]	—	—	0.20
3	50 [0]	70 [28]	—	—	—	0.16
4	30 [0]	40 [7.2]	50 [14.4]	60 [21.6]	70 [28.8]	0.17
5	40 [0]	50 [10.4]	60 [20.8]	70 [31.2]	80 [41.6]	0.16
6	50 [0]	60 [15.2]	70 [30.4]	80 [45.6]	—	0.19

续表

供应商	供应量百分比 $\tilde{\alpha}_{klvt}$ [单位强化成本百分比 δ_{klvt}]					中断概率 θ_v
	等级 0	等级 1	等级 2	等级 3	等级 4	
7	40 [0]	60 [16]	80 [32]	—	—	0.18
8	30 [0]	50 [14.4]	70 [28.8]	90 [43.2]	—	0.18
9	50 [0]	70 [21.6]	90 [43.2]			0.20
10	40 [0]	50 [13.6]	60 [27.2]	80 [40.8]		0.15
11	30 [0]	60 [20]	90 [40]			0.16
12	30 [0]	45 [11.2]	60 [22.4]	75 [33.6]	90 [44.8]	0.20

6.6.2　NSGA-II 收敛性分析

基于 MATLAB 2021a 平台的 NSGA-II 算法的相关控制参数设置如下：种群规模为 1000 个，迭代次数为 500 次，旨在确保算法的充分运行与收敛。同时，选择交叉概率为 0.90，变异概率为 0.40，这样的概率设定有助于算法在搜索空间中保持足够的多样性和收敛性。

为了全面评估 NSGA-II 在求解 PCSS 协同决策模型时的表现，绘制了图 6-4。该图展示了以 50 次迭代为间隔，从第 50 次迭代到第 500 次迭代的 10 组非支配解的动态变化。仔细观察图 6-4，可以清晰地看到，随着迭代次数的逐渐增加，非支配解在不断地向最优 Pareto 前沿解逼近。特别是在迭代次数接近 250 次时，非支配解与最优 Pareto 前沿解几乎完全重合，这充分证明了 NSGA-II 算法在此应用场景下具有较好的收敛性和一致性。

进一步分析图 6-4，还可以发现预期总 GHG 排放量（TG）与预期总利润（TP）之间存在显著的相关性。具体来说，随着预期总利润（TP）的增加，预期总 GHG 排放量（TG）也在相应地增加，二者呈现出一种近乎线性的增长关系。特别是在 TG 达到 1.496×10^5 kg 时，预期总利润（TP）取得了最大值，即 5.351×10^6 \$ 。

根据上述分析，可以获得如下管理启示：NSGA-II 具有良好的收敛性和一致性，所得到的非支配解可以逐渐向优化问题的 Pareto 前沿解逼近。

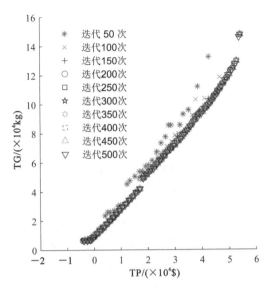

图 6-4　NSGA-II 在不同迭代次数下求得的风险中性模型的非支配解
($\boldsymbol{\theta}_v \in U[0.15, 0.20]$)

为了探索不同置信水平 ζ 对求解结果的影响，置信水平 ζ 的值被设置为 5 个等级，分别为 0.01、0.25、0.50、0.75 和 0.99，这意味着风险规避型目标函数最大化了所有场景中结果最差的 99％、75％、50％、25％和 1％的场景的平均结果（即潜在最坏情况利润）。不同置信水平下的风险规避模型的 Pareto 前沿解如图 6-5 所示。可以发现：①TG 同样随 CVaR 的增大呈近乎线性增大；②随着置信水平的增大，CVaR逐渐减小，这意味着所有场景中结果最低的发生概率为 $(1-\zeta)$ 的场景的平均结果（即最坏情况利润）随着置信水平的增大而减小。

此外，通过比较风险中性模型和风险规避模型的 Pareto 前沿解，可以发现，当置信水平足够低（如 $\zeta = 0.01$）时，风险中性模型的解与风险规避模型的解相似。

根据上述结果和分析，得到的管理启示为：选择合适的置信水平，获得至少 1.3×10^5 kg 的温室气体排放权，有助于在减少潜在最坏场景损失的同时实现预期利润最大化。

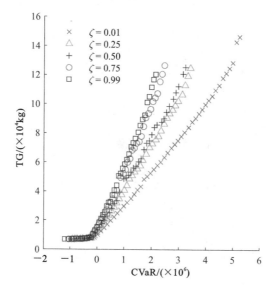

图 6-5　不同置信水平下的风险规避模型的 **Pareto** 前沿解
$(\theta_v \in U[0.15, 0.20])$

6.6.3　中断概率对结果的影响

在两种不同分布范围的中断概率下，TP 最大时的风险中性模型的解如表 6-3 所示。通过对比两种不同分布范围的中断概率下的风险中性模型的解对应的 TP 值，可以发现：当中断概率逐步升高时，风险中性模型下对应的 TP 值呈现下降趋势。这一变化揭示了中断概率与 TP 值之间的负相关关系，即中断概率越高，预期的总利润越难以保证。

相比之下，通过比较两种不同分布范围的中断概率下的风险中性模型的解对应的0.99-CVaR，可以发现：中断概率越低，0.99-CVaR 值越小，这意味着中断概率越小，所有场景中结果最低的 1% 的场景的平均结果越小。此外，从表 6-3 中也可以看到，当中断概率 $\theta_v \in U[0.15, 0.20]$ 时，所有被选模块实例的被选供应商都被强化到某一等级；而当中断概率 $\theta_v \in U[0.01, 0.05]$ 时，所有被选模块实例的被选供应商都没有被强化。这些结果表明：①在风险较高的情况下，决策者倾向于通过强化供应商来降低潜在的风险损失；②在风险中性模型中，低概率风险容易被忽略，从而在风险发生时造成严重损失；③强化供应商是降低风险损失、提高潜在最坏情况利润的有效弹性策略。

表 6-3 TP 最大时的风险中性模型的解

项目	产品模块						价格/\$	需求/$(\times 10^2)$	TP/$(\times 10^3)$	TG/$(\times 10^2)$	0.99-VaR/$(\times 10^3)$	0.99-CVaR/$(\times 10^3)$
	PM_1	PM_2	PM_3	PM_4	PM_5	PM_6						
$\theta_v \in U[0.15, 0.20]$												
产品配置 PV_1	PM_{11}	PM_{21}	PM_{32}	PM_{42}	PM_{51}	PM_{61}	74	366	5351	1496	−1438	−1438
产品配置 PV_2	PM_{14}	PM_{22}	PM_{32}	PM_{42}	PM_{51}	PM_{61}	77	107				
供应商	8, 8	2, 2	8	2	8	2						
（强化等级）	(2), (2)	(2), (2)	(2)	(2)	(2)	(2)						
$\theta_v \in U[0.01, 0.05]$												
产品配置 PV_1	PM_{11}	PM_{22}	PM_{32}	PM_{42}	PM_{51}	PM_{62}	74	263	9071	1566	−16182	−16182
产品配置 PV_2	PM_{11}	PM_{22}	PM_{32}	PM_{41}	PM_{51}	PM_{62}	74	234				
供应商	8	11	8	11, 11	8	8						
（强化等级）	(0)	(0)	(0)	(0), (0)	(0)	(0)						

综上,获得的管理启示如下:①在风险中性模型中,低概率风险容易被忽略;②尽管中断概率可能是极低的,但采取适当的弹性策略以减少潜在最坏情况损失仍然是非常必要的。

在两种不同分布范围的中断概率下,0.99-CVaR 最大时的风险规避模型的解如表 6-4 所示。首先,通过对比表 6-3 和表 6-4 中的风险中性模型的解和风险规避模型的解,可以发现:对于预期总利润,风险规避模型在追求预期总利润时表现得更为保守,其解的值通常低于风险中性模型。相反,对于 0.99-CVaR,风险规避模型的解高于风险中性模型的解。结果表明:在不确定环境下,风险规避模型比风险中性模型具有更高的可靠性,有助于减少潜在最坏情况损失。进一步比较表 6-4 中不同中断概率范围下的风险规避解决方案,可以发现:虽然较低中断概率($\theta_v \in U[0.01, 0.05]$)下的 TG 和 TP 比较高中断概率($\theta_v \in U[0.15, 0.20]$)下的好,但不同中断概率范围下的 0.99-VaR 和 0.99-CVaR 几乎相同。结果表明:当置信度 ζ 足够大时,随着中断概率 θ_v 的变化,潜在最坏情况利润几乎没有变化。

综上所述,获得的管理启示如下:①风险规避模型有助于控制潜在的最坏情况损失。②当决策者具有极高的风险规避偏好时(如 $\zeta = 0.99$ 时),随着中断概率 θ_v 的变化,潜在最坏情况结果几乎不变。

除此之外,结合表 6-3 和表 6-4,可以发现:如图 6-6 所示,尽管所有被选产品模块实例的被选供应商都被强化到不同的等级,但值得注意的是,在同一方案下,这些被选中的产品模块实例的最坏情况供应量却出奇地一致。例如,在表 6-3 所示的两个方案中,被选产品模块实例的最坏情况供应量占订购量的百分比分别为 70% 和 30%;在表 6-4 所示的两个方案中,所有被选产品模块实例的最坏情况供应量占订购量的百分比都为 90%。出现上述结果的原因为:与单一产品组件/产品模块的供应链设计不同,在 PCSS 的协同决策中,产品变体的数量是由为其选择的所有产品模块实例中最小的交付数量(即交付瓶颈)决定的,盈余的产品组件或产品模块,即使数量再多,也无法被配置为产品变体,从而无法为 OEM 带来实际的经济效益。

因此,从上述结果可以得到如下管理启示:为了最大化经济效益和减少不必要的浪费,同一方案下所有被选产品模块实例的最坏情况供应量百分比应尽可能接近。这样做可以确保各个模块之间的交付量更加均衡,减少交付瓶颈和盈余产品模块实例的持有量,从而提高整个供应链的效率和灵活性。

表 6-4 0.99-CVaR 最大时的风险规避模型的解

项目		PM1	PM2	PM3	PM4	PM5	PM6	价格/$	需求/(×10²)	TP/(×10³)	TG/(×10²)	0.99-VaR/(×10³)	0.99-CVaR/(×10³)
$\theta_v \in U[0.15, 0.20]$													
产品配置	PV1	PM14	PM22	PM31	PM42	PM51	PM62	77	192				
	PV2	PM14	PM22	PM31	PM41	PM52	PM62	77	226	4438	1338	2191	2191
供应商		8	11	8	9	8	8						
(强化等级)		(3)	(2)	(3)	(2)	(3)	(3)						
$\theta_v \in U[0.01, 0.05]$													
产品配置	PV1	PM12	PM22	PM31	PM41	PM52	PM61	77	190				
	PV2	PM11	PM22	PM31	PM41	PM52	PM62	77	162	4608	1152	2140	2140
供应商		8	12	8	9	9	12						
(强化等级)		(3)	(4)	(3)	(2)	(3)	(4)						

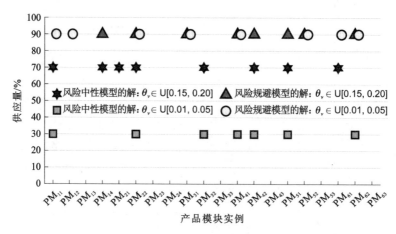

图 6-6 不同方案下不同产品模块实例的最坏情况供应量

6.6.4 置信水平对风险规避模型解的影响

在深入探索置信水平 ζ 对风险规避模型解的影响机理时,进行了详尽的模拟和数据分析。在不同的置信水平和多种中断概率范围下,观察到风险规避模型在获取最大 CVaR 时,其他相关指标也呈现出显著的变化趋势,这些详细数据被整理在表 6-5 中。此外,为了直观展示表 6-5 中各项指标随置信水平的变化而变化的趋势,利用表 6-5 中的各项指标绘制了图 6-7 和图 6-8 所示的折线图,从图中可以清晰地看到随着置信水平 ζ 的增加 TP 曲线的变化趋势。

表 6-5 风险规避模型获得最大 CVaR 时的其他相关指标

项目	置信水平 ζ				
	0.01	0.25	0.50	0.75	0.99
$\theta_v \in U[0.15, 0.20]$					
价格 $[P_1, P_2]$	$[74, 77]$	$[77, 77]$	$[77, 77]$	$[77, 77]$	$[77, 77]$
市场份额 $[d_1, d_2]/$ $(\times 10^3)$	$[366, 107]$	$[185, 220]$	$[159, 247]$	$[196, 226]$	$[192, 226]$
TP/$(\times 10^3)$	5351	4329	4406	4438	4438

续表

项目	置信水平 ζ				
	0.01	0.25	0.50	0.75	0.99
$\theta_v \in U[0.15,0.20]$					
TG/($\times 10^2$)	1496	1268	1286	1338	1338
VaR/($\times 10^3$)	8579	3645	3368	2577	2191
CVaR/($\times 10^3$)	5351	3463	3257	2537	2191
$\theta_v \in U[0.01,0.15]$					
价格 $[P_1,P_2]$	[74,74]	[77,77]	[77,77]	[77,77]	[77,77]
市场份额$[d_1,d_2]$/($\times 10^3$)	[175,319]	[176,225]	[258,147]	[127,262]	[190,162]
TP/($\times 10^3$)	9051	7062	5216	4912	4608
TG/($\times 10^2$)	1558	1258	1293	1242	1152
VaR/($\times 10^3$)	9923	5975	3317	2673	2140
CVaR/($\times 10^3$)	9051	5450	3303	2673	2140

结合表 6-5、图 6-7 和图 6-8 可以发现,随着置信度 ζ 的逐渐增大,两种不同中断概率下的 TP 曲线的变化趋势呈现出一种特定的模式。具体来说,当置信水平从较低值开始增加时,TP 曲线迅速下降,显示出强烈的敏感性。然而,当置信水平超过某个拐点值(两种不同中断概率下的 TP 曲线的拐点分别为 ζ=0.25 和 ζ=0.50)后,TP 曲线的下降趋势明显放缓,并逐渐趋于稳定。以上结果表明,当置信水平大于拐点值时,随着置信水平的增加,潜在最坏情况损失进一步减小,而 TP 没有显著衰减。同时,从表 6-5 可以发现,当置信水平为 0.25 时,两种不同中断概率下的产品变体的价格均从 74 \$ 上升到 77 \$,然后保持不变。

如图 6-7 和图 6-8 所示,在两种不同中断概率下,TG 曲线与总市场份额曲线的变化趋势呈现出高度的一致性。这进一步证实了两者之间的紧密联系和相互影响。值得注意的是,这两条 TG 曲线都呈现出两个明显的拐点,这对理解市场变化具有重要意义。

具体来说,第一个拐点出现在 $\zeta=0.25$ 时。这意味着,当置信水平低于这个数值时,随着置信水平的增加,TG 曲线呈现出急剧下降的趋势。这可以理解为,在市场环境不稳定、信息不透明的情况下,企业对于市场变化的反应往往较为敏感,稍有风吹草动便可能导致市场份额的大幅波动。因此,在这一阶段,企业需要保持高度的警惕性,密切关注市场动态,以便及时调整策略。

第二个拐点分别为 $\zeta=0.75$ 和 $\zeta=0.50$,这意味着,当置信水平高于这个值时,TG 曲线又开始出现下降趋势。这提示,在高度确定的市场环境下,企业可能会因为过于自信而忽视潜在的风险。因此,即使市场环境看似稳定,企业也需要保持谨慎态度,以免因疏忽大意而错失良机。

而当置信水平位于两个拐点之间时,即 ζ 在 $0.25\sim0.75(0.25\sim0.50)$ 之间时,TG 曲线开始呈现出上升的趋势。这表明,随着市场环境逐渐稳定、信息透明度提高,企业对于市场变化的适应能力也在不断增强。在这一阶段,企业可以更加自信地实施市场策略,以获取更大的市场份额。

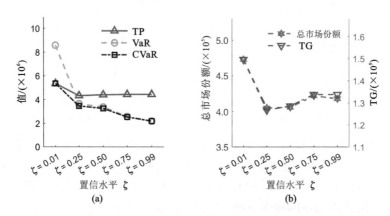

图 6-7　CVaR 最大时所获得的相关指标随置信水平 ζ 变化的趋势
$(\theta_v \in U[0.15, 0.20])$

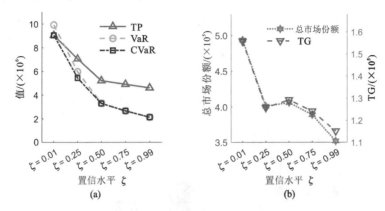

图 6-8　CVaR 最大时所获得的相关指标随置信水平 ζ 变化的趋势
($\theta_v \in U[0.01, 0.05]$)

为了深入解析上述现象,在 $\theta_v \in U[0.01, 0.05]$ 的范围内,进行了详尽的模拟分析。通过运用风险中性模型和风险规避模型,得到了在不同置信水平下,最大 TP 和最大 CVaR 所对应的成本和 GHG 排放量。这些数据被精心绘制成了图 6-9 所示的柱状图,为我们提供了直观且清晰的视觉参考。

首先,通过仔细观察图 6-9,可以发现内部制造相关固定 GHG 排放量和采购成本是影响 TG 和 TC 的关键因素。这两者的数值在图 6-9 中占据了显著的位置,表明它们在整个供应链中的影响不容忽视。内部制造相关固定 GHG 排放在生产过程中不可避免,其数值的变动直接关系企业的环保责任和社会形象。而采购成本则直接关系企业的经济效益和竞争力。

其次,可以看到内部制造相关固定 GHG 排放量、缺货成本、强化成本和采购成本随着置信水平的变化而波动。当 $\zeta < 0.25$ 时,随着置信水平的提高,缺货成本和采购成本呈现出明显的下降趋势,而强化成本呈逐渐上升趋势。这是因为随着置信水平的提高,企业需要投入更多的成本用于强化供应商,同时,通过对供应商的强化,供应链的鲁棒性获得了提高,因此,缺货成本出现了明显下降。

当 $0.25 < \zeta < 0.50$ 时,强化成本继续上升并达到最大值。这是因为随着置信水平的进一步提高,企业对于供应链的稳定性要求更高,因此需要投入更多的资源进行强化。同时,缺货成本则继续下降至最小值,这表明:在强化策略下,供应链的稳定性和可靠性得到了显著提升。然而,采购成本在这一阶段出现了小幅反弹,这是由于在强化策略下,实际交付的模块实例数量增多,OEM 需要向供应商支付更多的成本。

最后,当 ζ>0.50 时,采购成本再次下降,强化成本略有下降,缺货成本则基本保持不变。这说明在较高的置信水平下,企业已经形成了相对稳定的供应链体系,能够较好地应对市场的不确定性和风险。同时,这也为企业提供了进一步降低成本、提高效益的空间。

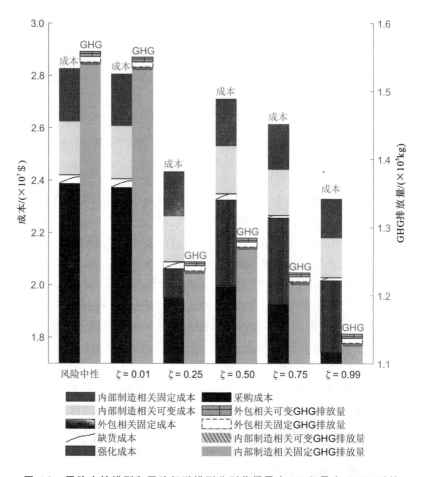

图 6-9　风险中性模型和风险规避模型分别获得最大 TP 和最大 CVaR 时的
成本和 GHG 排放量($\theta_v \in U[0.01, 0.05]$)

通过对比图 6-8 和图 6-9 不难发现,随着置信度水平的微妙变化,成本、内部制造相关固定 GHG 排放量以及总市场份额之间呈现出了惊人的同步性。这一趋势的根源在于,总市场份额不仅仅是一个单纯的数字指标,它背后关联着企业的运营策略、市场需求以及供应链的稳定性。

具体来说,总市场份额的大小直接影响到企业在内部制造过程中的固定 GHG 排放量,因为随着市场份额的增加,生产规模扩大,所需的能源和资源也随之增多,进而可能导致 GHG 排放量的上升。同时,市场份额的波动还会影响采购成本,因为市场份额的增减往往伴随着产品数量的调整,而数量的变化又直接关系着原材料和零部件的采购成本。

进一步分析这一现象可以发现,受置信水平影响显著的指标主要包括总市场份额、缺货成本和强化成本。以 $\theta_v \in U[0.01, 0.05]$ 这一情况为例,置信度水平的变化对这 3 项指标的影响可以通过以下 3 个推论得到合理的解释:

①当 $\zeta < 0.25$ 时,企业对风险的容忍性较高。为了减少潜在最坏情况下的损失(即缺货成本),企业需要在价格和市场份额之间进行权衡。在这种情况下,企业可能会选择提高产品变体的价格,以应对潜在的成本上升,但同时也会导致部分消费者对价格敏感而选择离开,最终导致总市场份额的降低。

②当 $0.25 < \zeta < 0.50$ 时,企业对风险的容忍度有所降低。为了进一步降低潜在最坏情况下的损失,企业可能会对供应链进行优化,强化与供应商的关系,将所有被选供应商都提升到一个更高的合作水平。这种策略有助于降低供应链中的不确定性,降低缺货风险,并使总市场份额可以适当增大。

③当 $\zeta > 0.50$ 时,企业展现出强烈的风险规避偏好。然而,在这个阶段,由于供应商在上一阶段已经被强化到最高水平,进一步降低缺货风险的空间已经十分有限。此时,企业可能需要通过牺牲部分市场份额来换取更稳定的供应链和更低的潜在最坏情况损失。这种策略虽然会导致市场份额的减少,但有助于企业在长期内保持竞争力和盈利能力。

值得注意的是,以上推论并非绝对,它们只是根据图 6-8 和图 6-9 的数据和一定的假设条件得出的可能性分析。在实际应用中,企业需要根据自身的具体情况和市场环境进行灵活调整,制定出最合适的供应链管理和市场策略。

综上所述,可以总结出以下几点管理见解:①适当控制市场份额也是减少潜在最坏情况损失、提高潜在最坏情况利润的有效策略;②当 $\theta_v \in U[0.01, 0.05]$ 时,建议将置信级别设置为 0.50、0.99 或 0~0.25 之间的任意值;③当 $\theta_v \in U[0.15, 0.20]$ 时,建议将置信水平设置为 0.75、0.99 或 0~0.25 之间的任意值。

6.7 本章小结

在全球经济深度一体化的背景下,供应链的稳定性成为企业持续运营和保持市场竞争力的关键因素。然而,随着全球供应链的日益复杂和多样化,供应链正面临着前所未有的挑战,特别是中断风险,如自然灾害、政治冲突、公共卫生事件等不可预测事件,都可能对供应链的连续性和稳定性造成严重影响。

虽然众多学者在提高供应链弹性方面进行了深入的研究,但在中断风险下如何开展产品族配置和供应商选择的协同决策方面的研究仍然相对较少。这主要是因为这种决策过程需要同时考虑产品的多样性、供应链的弹性以及中断风险的不确定性,这使决策过程变得异常复杂。

为了应对这一挑战,本章提出了一种改进的随机双目标整数规划模型,旨在支持中断风险下低碳产品族配置和弹性供应商选择的协同决策。该模型不仅考虑了产品的多样性,还融入了低碳环保的理念,力求在保障供应链稳定性的同时,降低对环境的影响。

在提高供应链性能方面,本章采用了强化供应商这一弹性策略。强化供应商指的是那些具有强大供应能力和快速响应能力的供应商,它们能够在供应链中断时迅速调整生产计划,保障产品的及时供应。通过这种方式,可以有效减少潜在最坏情况的损失,提高供应链的稳定性。

为了更精确地评估和控制供应中断造成的潜在最坏情况损失,本章引入了金融工程中常用的两种百分位风险度量方法——风险值和条件风险值。风险值是指在给定的置信水平下,某一金融资产或证券组合在未来特定时间内的最大可能损失;而条件风险值则是在超过风险值的情况下,预期的平均损失。这两种方法能够帮助我们更全面地了解中断风险可能带来的损失,从而做出更合理的决策。

通过对模型进行实证研究,本章探讨了中断概率和置信水平对优化结果的影响。研究结果表明,在 PCSS 协同决策中,强化供应商仍然是提高供应链弹性的有效策略。此外,还发现适当控制市场份额是减少潜在最坏情况损失、提高潜在最坏情况利润的有效策略。这意味着,在决策过程中,需要权衡市场份额和潜在风险之间的关系,找到最佳的平衡点。

同时还发现,在风险中性解决方案中,低概率风险的影响更容易被忽略。这是因为风险中性决策者通常只关注期望收益,而忽视了潜在的风险损失。然而,在中断风险下,这种忽视可能会导致严重的后果。因此,有必要采用风险规避模型来预测和降低潜在的最坏情况损失。

最后,我们注意到在考虑中断的 PCSS 协同决策中,每个产品组件/产品模块的供应量应该是均衡的。这是因为如果某个产品组件/产品模块的供应量过多,而其他产品组件/产品模块的供应量不足,那么在供应链中断时,盈余的产品组件/产品模块可能会成为负担,增加潜在的最坏情况损失。因此,在决策过程中,需要注重各产品组件/产品模块之间的平衡性,以减少对盈余产品组件/产品模块的持有。

综上所述,本章提出的改进的随机双目标整数规划模型为中断风险下低碳产品族配置和弹性供应商选择的协同决策提供了有力的支持。通过实证研究,得出了几个重要的管理见解,为企业在复杂多变的全球经济环境中制定有效的供应链策略提供了有价值的参考。

参 考 文 献

[1] PAKSERESHT M,MAHDAVI I,SHIRAZI B,et al. Co-reconfiguration of product family and supply chain using leader-follower Stackelberg game theory:bi-level multi-objective optimization [J]. Applied soft computing,2020,91:106203.

[2] RAJAK S,MATHIYAZHAGAN K,AGARWAL V,et al. Issues and analysis of critical success factors for the sustainable initiatives in the supply chain during COVID-19 pandemic outbreak in India:a case study [J]. Research in transportation economics,2022,93(8):101114.

[3] BABBAR C,AMIN S H. A multi-objective mathematical model integrating environmental concerns for supplier selection and order allocation based on fuzzy QFD in beverages industry [J]. Expert systems with applications,2018,92:27-38.

[4] REZAPOUR S,FARAHANI R Z,POURAKBAR M. Resilient supply chain network design under competition:a case study [J]. European journal of operational research,2017,259(3):1017-1035.

[5] LEE S H. A fuzzy multi-objective programming approach for determination of resilient supply portfolio under supply failure risks [J]. Journal of purchasing and supply management,2017,23(3):211-220.

[6] SHAHZAD M,QU Y,ZAFAR A U,et al. Does the interaction between the knowledge management process and sustainable development practices boost corporate green innovation? [J]. Business strategy and the environment,2021,30(8):4206-4222.

[7] WANG Q,TANG D B,YIN L L,et al. An optimization method for coordinating supplier selection and low-carbon design of product family [J]. International journal of precision engineering and manufacturing,2018,19(11):1715-1726.

[8]　HUANG F Y,HE J,LEI Q. Coordination in a retailer-dominated supply chain with a risk-averse manufacturer under marketing dependency [J]. International transactions in operational research，2020，27（6）：3056-3078.

[9]　AN J,MIKHAYLOV A,JUNG S U. A linear programming approach for robust network revenue management in the airline industry [J]. Journal of air transport management,2021,91：101979.

[10]　TALAEI M,MOGHADDAM B F,PISHVAEE M S,et al. A robust fuzzy optimization model for carbon-efficient closed-loop supply chain network design problem：a numerical illustration in electronics industry [J]. Journal of cleaner production,2016,113：662-673.

[11]　FARROKH M,AZAR A,JANDAGHI G,et al. A novel robust fuzzy stochastic programming for closed loop supply chain network design under hybrid uncertainty [J]. Fuzzy sets and systems,2018,341：69-91.

[12]　RAMEZANI M,BASHIRI M,TAVAKKOLI-MOGHADDAM R. A robust design for a closed-loop supply chain network under an uncertain environment [J]. The international journal of advanced manufacturing technology,2013,66：825-843.

[13]　BERGER P D,GERSTENFELD A,ZENG A Z. How many suppliers are best? A decision-analysis approach [J]. Omega,2004,32(1)：9-15.

[14]　RUIZ-TORRES A J,MAHMOODI F. The optimal number of suppliers considering the costs of individual supplier failures [J]. Omega,2007,35(1)：104-115.

[15]　MADADI A R,KURZ M E,TAAFFE K M,et al. Supply network design：risk-averse or risk-neutral? [J]. Computers & industrial engineering,2014,78：55-65.

[16]　BEN-AKIVA M E,LERMAN S R. Discrete choice analysis：theory and application to travel demand. [M]. Cambridge：The MIT Press,1985.

[17]　DUPONT L,BERNARD C,HAMDI F,et al. Supplier selection under risk of delivery failure：a decision-support model considering managers' risk sensitivity [J]. International journal of production research,2018,56(3)：1054-1069.

[18]　FRUCHTER G E,FLIGLER A,WINER R S. Optimal product line design：genetic algorithm approach to mitigate cannibalization [J]. Jour-

nal of optimization theory and applications,2006,131(2):227-244.

[19] GREEN P E,KRIEGER A M. An application of a product positioning model to pharmaceutical products [J]. Marketing science,1992,11(2):117-132.

[20] MAGAZZINO C,MELE M,SCHNEIDER N. The relationship between municipal solid waste and greenhouse gas emissions:evidence from Switzerland [J]. Waste management,2020,113:508-520.

7 中断风险下产品族配置和订单分配主从关联优化

7.1 产品族配置和订单分配协同优化概况

正如前文所述,产品族和供应链集成设计正成为学术界和工业界广泛关注的热点话题,其中,相对比较成熟的研究领域为产品族和供应链集成配置优化。尽管国内外众多学者在该领域做了有意义的探索和贡献,但仍存在一些不足[1]。在不考虑供应商产能限制的情况下,Liu 等[2]和 Wang 等[3]研究了产品族和供应商选择协同优化模型,即仅为每种产品组件或产品模块选择一个供应商。然而,在全球商业环境中,供应商之间的差异性极大,它们在产能、缺货率、中断风险以及批发价格等多个维度上存在着显著的差异。OEM 作为供应链的重要参与者,面临着如何有效管理供应商,确保订单需求得到满足的挑战。特别是在单位生产周期和交货期内,单一供应商的产能可能不足以满足 OEM 的订单需求。此外,产能受限的供应商虽然在产能方面存在不足,但它们的其他指标可能优于其他供应商。在这种情况下,放弃这部分供应商对 OEM 来说无疑是一种重大的损失。因此,在外包过程中,采用协作策略,开展订单分配,使产能受限的供应商能够通过供应商组合的形式满足 OEM 的订购需求,成为一种必要的选择[4]。

然而,由于产品族配置和供应链设计的跨学科性,目前关于订单分配的研究多集中于供应链设计领域,尚未拓展到产品族和供应链集成设计领域。如:通过引入环境因素,Babbar 和 Amin[5]提出了一个随机混合整数线性规划模型,以选择最佳供应商,并确定各被选供应商的最佳订单比例;Kim 等[6]、Moheb-Alizadeh 和 Handfield[7]分别采用 Markowitz 投资组合理论和分支定界理论研究了供应商选择和订单分配(supplier selection and order allocation,SSOA)问题。此外,供应链中存在的不稳定性和不确定性成为 OEM 日常运营中不可避免的挑战。特别是在全球供应链日益紧密交织的背景下,任何微小的供应中断都可能对 OEM 造成巨大的经济损失。因此,采取科学的风险缓解策略,以减轻这些中断带来的不利影响,对于 OEM 来说至关重要。以最小化供应风险和最大化利润为优化目标,Luo 等[8]研究了中断风险下的产品族配置和供应商选择协同优化问题,但积极主动的风险缓解策略和供应商产能受限的情况并未被充分考虑。

在现代企业的运营实践中,产品族配置与订单分配是两个紧密相连且至关重要的环节。这两个环节通常分别由设计部门和采购部门负责,其各自具有不同的决策目标和责任。设计部门致力于最大化产品变体的客户感知效用,这意味着在设计产品时,不仅要考虑产品的基本功能和性能,更要深入洞察市场需求,以创造出能够满足不同客户需求的多样化产品。采购部门需要根据设计部门的产品配置方案,统筹各产品组件/产品模块的采购量,以针对各产品模块实例的需求分配订单,并将结果反馈给设计部门,以改进产品配置方案。因此,产品族配置和各产品组件/产品模块的订单分配间存在 leader-follower 关系[9]。

与此同时,采购部门肩负着最小化各产品组件/产品模块的采购成本的重任。这意味着采购部门需要具备敏锐的市场洞察力,以便在众多的供应商中选择合适的供应商,从而获得性价比最高的产品组件。此外,采购部门需要根据设计部门的产品配置方案,仔细分析每个产品组件/产品模块的需求量和采购周期,制订出合理的采购订单分配方案,并反馈给设计部门。这一反馈过程有助于双方共同优化产品族配置和供应链设计。例如,如果采购部门发现某个产品组件的采购成本过高,其可以与设计部门沟通,看是否可以寻找替代品或者调整产品配置方案以降低成本。因此,在产品族配置与订单分配的过程中,二者之间存在着一种 leader-follower 关系。具体来说,设计部门首先根据市场需求和企业战略,制订出一系列的产品配置方案。随后,采购部门便根据这些配置方案,开始统筹各产品组件/产品模块的采购量。

综上,为了处理供应商产能受限和供应中断风险下的产品族和供应链集成配置问题,本章主要分析中断风险下产品族配置和订单分配(PCOA)主从关联优化,其中供应商协作策略和供应商保护策略分别被用来协调产能受限的供应商和降低中断风险下的损失。首先,基于 PCOA 问题中存在 leader-follower 关系和双层规划理论,提出了一种新的 PCOA 主从关联优化模型,以同时处理产品族配置、供应商选择和订单分配问题,其中,leader 层负责产品族配置决策,而 follower 层则根据 leader 层的决策结果进行供应商选择和订单分配。其次,针对主从关联优化模型,开发了一种双层优化算法 GA-BAGA。最后,以 AGV 叉车为案例,验证了主从关联优化模型和双层优化算法 GA-BAGA 的可行性。

7.2 产品族配置和订单分配主从关联优化问题描述

在全球经济一体化和技术飞速发展的当下,市场需求的瞬息万变,加之政策调整、环境变迁、技术创新和原材料价格波动等多重因素的影响,使得 OEM 不得不频繁审视和调整其模块化产品族架构和供应链网络。如减少和增加基本产品模块和产品模块实例、重新选择供应商等。面对这一挑战,大多数企业意识到,只有及时捕捉市场信息的动态变化,并迅速调整自身的 PCOA 方案,才能有效降低生产成本和运营风险,实现利润和客户满意度的双重提升。图 7-1 为反映产品族和供应链间 Stackelberg 博弈关系的 PCOA 概念模型,具体可描述如下。

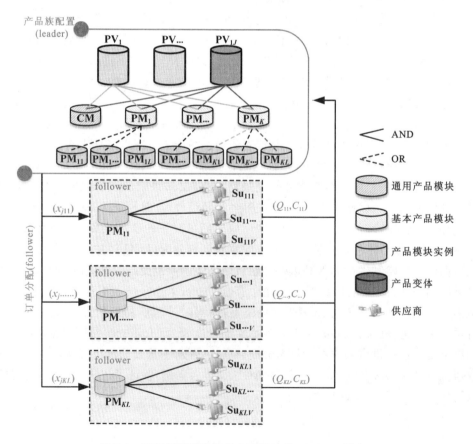

图 7-1 产品族配置和订单分配间的 Stackelberg 博弈

①基于产品族和供应链集成的平台化架构,OEM决定配置多个产品变体以满足不同细分市场的客户需求,其中,从每个基本产品模块中选且仅选一个产品模块实例可以配置不同的产品变体,以满足不同细分市场的需求。

②由于不同的配置方案所需求的各产品模块实例的数量不同(例如:假设OEM决定向市场投放产品变体 PV_1 和 PV_2 的数量分别为100件,如果产品变体 PV_1 和 PV_2 都共享产品模块实例 PM_{11},则 PM_{11} 的采购量为200;如果产品变体 PV_1 和 PV_2 分别包含 PM_{11} 和 PM_{1L},则 PM_{11} 的采购量为100;如果产品变体 PV_1 和 PV_2 都不包含 PM_{11},则 PM_{11} 的采购量为0),采购部门需要根据设计部门的配置方案,合理决定每一个产品模块实例的采购方案。

③通常,设计部门希望选择效用值最高的产品模块实例以配置产品变体,从而激发消费者的购买欲望;而对于每一种产品模块实例的订单,采购部门都希望在不超过采购量的同时,用最小的成本获得最多的产品模块实例。因此,设计部门关注于产品模块实例的效用值,而采购部门更关注于每个产品模块实例的预期采购成本 C_{kl} 和收货量 Q_{kl}。

④此外,设计部门完成产品配置方案后,采购部门才能明确细化各产品模块实例的采购量,并优化各产品模块实例的订单分配方案,最后,综合各产品模块实例的预期采购成本和预期收货量,将产品变体单位成本反馈给设计部门,以修正产品变体配置方案。因此,在PCOA主从关联优化中,产品族配置为leader,订单分配为follower,且PCOA间存在主从博弈关系。

在深入探讨产品族配置和订单分配集成设计的过程中,为了更加精准地反映现实世界的复杂性和提高模型的实用性,本章在构建理论框架时,基于一系列合理假设,对模型进行了适当的简化。以下是对这些假设的详细解释和拓展:

假设1:在同一产品模块中,由不同供应商生产的产品模块实例是完全可替换的,并且这些实例具有相同的性能。这一假设在实际操作中有着广泛的应用背景。在许多制造领域,特别是在模块化设计高度发达的行业,如汽车制造、电子产品等,同一模块内的不同供应商产品往往能够达到相同的性能标准,从而保证了产品的多样性和供应链的灵活性。

假设2:部分候选供应商的产能受限,即这些供应商的产能不能在一个生产周期和交货期内完全满足制造商的订购需求。这一假设反映了现实世界中供应商产能的多样性和动态性。在供应链管理中,产能受限是一种常见的现象,特别是在市场需求波动较大或供应商自身运营出现瓶颈时。因此,制造商需要在多个供应商之间进行合理分配和调度,以确保供应链的稳定性和效率。

假设3:从每个基本产品模块中,制造商只需选择且仅选择一个产品模块实例即可实现产品变体的配置。这一假设简化了产品配置过程,在实际操作中,制造商可以根据市场需求和客户需求,灵活选择不同模块的组合方式,以满足客户的个性化需求。

假设4:在采购过程中没有现金或付款折扣,即采购价格是恒定的。这一假设简化了采购成本的计算过程,使得模型更加易于理解和分析。然而,在实际操作中,采购价格往往会受到多种因素的影响,如供应商的价格策略、市场需求、交货期等。因此,在构建更加复杂的模型时,可以考虑引入价格变动因素,以更准确地反映现实世界的复杂性。

假设5:产品模块实例的供应中断是随机和独立的,供应商之间没有业务联系,彼此独立。这一假设在现实中可能并不完全成立,因为供应商之间往往存在业务联系和相互依赖关系。然而,在构建模型时,为了简化问题,通常假设供应商之间的供应中断是独立的。这种假设有助于更清晰地分析供应中断对供应链的影响,并制订相应的应对策略。

7.3 产品族配置和订单分配主从关联优化模型

7.3.1 产品族配置评价模型

根据 Kaul 和 Rao[10] 的研究,产品族配置的目标可以是最大化客户满意度。然而,由于客户满意度不仅关乎产品本身的性能和品质,还与消费者的个人偏好、期望以及购买体验密切相关,企业在进行产品族配置时,准确评估客户满意度成为一项极具挑战性的工作。因此,在实际应用中,为了降低建模复杂度,常用单位成本效用值作为评价客户满意度的指标[3]。基于此,本章将单位成本效用值作为产品族配置评价模型的目标函数,根据单位成本效用值的概念——消费者在购买产品时获得的效用与其支付的成本之间的比值,其可以被表示为

$$F(\hat{x}_{jkl}) = \frac{\sum_{i=1}^{I} \sum_{j=1}^{J} \left(\sum_{k=1}^{K} \sum_{l=1}^{L} w_{jk} u_{ikl} \hat{x}_{jkl} + \pi_{ij} \right)}{\mathrm{TC}} \tag{7-1}$$

式中：w_{jk}——产品模块 PM_k 在产品变体 PV_j 中的权重因子；

u_{ikl}——产品模块实例 PM_{kl} 在细分市场 i 的部分效用值,通常可以通过联合分析法得到；

π_{ij}——产品变体 PV_j 在细分市场 i 中的综合效用值；

$\hat{x}_{jkl}$——二进制决策变量,表示是(1)否(0)选择产品模块实例 PM_{kl} 以配置产品变体 PV_j；

TC——产品族的总成本。

在 Wang 等[3] 的文章中,中断风险和产品模块实例的缺陷没有被考虑,所以,OEM 实际收到的产品模块实例数量与订购的数量是相等的,即最终配置出的产品变体的数量是恒定的。因此,OEM 的履行成本本质上是单位成本的函数。然而,在本书中,由于考虑了供应中断和产品模块缺陷,OEM 实际收到的可用的产品模块实例数量小于订购数量,这导致最终配置出的产品变体的数量是小于预期数量的。因此,式(7-1)中的总成本 TC 应被置换为单位成本 U^c,最终,与式(7-1)所示的单位成本效用值等效的客户满意度 F' 可以被表示为式(7-2)。

$$F'(\hat{x}_{jkl}, U^c) = \frac{\sum_{i=1}^{I} \sum_{j=1}^{J} \left(\sum_{k=1}^{K} \sum_{l=1}^{L} w_{jk} u_{ikl} \hat{x}_{jkl} + \pi_{ij} \right)}{U^c} \tag{7-2}$$

7.3.2 订单分配评价模型

在供应链设计的复杂领域中,供应中断无疑是一个不可忽视的关键因素。为了确保供应链的稳定性和可靠性,设计师必须对供应中断的可能性进行深入分析和预测。特别是在现代供应链中,随着全球化和供应商多样化的趋势加剧,任何一家供应商的中断都可能对整个供应链产生深远的影响。根据假设 5,提供产品模块实例 PM_{kl} 的供应商的交付/中断是独立、随机的,且总是处于"中断"或"交付"状态,因此,产品模块实例 PM_{kl} 的中断场景的总数 $S_{kl} = 2^{V_{kl}}$,其中 V_{kl} 为产品模块实例 PM_{kl} 的供应商数量。进一步,产品模块实例 PM_{kl} 的中断场景 s 发生的概率可以被表示为

$$\hat{\beta}_{skl} = \prod_{v \in V_{kl}} \max\{(1 - \hat{\theta}_{vkl})(1 - \hat{r}_{svkl}), \hat{\theta}_{vkl} \hat{r}_{svkl}\} \tag{7-3}$$

式中:s——中断场景指数,$s \in \{1, \cdots, S_{kl}\}$;

v——供应商指数,$v \in \{1, \cdots, V_{kl}\}$;

$\hat{\theta}_{vkl}$——由供应商 v 提供的产品模块实例 PM_{kl} 的中断概率;

$\hat{r}_{svkl}$——二进制变量,表示场景 s 下由供应商 v 提供的产品模块实例 PM_{kl} 是

(1)否(0)被中断。

此外,为了降低供应中断对 OEM 业务造成的损失,供应商保护策略被引入供应链设计中,根据 Esmaeili-Najafabadi 等[4] 的研究,可以假设,被保护的供应商将不会中断,即中断概率为 0。然而,在现实世界中,OEM 的运营远非如此简单。它们往往需要从多个供应商处采购不同种类的产品组件或模块,以满足复杂多变的市场需求。这些供应商中,有的可能专注于生产特定的产品组件,而有的则可能同时生产多种不同的产品组件。在这些多样化的产品组件中,只有一部分是 OEM 真正需要的,而其他的可能并不在它们的关注范围内。

因此,当我们谈论供应商保护策略时,必须明确一点:这一策略并非是对供应商的全面保护,而是针对特定供应商的特定产品模块实例的保护。换句话说,只有当OEM决定对某一供应商的某一特定产品模块实例进行保护时,这一产品模块实例的供应中断概率才会被视为 0。

为了更好地理解这一点,可以设想一个具体的场景。假设一家汽车制造商(OEM)需要从两家不同的供应商那里采购零部件:一家专门生产汽车发动机,另一家则同时生产发动机和汽车座椅。在这个例子中,汽车制造商只关心发动机的供应情况,因为座椅并不是它们所需的核心产品组件。因此,它们可能会选择对专门生产发动机的供应商实施保护策略,以确保发动机的供应稳定。而对于同时生产发动机和座椅的供应商,它们可能只会关注发动机的供应情况,而不会对整个供应商的运营进行全面保护。这种有针对性的保护策略不仅有助于降低供应中断的风险,还能帮助 OEM 更好地管理其供应链成本。通过仅对关键产品组件的供应商进行保护,OEM 可以更有效地利用有限的资源,确保核心业务的顺畅运行。

综上,在考虑供应商保护策略的情况下,由供应商 v 提供的产品模块实例 PM_{kl} 的中断概率 $\hat{\theta}'_{vkl}$ 可以被表示为

$$\hat{\theta}'_{vkl} = \hat{\theta}_{vkl}(1 - \hat{y}_{vkl}) \tag{7-4}$$

式中:$\hat{y}_{vkl}$ ——二进制决策变量,表示是(1)否(0)保护由供应商 v 提供的产品模块实例 PM_{kl}。

进一步,结合式(7-3),在考虑保护策略的供应链设计中,产品模块实例 PM_{kl} 的中断场景 s 发生的概率可以被表示为

$$\hat{\beta}_{skl} = \prod_{v \in V_{kl}} \max\{[1 - \hat{\theta}_{vkl}(1 - \hat{y}_{vkl})](1 - \hat{r}_{svkl}), \hat{\theta}_{vkl}(1 - \hat{y}_{vkl})\hat{r}_{svkl}\} \tag{7-5}$$

根据假设 3,各产品模块实例的订购量可以被表示为式(7-6),则场景 s 下,OEM 从供应商 v 收到的产品模块实例 PM_{kl} 的数量可以被表示为式(7-7)。

$$D_{kl} = \sum_{i=1}^{I} \sum_{j=1}^{J} D_{ij}\hat{x}_{jkl} \tag{7-6}$$

$$Q_{svkl} = D_{kl}m_{vkl}(1 - \hat{r}_{svkl}) \tag{7-7}$$

式中:D_{ij} ——OEM 根据市场分析、调研,决定向细分市场 i 投放的产品变体 PV_j 的数量;

m_{vkl} ——决策变量,表示产品模块实例 PM_{kl} 的订单被分配给供应商 v 的比例。

根据上述分析,场景 s 下,OEM 从供应商 v 采购产品模块实例 PM_{kl} 需支付的费用如下所示:

$$C_{svkl} = C_{svkl}^{\mathrm{fix}} + C_{svkl}^{\mathrm{pur}} + C_{svkl}^{\mathrm{hol}} + C_{svkl}^{\mathrm{pro}} + C_{svkl}^{\mathrm{pen}} + C_{svkl}^{\mathrm{sho}} \tag{7-8}$$

其中

$$C_{svkl}^{\text{fix}} = \hat{N} c_{vkl}^{\text{fix}} \left\lceil m_{vkl} \right\rceil \tag{7-9}$$

$$C_{svkl}^{\text{pur}} = Q_{svkl} c_{vkl}^{\text{pur}} \tag{7-10}$$

$$C_{svkl}^{\text{hol}} = \frac{Q_{svkl}}{2\hat{N}} c_{vkl}^{\text{hol}} \tag{7-11}$$

$$C_{svkl}^{\text{pro}} = Q_{svkl} c_{vkl}^{\text{pro}} \hat{y}_{vkl} \tag{7-12}$$

$$C_{svkl}^{\text{pen}} = Q_{svkl} \mu_{vkl} c_{kl}^{\text{pen}} \tag{7-13}$$

$$C_{svkl}^{\text{sho}} = (D_{kl} m_{skl} - Q_{svkl}) c_{kl}^{\text{sho}} \tag{7-14}$$

式中：C_{svkl}^{fix}——场景 s 下，OEM 从供应商 v 采购产品模块实例 PM_{kl} 需支付的固定成本；

$\quad C_{svkl}^{\text{pur}}$——场景 s 下，OEM 从供应商 v 采购产品模块实例 PM_{kl} 需支付的采购成本；

$\quad C_{svkl}^{\text{hol}}$——场景 s 下，OEM 从供应商 v 采购产品模块实例 PM_{kl} 需支付的持有成本；

$\quad C_{svkl}^{\text{pro}}$——场景 s 下，OEM 从供应商 v 采购产品模块实例 PM_{kl} 需支付的保护成本；

$\quad C_{svkl}^{\text{pen}}$——场景 s 下，OEM 从供应商 v 采购产品模块实例 PM_{kl} 需支付的惩罚成本；

$\quad C_{svkl}^{\text{sho}}$——场景 s 下，OEM 从供应商 v 采购产品模块实例 PM_{kl} 需支付的缺货成本；

$\quad c_{vkl}^{\text{fix}}$——从供应商 v 采购产品模块实例 PM_{kl} 所需支付的固定成本；

$\quad c_{vkl}^{\text{pur}}$——从供应商 v 采购产品模块实例 PM_{kl} 所需支付的单位采购成本；

$\quad c_{vkl}^{\text{hol}}$——从供应商 v 采购产品模块实例 PM_{kl} 所需支付的单位持有成本；

$\quad c_{vkl}^{\text{pro}}$——从供应商 v 采购产品模块实例 PM_{kl} 所需支付的单位保护成本；

$\quad c_{kl}^{\text{pen}}$——产品模块实例 PM_{kl} 因中断导致货物短缺的单位惩罚成本；

$\quad c_{kl}^{\text{sho}}$——产品模块实例 PM_{kl} 因中断导致货物短缺的单位缺货成本；

$\quad \hat{N}$——采购批次，即所有产品模块实例分 $\hat{N}$ 次采购。

综上，OEM 为采购产品模块实例 PM_{kl} 需支付的总费用 C_{kl} 如式（7-15）所示。OEM 预期获得的产品模块实例 PM_{kl} 的数量 Q_{kl} 如式（7-16）所示。由于在产品族配置中，交付数量最小的产品模块的数量（即交付瓶颈）决定了最终可配置的产品变体的数量，故所配置的产品变体的单位成本 U^c 被表示为式（7-17）。

$$C_{kl} = \sum_{s=1}^{S_{kl}} \sum_{v=1}^{V_{kl}} \hat{\beta}_{skl} C_{svkl} \tag{7-15}$$

$$Q_{kl} = \sum_{s=1}^{S_{kl}} \sum_{v=1}^{V_{kl}} \hat{\beta}_{skl} Q_{svkl} \tag{7-16}$$

$$U^c = \frac{\sum\limits_{k=1}^{K}\sum\limits_{l=1}^{L_k} C_{kl}}{\min\limits_{k \in \{1,\cdots,K\}}\sum\limits_{l=1}^{L_k} Q_{kl}} \tag{7-17}$$

7.3.3 leader-follower 优化模型

基于上述产品配置模型和订单分配模型,建立的中断风险下的 PCOA 主从关联优化模型如式(7-18)~式(7-29)所示,其中式(7-18)~式(7-21)为上层优化模型,式(7-22)~式(7-29)为下层优化模型。具体地:

式(7-18)为上层优化模型的目标函数,其目的是最大化单位成本效用值。这意味着在资源有限的情况下,需要通过精心配置产品,使得每一单位的成本都能带来最大的效益。

式(7-19)~式(7-21)定义了二进制决策变量 $\hat{x}_{jkl}$ 的值,并确保从每个基本产品模块中选且仅选一个产品模块实例以配置产品变体 PV_j,且配置的产品变体彼此不同。这样的设计保证了产品的多样性和独特性,从而满足不同客户的需求。

式(7-22)为下层优化模型的目标函数,其目的是最小化产品变体的单位成本。因为产品模块实例间彼此独立,所以各产品模块实例间的成本函数 C_{kl} 和数量函数 Q_{kl} 也彼此独立。根据分治原则,原始目标函数 $U^c(C_{kl}, Q_{kl})$ 可以分为两个子目标函数,分别是最小化产品模块实例成本[式(7-23)]和最大化产品模块实例数量[式(7-24)]。这样,下层优化问题被分解为两阶段优化问题,以提高求解效率。

式(7-25)和式(7-26)定义了各产品模块的订单被分配给各供应商的比例。为了确保供应链的稳健性和灵活性,设定了以下规则:如果产品模块实例 PM_{kl} 的订单不被分配给供应商 v,则 $m_{vkl}=0$;如果产品模块实例 PM_{kl} 的订单被分配给供应商 v,则订单量不能超过需求量和供应商的产能,同时,也不能低于最低采购量 Q_{min}。

式(7-27)和式(7-28)定义了二进制决策变量 $\hat{y}_{vkl}$ 的值,并确保仅保护被选产品模块实例的被选供应商。

$$\max \quad F'(\hat{x}_{jkl}, U^c) = \frac{\sum\limits_{i=1}^{I}\sum\limits_{j=1}^{J}\left(\sum\limits_{k=1}^{K}\sum\limits_{l=1}^{L} w_{jk} u_{ikl} \hat{x}_{jkl} + \pi_{ij}\right)}{U^c} \tag{7-18}$$

s. t.

$$\hat{x}_{jkl} \in \{0,1\} \tag{7-19}$$

$$\sum\limits_{l=1}^{L_k} \hat{x}_{jkl} = 1 \tag{7-20}$$

$$\sum\limits_{k=1}^{K}\sum\limits_{l=1}^{L_k} |\hat{x}_{jkl} - \hat{x}_{j'kl}| > 0 \tag{7-21}$$

$$\text{min} \qquad U^c(C_{kl}, Q_{kl}) = \frac{\sum_{k=1}^{K} \sum_{l=1}^{L_k} C_{kl}}{\min\limits_{k \in \{1, \cdots, K\}} \sum_{l=1}^{L_k} Q_{kl}} \qquad (7\text{-}22)$$

$$\text{s. t.} \qquad \text{min} \qquad C_{kl}(\hat{x}_{jkl}, \hat{y}_{vkl}, m_{vkl}) \qquad (7\text{-}23)$$

$$\text{max} \qquad Q_{kl}(\hat{x}_{jkl}, \hat{y}_{vkl}, m_{vkl}) \qquad (7\text{-}24)$$

$$\min\left(\frac{Q_{\min}}{D_{kl}}, \frac{\text{Cap}_{vkl}}{D_{kl}}\right) \leqslant m_{vkl} \leqslant \min\left(1, \frac{\text{Cap}_{vkl}}{D_{kl}}\right); \text{or} \quad m_{vkl} = 0 \qquad (7\text{-}25)$$

$$\sum_{v=1}^{V_{kl}} m_{vkl} = 1 \qquad (7\text{-}26)$$

$$\hat{y}_{vkl} \in \{0, 1\} \qquad (7\text{-}27)$$

$$\hat{y}_{vkl} \leqslant \sum_{j=1}^{J} x_{jkl} \qquad (7\text{-}28)$$

$$\text{式}(7\text{-}5) \sim \text{式}(7\text{-}14) \qquad (7\text{-}29)$$

图 7-2 详细展示了上下层交互式求解的过程,这一过程是在产品配置与订单分配(PCOA)协同优化的框架内进行的。首先,让我们深入了解这两个关键向量:产品配置决策向量和订单分配向量。产品配置决策向量,表示为 $\hat{x}_{jkl}$,它代表了不同产品配置的可能选项,每个选项都由一系列的配置参数所组成。订单分配向量,记为 $(\hat{y}_{vkl}, m_{vkl})$,则反映了订单的分配情况,即如何将这些由产品配置结果产生的物料清单转化为实际的订单分配计划。

每一对 $(\hat{x}_{jkl}, U^c)$ 都代表了产品配置的一个可行解,其中 U^c 是下层优化模型根据上层给定的产品配置决策向量 $\hat{x}_{jkl}$ 反馈的单位成本。这一成本是基于产品模块实例的生产成本、物流成本等多个因素综合得出的。同时,每一对 $(\hat{x}_{jkl}, \hat{y}_{vkl}, m_{vkl})$ 则代表了订单分配的一个可行解。

在 PCOA 的协同决策过程中,上层模型扮演着 leader 的角色,其主要目标是优化产品族配置,以最大化单位成本效用值。这涉及对市场需求、产品特性、成本结构等多方面的综合考虑。而上层决策的结果,即产品配置决策向量 $\hat{x}_{jkl}$,将成为下层模型的重要依据。下层模型作为 follower,旨在根据上层决策方案进行订单分配的优化。具体来说,就是通过调整每个产品模块实例的订单分配方案,以最小的成本满足订单需求,同时确保产品模块实例的数量最大化。在这一过程中,下层模型会计算出产品变体的单位成本,并将其反馈给上层,以约束上层的产品族配置决策。通过这种上下层之间的交互,PCOA 协同决策过程能够综合考虑客户效用值和成本,实现整体优化。

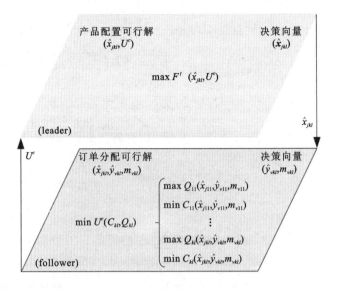

图 7-2　上下层间交互式求解的过程

7.4　双层规划算法设计

如上所述,在双层优化模型中,产品族配置和订单分配分别被视为上层和下层。由于 GA 已被广泛应用于产品族配置优化,并被证明是有效可行的[2,9,11],故在为 PCOA 双层优化模型开发的双层规划算法中,GA 被用于上层以优化产品族配置。

然后,基于供应链设计中被广泛接受的原则——单源采购可以降低成本,且最小化供应商数量便于供应链管理[12-13],本章提出的协作策略的核心思想为:根据供应商优先级,将订单尽可能分给优先级高的供应商,只有当优先级最高的供应商获得的订单量达到其产能上限时,订单才被分配给下一级供应商。这种策略不仅能够确保高优先级供应商的生产需求得到满足,还能有效避免资源浪费和产能不足的情况。

图 7-3 以产品模块实例 PM_{kl} 的订单分配为例,详细说明了协作策略的实施步骤。具体地:

①输入供应商的优先级序列:假设产品模块实例 PM_{kl} 的供应商的优先级序列为 $1 > \cdots > v_{kl} > \cdots > V_{kl}$。

②初始化订单分配方案:假设各供应商获得的产品模块实例 PM_{kl} 的订单量为 0,即对任意 $v \in \{1, \cdots, V_{kl}\}$,$m_{vkl} = 0$。这是为了确保在后续的分配过程中,能够根据供

应商的优先级和产能进行合理调整。

③订单分配:基于约束条件式(7-25),根据供应商优先级序列从高到低(如 $v=v+1$),依次赋予各供应商的订单比例为 $m_{vkl}=\min(1,Cap_{vkl}/D_{kl})$,直至 $\sum_{v=1}^{V_{kl}}m_{vkl}\geqslant 1$。这一过程中,每个供应商的产能情况将被密切关注,一旦某个供应商的订单量达到其产能上限,就立即停止向其分配订单,并将剩余订单转交给下一级供应商。

④修正各供应商订单量:基于式(7-25)和式(7-26),根据供应商优先级序列从低到高(如 $v=v-1$),$m_{vkl}=\max\{\min(Q_{\min}/D_{kl},Cap_{vkl}/D_{kl}),m_{vkl}-(\text{sum}-1)\}$,直到 $\sum_{v=1}^{V_{kl}}m_{vkl}=1$。

⑤输出:如果 $\sum_{v=1}^{V_{kl}}m_{vkl}=1$,则输出产品模块实例 PM_{kl} 的订单分配方案。否则,将重新进入订单分配和修正过程,直至得到满足所有条件的方案为止。

根据上述协作策略可以看出:①根据上述协作策略,可以清晰地看到,给定任一供应商优先序列,都有与之相对应的订单分配方案。这不仅仅是一个简单的映射关系,它还涉及企业资源的优化配置、成本的控制以及风险的管理。②如约束条件式(7-27)所示,供应商保护策略可被表示为二进制决策变量。通常,由于单个产品模块实例的候选供应商已经经过了初步筛选,且供应商数量是有限的,因此,通过遍历所有的供应商优先顺序和保护策略方案,可以得到订单分配方案和供应商保护方案。

在面对复杂问题的海量选项时,基于深度优先搜索的多树回溯算法可以按照树的深度依次遍历树的节点,并倾向于尽可能深入地探索树的各个分支,这确保了算法可以在庞大的数据结构中精准地找到问题的最佳解决方案,并避免了不必要的重复计算,显著提升了搜索效率[14]。因此,本书基于深度优先策略的回溯算法(backtracking algorithms,BA)被用来遍历所有订单分配和供应商保护策略的解空间。然后,基于博弈论,可以从解空间中获得子目标函数 C_{kl} 和 Q_{kl} 的 Pareto 前沿解。最后,GA 被用于求解所有被选产品模块实例的 Pareto 前沿解的组合优化问题,从而获得下层目标函数值 U^c。

综上所述,本书的双层规划算法的下层采用了两阶段法:第一阶段利用基于深度优先策略的回溯算法遍历解空间,第二阶段利用遗传算法求解组合优化问题。这种两阶段法不仅充分利用了回溯算法的全局搜索能力和遗传算法的优化搜索能力,而且通过博弈论的指导,实现了子目标函数的 Pareto 前沿解的获取。为便于描述和记忆,将这一两阶段法命名为 BAGA,并将整个双层优化算法命名为 GA-BAGA。通过这种方法,可以更加高效、准确地解决订单分配方案和供应商保护策略的优化问题,为企业的供应链管理提供有力的支持。

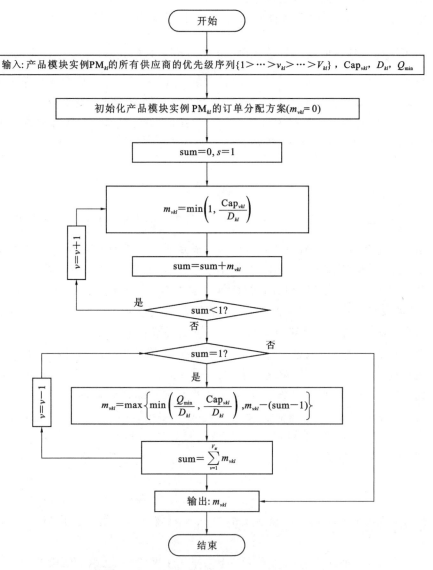

图 7-3 产品模块实例 PM_{kl} 的订单分配示例

7.4.1 编码和进化

通常,染色体编码是遗传算法的重要基础,旨在将一系列问题表达为一系列字符串。根据上下层的关系,上下层染色体结构示例如图 7-4 所示。

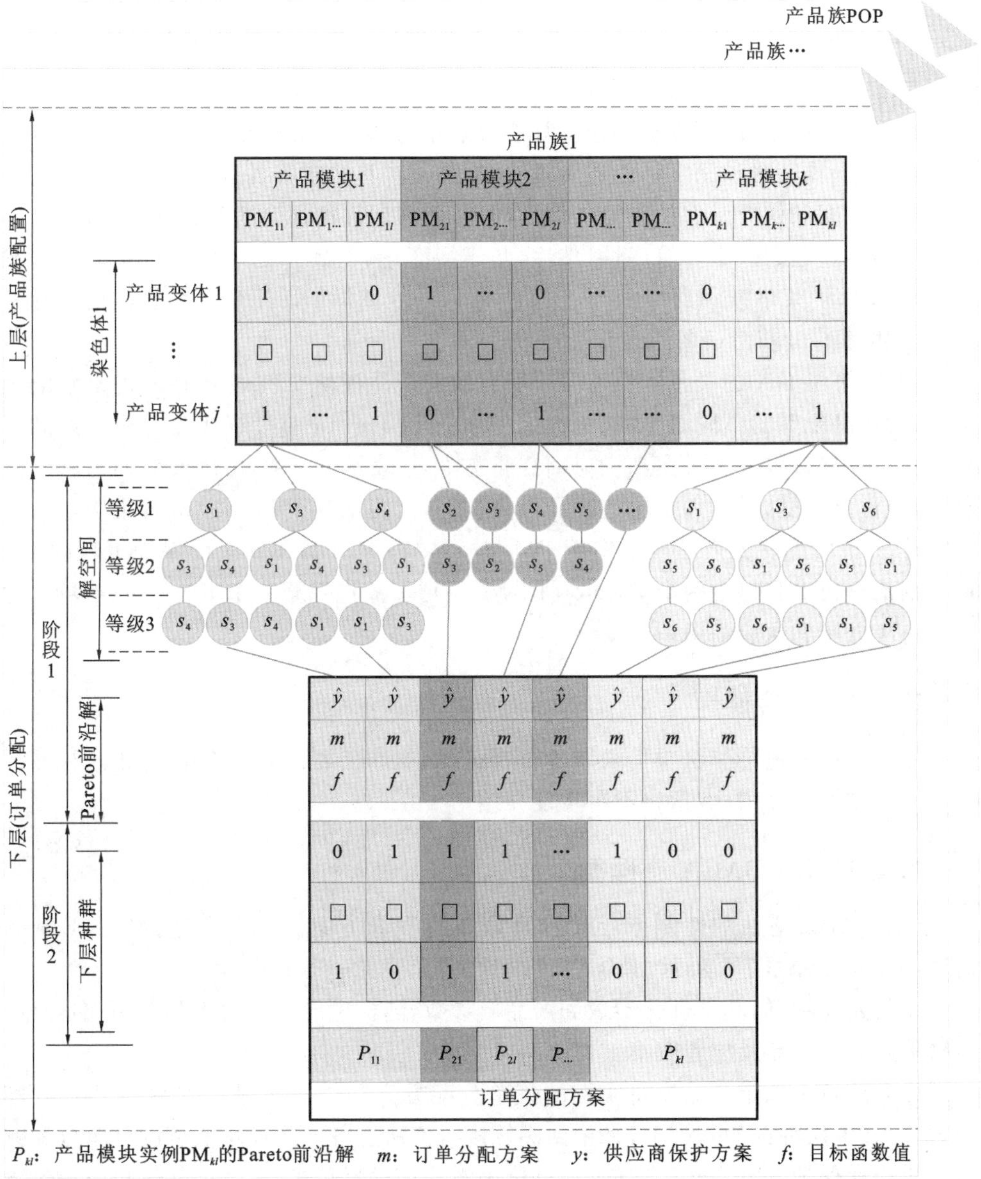

产品族POP
产品族…
产品族1
产品模块1
产品模块2
…
产品模块k
PM11 PM1… PM1l PM21 PM2… PM2l PM… PM… PMk1 PMk… PMkl
产品变体1
产品变体j
染色体1
上层(产品族配置)
下层(订单分配)
等级1
等级2
等级3
解空间
Pareto前沿解
阶段1
阶段2
下层种群
订单分配方案
Pkl: 产品模块实例PMkl的Pareto前沿解 m: 订单分配方案 y: 供应商保护方案 f: 目标函数值

图 7-4 染色体结构示例

在上层模型中,每个染色体都是一个产品族配置方案。每个产品族配置方案包含 j 个产品变体。根据假设 3,每个产品变体由 k 个产品模块组成,每个产品模块有 l_k 个候选产品模块实例。因此,染色体长度是所有变体中模块实例的数量,即 $j \times \sum_{k=1}^{K} l_k$。这样的设计允许在一个染色体中完整地表达一个产品族的所有可能配置,同时保持了足够的灵活性以适应不同客户的需求。

在下层模型中,回溯算法和遗传算法分别作为两阶段法的第一阶段和第二阶段。首先,基于协作策略和深度优先遍历理论,采用回溯算法求解各选定产品模块实例的订单分配方案和供应商保护策略的解空间,从而确保算法不会遗漏任何可能的解,同时保持搜索过程的效率和有序性;然后,基于博弈论,得到并记录包含订单分配方案 m、供应商保护策略 $\hat{y}$ 和目标函数 f 信息的 Pareto 前沿解。下层遗传算法的目标是解决上述 Pareto 前沿解的组合优化问题。

因此,下层 GA 的染色体长度等于所有被选产品模块实例的 Pareto 前沿解的个数,且随产品配置的不同而不同。1 表示选择了该 Pareto 前沿解作为对应的产品模块实例的最优订单分配方案和供应商保护方案,0 表示不选择该 Pareto 前沿解。此外,应该注意的是,对于每个被选产品模块实例,仅能从其 Pareto 前沿解集中选择一个 Pareto 前沿解。如产品模块实例 PM_{11} 的订单分配方案和供应商保护策略的 Pareto 前沿解集中共包含两个 Pareto 前沿解,下层 GA 选择第一个 Pareto 前沿解作为最优订单分配和供应商保护方案。

7.4.2 遗传操作

本章所述的遗传算法中仍采用轮盘赌选择、单点交叉和单点变异,详细过程已经在第 4 章中做了介绍,本章将不再重复介绍。

7.4.3 GA-BAGA 流程图

GA-BAGA 算法的性能依赖于计算密集的嵌套方案。本书所述的 GA-BAGA 算法的流程图如图 7-5 所示,具体步骤如下:

①初始化种群:基于进化参数和产品族参数,随机生成一个大小为 POP 的种群,以获取不同的产品族配置方案。

②获取每个选定产品模块实例的订单分配方案和供应商保护方案的 Pareto 前沿解集:在上层种群的基础上,采用回溯算法得到所选各产品模块实例的订单分配方案和供应商保护方案。然后,基于子目标函数式(7-23)和式(7-24),求解并记录包含订单分配方案和供应商保护方案的 Pareto 前沿解集。

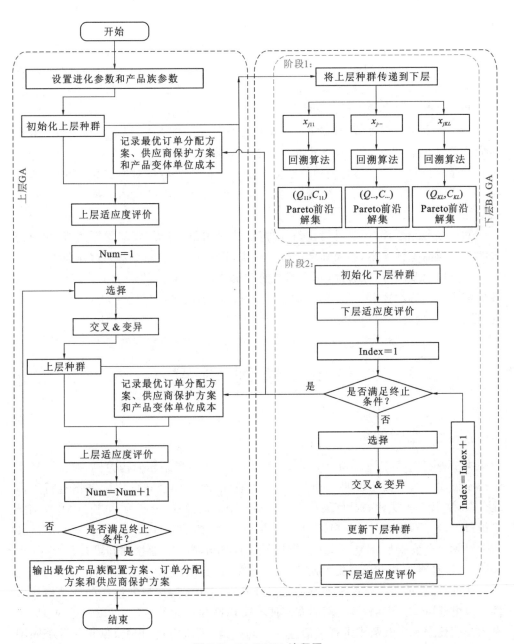

图 7-5 GA-BAGA 流程图

在这个过程中,回溯算法发挥了关键作用。它通过系统地尝试不同的组合和选择,逐步缩小搜索范围,直至找到满足所有约束条件的最优解。这种逐步逼近的方法使得 GA-BAGA 算法能够找到复杂的优化问题的高质量的解。

③获取整个产品族的最优订单分配方案、供应商保护方案和产品变体单位成本:根据上述 Pareto 前沿解集和目标函数式(7-22),生成初始种群和适应值。然后不断更新种群和适应度值,直到满足终止条件。最后,将最优订单分配方案、供应商保护方案和产品变体单位成本传递给上层。

④计算上层适应度值:根据下层反馈的最优订单分配方案、供应商保护方案和产品变体单位成本,由式(7-18)可求得上层适应度值。

⑤循环迭代:首先,通过遗传算子更新上层种群;然后,针对上层的新种群,采用 BAGA 算法求解最优订单分配方案、供应商保护方案和产品变体单位成本,并反馈给上层。

⑥检查终止条件:当满足终止条件时,算法输出最优产品族配置方案、订单分配方案和供应商保护方案,结束程序运行。否则,重复步骤⑤,直到满足终止条件。

通过以上步骤,可以看到,基于遗传算法和 BAGA 算法的双层优化算法能够有效地解决产品族配置和订单分配问题。这种算法不仅具有高度的灵活性和可扩展性,还能够处理复杂的约束条件和不确定性因素。

7.5　案例研究

7.5.1　案例描述

本书内容以 AGV(automatic guided vehicle)叉车产品族架构为例,对优化模型进行了说明。为了便于说明,同时又不失一般性,对合作公司的实际数据进行了简化。AGV 叉车模块化产品族架构主要包括 9 个产品模块,分别为:电池(PM_1)、伺服电机(PM_2)、门架(PM_3)、车架(PM_4)、悬架(PM_5)、制动器(PM_6)、变速器(PM_7)、转向架(PM_8)和液压泵(PM_9)。这些模块的设计充分考虑了通用性和可替换性,使得 AGV 叉车在维护和升级时更加便捷。

此外,上述的每个产品模块都拥有多个具有相同装配接口和性能的产品模块实例。以电池(PM_1)为例,该公司拥有 4 种不同规格和性能的电池,可以根据 AGV 叉车的使用场景和负载需求进行灵活选择。同样地,伺服电机(PM_2)也有 5 种不同型号,以满足不同的动力需求。其他模块如门架(PM_3)、车架(PM_4)、悬架(PM_5)、制动器(PM_6)、变速器(PM_7)、转向架(PM_8)和液压泵(PM_9),包含的模块实例的数量分别为 5 个、2 个、4 个、2 个、5 个、3 个、4 个。这些丰富的模块实例选择为 AGV 叉车的定制化提供了坚实的基础。

根据市场调研和技术分析,确定了两个细分市场,表 7-1 列出了各产品变体的市场需求量和综合效用值。根据专家评价,各产品模块在不同产品变体中的权重因子如表 7-2 所示。根据 Green 和 Srinivasan[15] 的研究,各产品变体的综合效用值和各产品模块实例的部分效用值可以通过联合分析来估计,分别见表 7-1 和表 7-3。这些效用值的计算不仅基于产品的物理特性和技术规格,还考虑了市场需求、消费者偏好以及竞争对手的产品特性。这种全面的分析方法使得企业能够更准确地预测产品的市场表现,并据此做出更明智的产品设计决策。

表 7-1　　　　　　　　**各产品变体的市场需求和综合效用值**

产品变体	市场需求		综合效用值	
	细分市场 1	细分市场 2	细分市场 1	细分市场 2
PV$_1$	15000	10000	16052.18	17627.83
PV$_2$	12000	13000	17817.00	16650.47

表 7-2　　　　　　　**各产品模块在不同产品变体中的权重因子**

产品变体	各产品模块的权重因子								
	PM$_1$	PM$_2$	PM$_3$	PM$_4$	PM$_5$	PM$_6$	PM$_7$	PM$_8$	PM$_9$
PV$_1$	0.35	0.23	0.08	0.08	0.09	0.06	0.12	0.06	0.09
PV$_2$	0.28	0.19	0.06	0.06	0.07	0.05	0.09	0.05	0.07

基于历史数据分析,表 7-3 中给出了因缺陷而产生的单位惩罚成本和因中断而产生的单位缺货成本。这些成本数据为企业提供了重要的参考信息,有助于企业评估产品设计的风险,并据此制订相应的风险管理策略。

更多关于 AGV 叉车的供应链信息请参见 Liu 和 Li[16] 的研究。

表 7-3　　　　各产品模块实例的部分效用值、单位惩罚成本和单位缺货成本

产品模块	产品模块实例	部分效用值		单位惩罚成本/$	单位缺货成本/$
		细分市场 1	细分市场 2		
电池 （PM$_1$）	PM$_{11}$	2191.18	1905.65	1748.67	418.1
	PM$_{12}$	2060.87	1958.92	1979.13	406.8
	PM$_{13}$	2047.44	2169.54	1885.40	401.4
	PM$_{14}$	1865.23	1806.93	1873.46	416.98
伺服电机 （PM$_2$）	PM$_{21}$	1455.91	1212.91	1231.15	89.25
	PM$_{22}$	1386.62	1250.70	1123.17	80.38
	PM$_{23}$	1305.29	1394.73	1023.77	105.39
	PM$_{24}$	1353.97	1419.52	1256.25	128.10
	PM$_{25}$	1320.54	1394.32	1172.68	105.08
门架 （PM$_3$）	PM$_{31}$	427.98	467.35	422.33	30.61
	PM$_{32}$	445.19	477.44	361.07	32.30
	PM$_{33}$	432.95	451.11	308.90	25.14
	PM$_{34}$	439.31	498.19	327.87	25.27
	PM$_{35}$	445.20	439.84	413.00	39.27
车架 （PM$_4$）	PM$_{41}$	463.81	492.11	237.58	34.20
	PM$_{42}$	425.21	439.27	265.32	27.79

续表

产品模块	产品模块实例	部分效用值		单位惩罚成本/$	单位缺货成本/$
		细分市场 1	细分市场 2		
悬架 （PM_5）	PM_51	588.33	524.22	374.51	45.28
	PM_52	593.37	555.07	390.51	27.59
	PM_53	538.90	573.63	282.23	36.35
	PM_54	538.71	489.74	416.28	42.15
制动器 （PM_6）	PM_61	325.33	369.70	290.51	20.38
	PM_62	367.50	358.18	182.07	21.20
变速器 （PM_7）	PM_71	655.39	673.02	460.99	48.44
	PM_72	616.68	665.38	416.65	58.74
	PM_73	717.04	667.02	615.09	55.49
	PM_74	658.46	645.95	509.12	35.61
	PM_75	636.25	676.28	409.19	41.48
转向架 （PM_8）	PM_81	330.29	338.31	289.64	60.91
	PM_82	307.23	361.32	269.95	62.9
	PM_83	309.90	359.61	303.52	66.18
液压泵 （PM_9）	PM_91	593.05	557.32	441.61	97.45
	PM_92	594.74	525.43	457.69	110.89
	PM_93	549.03	577.39	473.04	111.84
	PM_94	487.17	543.94	461.11	107.11

7.5.2　结果和分析

虽然 PCOA 主从关联优化是由设计部门和采购部门协同做出的,具有 leader-follower 关系,但通过巧妙的解耦技术,仍然可以将这一看似复杂的双层优化问题转化为更为直观和易于处理的单层优化问题。为了验证双层规划算法 GA-BAGA 的性能,本书分别采用双层优化算法 GA-BAGA 和 AIO(all-in-one)优化算法 GA 对 PCOA 主从关联优化模型进行求解。这两种算法在 PCOA 主从关联优化模型中的应用,为我们提供了深入理解和分析这两种算法优劣性的机会。

在实验中,为这两种算法选择了相同的运行环境:配备 Intel(R) Core(TM) i7-10510U CPU @ 1.80Hz 处理器、16.0GB RAM 的计算机,以及 Win10 操作系统和 MATLAB 2019 平台。这些条件确保了实验结果的可比性和公正性。

为了更全面地评估算法的性能,精心设计了实验参数,并在表 7-4 中详细列出了相关进化参数。这些参数的选择不仅基于我们对算法特性的深入理解,还参考了过往类似实验的经验和最佳实践。

表 7-4　　　　　　　　　　　　进化参数

类型		参数	参数值
主从关联优化 (GA-BAGA)	上层 GA	种群规模	100
		迭代次数	100
		交叉概率	0.9
		变异概率	0.1
	下层 BAGA	种群规模	500
		迭代次数	500
		交叉概率	0.8
		变异概率	0.2
AIO 优化(GA)	GA	种群规模	3000
		迭代次数	5000
		交叉概率	0.8
		变异概率	0.2

　　表 7-5 和图 7-6 所示分别为采用 GA-BAGA 和 GA 对 PCOA 模型各求解 20 次的统计结果和收敛曲线。可以看出：GA-BAGA 和 GA 都有很好的优化能力和收敛性，可以得到几乎相同的最优解。然而，双层优化 GA-BAGA 在最差值、均值、标准差和平均求解时间上的表现均优于集成优化 GA，这表明双层优化 GA-BAGA 具有更好的鲁棒性和效率。这种优势不仅仅体现在数值上，更体现在其背后的算法设计上。双层优化 GA-BAGA 通过记录和直接调用包含有订单分配方案、供应商保护方案和目标函数值等信息的 Pareto 前沿解，使得其在求解过程中能够充分利用先前的计算结果，避免了不必要的重复求解，从而显著提高了求解效率。

　　此外，双层优化 GA-BAGA 的另一个显著优势在于其能够揭示 PCOA 问题的内在耦合性。在 PCOA 问题中，订单分配、供应商保护以及目标函数优化之间存在着复杂的相互作用关系，这种耦合性使得问题求解变得异常困难。然而，GA-BAGA 通过其独特的双层优化结构，能够同时考虑这些相互作用关系，从而更加准确地把握问题的本质。综上，基于 GA-BAGA 在性能、效率和揭示问题本质方面的显著优势，本书选择采用双层优化 GA-BAGA 对 PCOA 模型进行求解。

表 7-5　　　　　　　　　GA-BAGA 和 GA 运行 20 次的统计结果

类型	均值		最优值		最差值		标准差		平均求解时间/s
	F'	U^c	F'	U^c	F'	U^c	F'	U^c	
GA-BAGA	11.13	6546	11.19	6519	11.08	6570	0.029	15.63	7550
GA	11.10	6572	11.19	6520	11.03	6610	0.041	23.79	17912

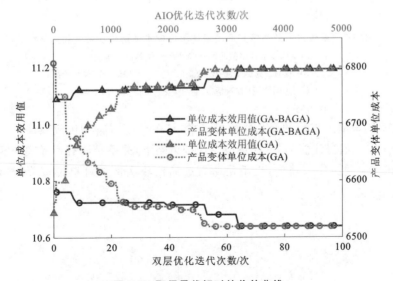

图 7-6　取得最优解时的收敛曲线

不同策略下的单位成本效用值和产品变体单位成本随迭代次数变化的曲线分别如图7-7(a)和图7-7(b)所示。通过对比不同策略下各曲线的变化趋势,可以发现:同时采用供应商保护策略和供应商协作策略时(即曲线[1,1]),单位成本效用值最高,产品变体单位成本最低;既不采用供应商保护策略也不采用供应商协作策略时(即曲线[0,0]),单位成本效用值最小,产品变体单位成本最大;仅采用供应商保护策略或供应商协作策略时(即曲线[1,0]或曲线[0,1]),各项指标均优于既不采用供应商保护策略也不采用供应商协作策略的情况,而劣于同时采用供应商保护策略和供应商协作策略的情况。综上,同时采用供应商保护策略和供应商协作策略可以有效增加单位成本效用值、降低产品变体单位成本。

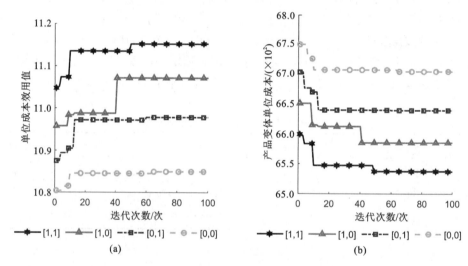

图7-7　单位成本效用值和产品变体单位成本随迭代次数变化的曲线

(a)单位成本效用值曲线;(b)产品变体单位成本曲线

注:[†, ◇]中,†为二进制变量,表示是(1)否(0)采用供应商保护策略;
　　◇为二进制变量,表示是(1)否(0)采用供应商协作策略。

上述不同策略下求得的产品族配置方案、订单分配方案和供应商保护方案被列出在表7-6中。值得注意的是,在供应商保护策略下,并不是所有产品模块实例都受到保护,在供应商协作策略中,也不是所有产品模块实例的订单都被分配给供应商组合。

表7-6 不同策略下的优化结果

产品模块

策略 [1, 1]

项目	PM1		PM2		PM3		PM4	PM5		PM6	PM7	PM8		PM9	
	PM13	PM11	PM21	PM24	PM31	PM34	PM42	PM51	PM54	PM62	PM74	PM81	PM83	PM91	PM92
PV1	1	1	1	0.604	0.348	0.108	0.932	0.088	0.356	0.836	0.472	0.732	1	1	1
PV2				0.396	0.652	0.892	0.068	0.912	0.644	0.164	0.464	0.268			
订单比例											0.064				
(供应商)	(15*)	(1*)	(8*)	(10*) (18)	(5) (10*)	(3*) (13*)	(10*) (19*)	(1*) (20)	(6*) (15*)	(1*) (7)	(3*) (9*) (14)	(4*) (19*)	(19)	(18*)	(14*)

策略 [1, 0]

项目	PM1		PM2		PM3		PM4		PM5		PM6		PM7		PM8		PM9	
	PM13	PM14	PM21	PM22	PM35	PM31	PM41	PM42	PM52	PM51	PM61	PM62	PM73	PM74	PM82	PM83	PM91	PM92
PV1	1	1	1	1	1	1	1	1	1	1	1	1	1	1	1	1	1	1
PV2																		
订单比例 (供应商)	(2*)	(14*)	(15*)	(1*)	(8*)	(19*)	(16)	(8*)	(10*)	(10*)	(9*)	(1*)	(4*)	(1*)	(5*)	(12*)	(16*)	(8*)

续表

项目		产品模块																
		PM₁		PM₂		PM₃		PM₄		PM₅		PM₆		PM₇		PM₈		PM₉	
[0,1]		PM₁₁		PM₂₄	PM₂₅	PM₃₅	PM₃₄	PM₄₂	PM₄₁	PM₅₄	PM₅₃	PM₆₂	PM₆₁	PM₇₃	PM₇₄	PM₈₂	PM₈₃	PM₉₁	PM₉₄
	PV₁ 订单比例（供应商）	0.714 (1)		1 (18)		0.252 (10)	1 (5)	1 (10)	0.592 (10)	0.72 (13)	1 (12)	0.068 (1)	0.888 (2)	1 (15)	0.944 (3)	1 (16)	0.872 (4)	1 (2)	0.516 (2)
	PV₂ 订单比例（供应商）	0.286 (4)			1 (10)	0.748 (20)			0.408 (19)	0.28 (15)		0.932 (11)	0.112 (19)		0.056 (9)		0.128 (6)		0.484 (5)
[0,0]		PM₁₃	PM₁₂	PM₂₁	PM₂₂	PM₃₂	PM₃₄	PM₄₂	PM₄₁	PM₅₃	PM₅₄	PM₆₂	PM₆₂	PM₇₃	PM₇₂	PM₈₃	PM₈₁	PM₉₁	PM₉₂
	PV₁ 订单比例（供应商）	1 (15)		1 (8)		1 (17)		1 (10)		1 (1)		1 (16)		1 (15)		1 (8)		1 (2)	
	PV₂ 订单比例（供应商）		1 (9)		1 (12)		1 (5)		1 (10)		1 (12)		1 (12)		1 (12)		1 (8)		1 (14)

注：[*,◇]中，* 为二进制变量，表示是（1）否（0）采用供应商保护策略；◇ 为二进制变量，表示是（1）否（0）采用供应商协作策略。

* 表示提供该产品模块实例的供应商。

　　图 7-8 所示详尽的数据图直观地揭示了不同策略下 OEM 在获取的合格产品模块数量上的差异。通过对这些数据的深入解读，可以得出一些有趣且重要的结论。

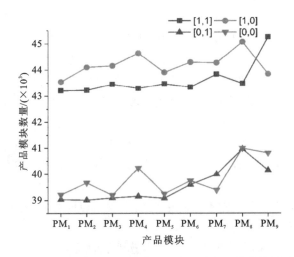

图 7-8　不同策略下 OEM 获得的合格的产品模块的数量

注：[†,◇]中,†为二进制变量,表示是(1)否(0)采用供应商保护策略;
　　◇为二进制变量,表示是(1)否(0)采用供应商协作策略。

　　首先,对比了采用供应商保护策略与不采用该策略时,OEM 获得的产品模块数量。结果显示,采用供应商保护策略的 OEM 获得的产品模块数量显著多于不采用该策略的 OEM。这背后的逻辑是显而易见的:供应商保护策略通过为供应商提供必要的支持和保障,有效降低了供应链中断的风险,从而确保了更高的交付率。这不仅提高了产品的生产效率,还降低了供应不足导致的生产延误风险。

　　其次,观察了采用供应商协作策略与不采用该策略时,产品模块数量的分布情况。可以明显看出,采用供应商协作策略的 OEM 在产品模块数量上呈现出了更为集中的分布态势。这是因为供应商协作策略鼓励 OEM 与多个候选供应商建立紧密的合作关系,从而能够为每个产品模块选择性能相近的优秀供应商组合。这种策略不仅提高了产品模块的质量和一致性,还增强了供应链的灵活性和韧性。

　　最后,对比了同时采用供应商保护策略和供应商协作策略与不采用任一策略时,OEM 获得的产品模块数量。结果令人振奋:同时采用这两种策略的 OEM 在产品模块数量上不仅多于不采用任一策略的 OEM,而且其分布更为集中。这充分证明了供应商保护策略和供应商协作策略之间具有良好的叠加性,二者相辅相成,共同助力OEM 实现更高效、更稳定的供应链管理。

　　在这一过程中,值得一提的是,这两种策略并不是孤立存在的。供应商保护策略通过降低供应链中断风险、提高交付率，为 OEM 提供了一个稳定可靠的供应环境；而供应商协作策略则通过优化供应商组合、提高产品模块质量和一致性，进一步增强了供应链的竞争力。当这两种策略相互融合、相互支持时，它们所发挥的协同效应将使得 OEM 在激烈的市场竞争中脱颖而出。

综上所述，获得的管理启示如下：①由于利润与单位成本成反比，与产品数量成正比，因此，同时采用供应商保护策略和供应商协作策略，既能降低产品变体单位成本和中断风险，又能提高利润和单位成本效用值。②由于产品变体的数量是由数量最少的产品模块决定的，盈余的产品模块一般是闲置的，短期无法产生利润，所以合格的产品模块的数量分布越集中，产品变体单位成本越低。③供应商保护策略通过降低中断风险和增加产品变体数量来提高利润和单位成本效用值；而供应商协作策略通过改善产品模块数量分布的均匀性和减少产品模块数量的盈余来提高利润和单位成本效用。

为了进一步探究部分关键参数对单位成本效用值的影响，进行了一项详尽的敏感性分析。通过给单位采购成本、缺陷率和中断概率这 3 个核心因素分别赋予不同的系数，期望能够全面揭示它们对单位成本效用值的具体影响。结果如图 7-9 所示。

首先，通过比较图 7-9(a)、图 7-9(b) 和图 7-9(c) 中的单位成本效用值的变化趋势观察到，不论采用何种策略，单位成本效用值都呈现出一个共同的趋势：随着单位采购成本、缺陷率和中断概率的增加，不同策略下的单位成本效用值均呈现出下降的趋势。这表明，这 3 个因素在成本控制和效率优化中都扮演着至关重要的角色。进一步分析发现，单位采购成本对单位成本效用值的影响最为显著，其次是缺陷率，最后是中断概率。这一发现指明了在成本控制和效率优化中应优先关注的因素。

其次，在图 7-9(a) 和图 7-9(b) 中，对比了不同策略下单位成本效用值随单位采购成本和缺陷率变化的曲线。令人惊讶的是，这两条曲线几乎呈现出完全相同的趋势。这意味着，无论是供应商协作策略还是供应商保护策略，都无法显著改变单位采购成本和缺陷率对单位成本效用值的影响。这一发现提醒我们，在制订成本控制和效率优化策略时，需要更加关注这两个核心因素本身，而非简单地依赖外部策略。

最后，在图 7-9(c) 中，发现了不同的现象。当关注中断概率对单位成本效用值的影响时，不同策略下的曲线呈现出了显著的差异。具体来说，采取供应商保护策略和不采取供应商保护策略的单位成本效用值曲线在起点处几乎重合，但随着中断概率的增加，两者的走势却大相径庭。采取供应商保护策略的单位成本效用值曲线变化幅度很小，显示出强大的稳定性；而没有采取供应商保护策略的单位成本效用值曲线则迅速下降，反映出其对中断风险的脆弱性。

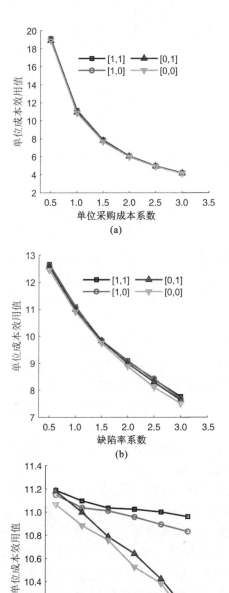

图 7-9　敏感性分析

(a)对单位采购成本的敏感性分析;(b)对缺陷率的敏感性分析;(c)对中断概率的敏感性分析

注:[†,◇]中,†为二进制变量,表示是(1)否(0)采用供应商保护策略;

◇为二进制变量,表示是(1)否(0)采用供应商协作策略。

综上,可以获得如下管理启示:①供应商协作策略不改变PCOA模型对关键参数的敏感性,而供应商保护策略可以改变PCOA模型对中断概率的敏感性。②当中断概率足够小时,不管是否采取供应商保护策略,预期单位成本效用值都几乎相同。③当采取供应商保护策略时,中断概率对单位成本效用值的影响几乎可以忽略,而不采取供应商保护策略时,中断概率对单位成本效用值的影响更为明显,且中断概率越大,单位成本效用值越小。④由于单位成本效用值对单位采购成本非常敏感,因此,单位采购成本应作为供应商选择和订单分配的重要指标。

7.6 本章小结

随着全球化和市场竞争的加剧,企业越来越依赖于外部供应商来提供关键的产品模块和组件。然而,供应商的能力和资源往往受到各种因素的限制,如产能不足、技术瓶颈等。为了克服这些限制,本章提出了一种创新的供应商协作策略,旨在通过扩大OEM选择供应商的范围,来提高供应链的整体性能。

首先,将产能受限的供应商纳入候选供应商的范围,这不仅扩大了OEM的选择空间,也促进了供应链中的竞争与合作。通过引入这些供应商,OEM可以根据自身需求和供应商的能力,灵活调整订单分配,确保供应链的灵活性和响应速度。这种策略的实施,使得OEM能够更有效地管理供应链风险,提高供应链的可靠性和稳定性。

其次,为了进一步保证供应链的稳定性,还采用了供应商保护策略。这一策略旨在保护特定供应商的特定产品模块实例免受中断影响。在供应链中,某些关键的产品模块可能由少数几家供应商提供,如果这些供应商出现中断,将对整个供应链造成严重影响。为了应对这种情况,采取了一系列措施,如与供应商建立长期合作关系、签订备份协议、实施多元化采购策略等,以确保供应链的连续性和稳定性。

再次,基于上述供应商协作策略和供应商保护策略,建立了一个中断风险下PCOA主从关联优化模型。该模型以最小化产品变体单位成本、最大化单位成本效用值为目标,通过优化产品族配置和订单分配,实现了供应链性能的提升。在这个模型中,充分考虑了供应商的能力、成本、交货期等因素,以及市场需求和竞争态势的变化,确保了供应链的效率和灵活性。

为了求解这一复杂的优化问题,提出了一种创新的双层优化算法——GA-BA-GA。其中,遗传算法作为上层算法,负责全局搜索和选择最优解;而集成了回溯算法和遗传算法的两阶段法则作为下层算法,负责对上层算法选出的解进行局部优化和精细调整。通过上下两层算法的协同工作,可以快速、准确地找到问题的最优解。

最后,为了验证所提出模型和算法的有效性,以 AGV 叉车为例,对 PCOA 主从关联优化模型和 GA-BAGA 双层规划算法进行了验证和说明。结果表明,PCOA 主从关联优化模型和 GA-BAGA 双层规划算法是可行和有效的。此外,通过对不同策略下单位成本效用值曲线的变化对比和部分关键参数的敏感性分析,总结出几个重要的管理见解。如:①供应商保护策略通过降低中断风险和增加产品变体数量来提高利润和单位成本效用值;而供应商协作策略通过改善产品模块数量分布的均匀性和减少产品模块数量的盈余来提高利润和单位成本效用。②当采取供应商保护策略时,中断概率对单位成本效用值的影响较小,而不采取供应商保护策略时,中断概率对单位成本效用值的影响更为明显,且中断概率越大,单位成本效用值越小。③由于单位成本效用值对单位采购成本非常敏感,因此,单位采购成本应作为供应商选择和订单分配的重要指标。

参 考 文 献

[1] AMIN S H,RAZMI J,ZHANG G Q. Supplier selection and order allocation based on fuzzy SWOT analysis and fuzzy linear programming [J]. Expert systems with applications,2011,38(1):334-342.

[2] LIU X,DU G,JIAO R J,et al. Co-evolution of product family configuration and supplier selection:a game-theoretic bilevel optimisation approach [J]. Journal of engineering design,2018,29(4-5):201-234.

[3] WANG D,DU G,JIAO R J,et al. A stackelberg game theoretic model for optimizing product family architecting with supply chain consideration [J]. International journal of production economics,2016,172:1-18.

[4] ESMAEILI-NAJAFABADI E,NEZHAD M S F,POURMOHAMMADI H,et al. A joint supplier selection and order allocation model with disruption risks in centralized supply chain [J]. Computers & industrial engineering,2019,127:734-748.

[5] BABBAR C,AMIN S H. A multi-objective mathematical model integrating environmental concerns for supplier selection and order allocation based on fuzzy QFD in beverages industry [J]. Expert systems with applications,2018,92:27-38.

[6] KIM J S,JEON E,NOH J,et al. A model and an algorithm for a large-scale sustainable supplier selection and order allocation problem [J].

Mathematics,2018,6(12): 325-343.

[7] MOHEB-ALIZADEH H,HANDFIELD R. Sustainable supplier selection and order allocation: a novel multi-objective programming model with a hybrid solution approach [J]. Computers & industrial engineering,2019, 129: 192-209.

[8] LUO X G,LI W,KWONG C K,et al. Optimisation of product family design with consideration of supply risk and discount [J]. Research in engineering design,2016,27(1): 37-54.

[9] YANG D,JIAO J X,JI Y L,et al. Joint optimization for coordinated configuration of product families and supply chains by a leader-follower Stackelberg game [J]. European journal of operational research,2015, 246(1): 263-280.

[10] KAUL A,RAO V R. Research for product positioning and design decisions: an integrative review [J]. International journal of research in marketing,1995,12(4): 293-320.

[11] WANG Q,TANG D B,YIN L L,et al. An optimization method for coordinating supplier selection and low-carbon design of product family [J]. International journal of precision engineering and manufacturing, 2018,19(11): 1715-1726.

[12] SAWIK T. Selection of resilient supply portfolio under disruption risks [J]. Omega,2013,41(2): 259-269.

[13] TENNETI B,ALLADA V. Robust supplier set selection for changing product architectures[J]. International journal of computer applications in technology,2008,31(3/4): 197-214.

[14] VAN BEEK P. Backtracking search algorithms. [J]. Foundations of artificial intelligence,2006,2: 85-134.

[15] GREEN P E,SRINIVASAN V. Conjoint analysis in marketing: new developments with implications for research and practice [J]. Journal of marketing,1990,54(4): 3-19.

[16] LIU D Z,LI Z K. Joint decision-making of product family configuration and order allocation by coordinating suppliers under disruption risks [J]. Journal of engineering design,2021,32(5): 213-246.

8 产品族和供应链集成设计原型系统开发

8.1 产品族和供应链集成设计原型系统概述

在深入探索了模块化策略、平台化策略、产品族设计理论以及中断风险下供应链设计理论之后,前面的章节详细阐述了集成 DSM 和 MFD 的复杂产品模块化设计理论和方法、基于混合集成-层次分析法的弹性供应商选择、MD-PSC、PAD-PFSC、PC-SS 的风险规避型协同决策以及中断风险下 PCOA 主从关联优化等。这些分析不仅提供了丰富的理论基础,也为开发一个高效的计算机辅助工具提供了明确的方向。本章将基于这些理论,初步开发一个支持中断风险下产品族和供应链(product family and supply chain,PFSC)集成设计的原型系统,以期为设计者提供一个满足 PFSC 集成设计的方便、高效的计算机辅助工具。

为了确保 PFSC 集成设计原型系统的顺利开发与实现,首先,深入分析了 PFSC 集成设计原型系统应当实现的主要功能。这些功能包括但不限于用户友好的界面设计、高效的数据处理能力以及灵活的功能扩展性。特别地,着重考虑了系统的可维护性和可扩展性,以确保在未来能够轻松应对业务需求的变化。

在明确了待实现功能后,本章基于这些功能需求,精心设计了原型系统的总体架构。这一架构不仅考虑了系统的稳定性与安全性,还充分考虑了系统的性能优化。本章采用了模块化的设计思想,将系统划分为多个独立的模块,每个模块负责实现特定的功能,并通过标准化的接口进行通信。这种设计方式不仅提高了系统的可维护性,还使得系统的功能扩展变得更为便捷。

接下来,本章简要介绍了 PFSC 集成设计原型系统所采用的开发平台以及相关的数据库技术。本章选择了业界领先的开发平台——Microsoft Visual Studio,该平台提供了丰富的开发工具和强大的性能支持,能够确保系统的稳定运行。同时,采用了先进的数据库技术,以支持系统对大量数据的快速存储、查询和处理。这些技术的选择,不仅提高了系统的开发效率,还确保了系统的数据安全性。

在完成了系统架构的设计和开发平台的选定后,本章进行了 PFSC 集成设计原型系统主要功能的开发工作。严格按照需求分析的结果,对每个功能进行了详细的设计和编码。同时,还对系统的性能进行了全面的测试和优化,以确保系统在实际使用中能够达到预期的效果。

为了验证所开发的原型系统的有效性和实用性,本章结合具体的业务场景进行了实例验证。通过模拟实际业务操作,验证了系统的主要功能是否能够满足业务需求,以及系统的性能是否稳定可靠。验证结果表明,本章开发的 PFSC 集成设计原型系统具有良好的实用性和稳定性,能够满足业务需求并为用户带来便利。

8.2 原型系统主要功能

PFSC 集成设计原型系统主要用于辅助产品(族)和供应链集成的架构设计、产品族和供应链集成的配置优化等,系统需要实现的主要功能涉及以下两个方面:

一方面,支持中断风险下 PFSC 集成的架构设计。具体实现功能为:①实现单一产品变体的模块化设计,并为其匹配具有多个相互独立的供应模块的模块化供应链架构,确保产品模块性和供应链性能的平衡。②实现产品族架构的平台化设计,并为其匹配具有多个相互独立的供应模块的平台化供应链架构,确保产品族性能和供应链性能间的平衡、产品族架构的模块性和通用性间的平衡、供应链架构的通用性和模块性间的平衡。

另一方面,支持中断风险下 PFSC 集成配置优化。具体而言,系统能够根据决策者的风险偏好,提供不同中断概率和置信水平下的集成配置方案:①对于风险中性型决策者,系统可以提供不同中断概率下的 PCSS 或 PCOA 集成配置方案。这些方案不仅能够帮助决策者合理评估不同风险缓解策略下所配置产品的预期利润、预期碳排放量和客户对所配置产品的满意度,还能确保企业在实现经济效益的同时,兼顾环境保护和社会责任。②对于风险规避型决策者,系统则能够提供不同置信水平下的 PCSS 或 PCOA 集成配置方案。这些方案能够帮助设计者合理评估不同中断概率、不同置信水平下的潜在最坏情况利润、潜在最坏情况碳排放量以及客户对配置产品的满意度,从而确保企业在面对不确定性时能够做出更为稳健的决策。

8.3 系统总体结构与开发平台

8.3.1 系统总体架构

根据系统主要实现功能,中断风险下 PFSC 集成设计原型系统的总体架构如图 8-1 所示。可以看出,PFSC 集成设计原型系统的总体架构主要包括 4 个核心模块:PFSC 集成的架构设计模块、PFSC 集成的配置优化模块、数据库管理模块以及用户界面管理模块。其中,PFSC 集成的架构设计模块和 PFSC 集成的配置优化模块作为系统的核心功能模块,承载着系统的主要功能和任务。

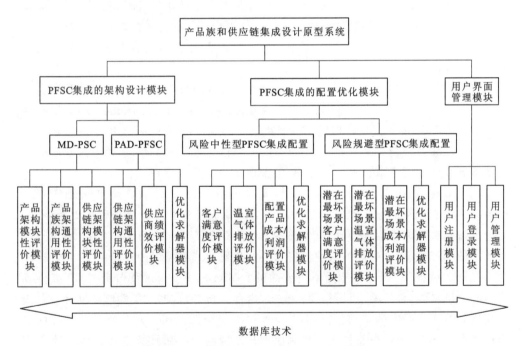

图 8-1 中断风险下产品族和供应链集成设计的原型系统总体结构

数据库管理模块扮演着系统信息和数据管理的核心角色。该模块不仅负责系统涉及的所有信息和数据的存储、查询和更新等操作,还存放着指导或辅助 PFSC 集成设计的知识信息。例如,它储存了各类碳排放因子等关键数据,为用户提供了丰富的参考依据。此外,该模块还具备强大的数据分析和挖掘能力,能够通过对数据的深入挖掘和分析,为用户提供更加精准、有效的决策支持。

用户界面管理模块则是系统与用户交互的桥梁。它通过设置访问权限、登录验证等安全措施,确保用户可以根据登录凭证获取访问权限,实现对系统的访问和操作。同时,该模块还提供了直观、易用的用户界面和丰富的交互功能,使用户能够轻松上手、快速掌握系统的使用方法。此外,该模块还具备强大的自定义和扩展能力,用户可以根据实际需求进行个性化定制和扩展。

8.3.2 系统开发平台与工具

(1)开发平台

本章基于 Microsoft Visual Studio 2019 软件平台,开发支持中断风险下产品族和供应链集成设计的原型系统。Microsoft Visual Studio 2019 作为微软公司在 2018 年 6 月隆重推出的一款编程开发软件平台,凭借其卓越的集成. NET 技术,一经问世便受到了广大编程人员的热烈追捧。这款软件平台不仅保持了微软公司产品一贯的优质品质,更在功能和性能上进行了全面的升级和优化,为开发者带来了前所未有的便捷和高效。

. NET 框架(. NET framework)作为. NET 技术的核心基石,包含了公共语言运行库(common language routing,CLR)和框架库类(class library framework,CLF)两大核心内容。CLR 为开发者提供了一个跨语言的统一编程环境,使得不同编程语言之间的交互变得轻而易举。而 CLF 则提供了一整套丰富的类库,涵盖了从基础的数据结构到复杂的网络编程等各个方面,极大地简化了开发过程。

Microsoft Visual Studio 2019 平台集成了 C＋＋、Java、C♯、Visual Basic、Jscript、J♯等众多主流编程语言,这种跨语言的集成性为开发者带来了极大的便利。无论是擅长哪种编程语言的开发者,都能在 Microsoft Visual Studio 2019 中找到自己熟悉的编程环境,并且能够快速地将自己的代码集成到项目中。

在开发过程中,调试功能是不可或缺的。Microsoft Visual Studio 2019 提供了丰富的调试功能,包括断点设置、变量监视、内存分析等,这些功能能够帮助开发者快速找出和改正代码中的错误。同时,Microsoft Visual Studio 2019 还具有良好的安全性和可操作性,通过严格的安全机制保护开发者的代码和数据安全,同时提供直观易用的操作界面,让开发者能够轻松上手。

统计数据显示,自 Microsoft Visual Studio 2019 推出以来,其在全球范围内的用户数量迅速增长。越来越多的企业和个人开发者选择使用 Microsoft Visual Studio 2019 来开发自己的应用程序。这不仅是因为 Microsoft Visual Studio 2019 具有强大的功能和优秀的性能,更是因为它能够为开发者提供一个高效、便捷、安全的开发环境。

总的来说，Microsoft Visual Studio 2019 是一款功能强大、性能卓越、操作便捷的编程开发软件平台。它集成了.NET 框架的先进技术，支持多种主流编程语言，并且具有丰富的调试功能和良好的安全性。对于广大开发者来说，Microsoft Visual Studio 2019 无疑是一款值得信赖的开发工具。

（2）开发语言

在本次系统程序的开发过程中，我们坚定地选择了 Visual Basis(VB)作为主要的编程语言。VB 是由微软公司精心打造的一款功能强大的可视化程序设计语言。它以结构化的设计、模块化的构建、面向对象的编程风格和事件驱动的开发机制，为开发者提供了一个高效、便捷的编程环境。

VB 源于久负盛名的 BASIC 编程语言，但其在功能和易用性上有了显著的提升。它继承了 BASIC 的简单易学特性，同时融入了现代编程语言的多种先进特性，如图形用户界面(graphical user interface,GUI)和快速应用开发(rational application development,RAD)系统。这使得程序员可以更加直观地构建用户界面，并通过拖放式的设计快速完成界面的布局和元素的添加。

VB 的图形用户界面设计功能强大且灵活。它支持各种控件的自定义，包括按钮、文本框、列表框等，使得开发者能够根据自己的需求创建出具有独特风格的界面。同时，VB 还提供了丰富的界面布局和样式选项，让界面设计更加灵活多变。

在数据库连接方面，VB 具有出色的表现。它支持多种数据库连接方式，包括 DAO、RDD、ADO 等，可以轻松实现与各种数据库的连接和数据交换。这使得开发者能够方便地访问和处理数据库中的数据，实现数据的增删改查等功能。

此外，VB 还具备强大的 ActiveX 控件创建能力。ActiveX 控件是一种可以嵌入应用程序的可重用组件，它可以提供特定的功能或界面元素。通过 VB，开发者可以轻松地创建自定义的 ActiveX 控件，并将其嵌入应用程序，以扩展应用程序的功能和界面。

在快速应用程序开发方面，VB 同样表现出色。它提供了丰富的开发工具和资源，如调试器、性能分析工具等，帮助开发者快速找出和解决问题。同时，VB 还支持代码重用和组件化开发，使得开发者可以更加高效地构建和维护大型应用程序。

综上所述，VB 凭借强大的功能、灵活的界面设计、出色的数据库连接能力和高效的开发效率，成为本次系统程序开发的理想选择。使用 VB 进行编程，不仅能够快速构建出功能完善、界面美观的应用程序，还能够提高开发效率和质量，为项目的成功实施提供有力的保障。

（3）数据库管理系统

在复杂而精细的软件设计旅程中，数据处理无疑是一座坚固的桥梁，连接着产品设计的各个关键环节。它不仅涵盖了产品的基础信息、每一个零部件的详尽规格参数,更囊括了与供应链息息相关的供应商资料,以及与物流运输紧密相连的实时数据。这些数据构成了企业运营的基石,其准确性和处理效率直接关系企业的运营效率和市场竞争能力。

随着企业对于数据质量的要求日益提高,如何确保这些数据的准确录入、安全存储以及高效输出,已成为软件设计师需要深入思考和解决的核心问题。在这个过程中,数据库系统的选择显得尤为重要。而在众多数据库管理系统中,MySQL 凭借其卓越的性能、稳定的运行表现以及广泛的社区支持,成为许多企业和开发者的首选。MySQL 作为一个开源的关系型数据库管理系统,不仅提供了从简单的数据查询到复杂的数据分析等一系列完善的数据管理功能,还以其高度灵活性和可扩展性,满足了不同规模和需求的企业的数据处理需求。具体地,相比于其他数据库管理系统,MySQL 的优势如下所示:

首先,MySQL 拥有出色的性能表现。通过精心设计的查询优化算法和高效的索引机制,MySQL 能够在处理海量数据时依然保持较快的响应速度。例如,通过合理设计数据库结构、使用合适的索引以及优化查询语句,MySQL 能够轻松应对亿级数据的查询需求,确保数据查询和分析的实时性,为企业决策提供了有力的数据支持。

其次,MySQL 的稳定性也是其备受赞誉的一大特点。在复杂多变的应用环境中,数据的完整性和安全性至关重要。MySQL 采用了先进的容错和恢复机制,能够在系统出现故障时迅速恢复数据,保障业务的连续性。此外,MySQL 还提供了丰富的数据备份和恢复工具,如物理备份、逻辑备份、增量备份等,帮助用户轻松应对各种数据风险,确保数据的安全无忧。

除了性能和稳定性,MySQL 的易用性也是其广受欢迎的原因之一。作为一个开源项目,MySQL 拥有广泛的社区支持。MySQL 社区由全球开发者组成,不仅提供了大量的技术文档和教程,帮助用户快速上手 MySQL 的使用和管理,还为用户提供了实时的技术支持和解决方案。无论是初学者还是资深开发者,都能在这个社区中找到所需的帮助和资源,使得 MySQL 的学习和使用变得更加便捷和高效。

最后,MySQL 的灵活性和可扩展性也为其赢得了广泛的赞誉。无论是小到个人项目,还是大到企业级应用,MySQL 都能提供满足需求的数据存储和管理方案。通过分布式架构、读写分离、分库分表等技术手段,MySQL 能够轻松应对高并发、大数据量等挑战,确保系统的稳定运行和数据的高效处理。

综上所述,MySQL 作为主流的数据库管理系统之一,以其卓越的性能、稳定的运行表现、丰富的数据管理功能以及广泛的社区支持,为用户提供了一个高效、稳定的数据管理平台。在这个平台上,用户可以轻松实现数据的输入、存储、查询和分析等操作,为企业的发展提供有力的数据支撑。因此,在构建本书所述的原型系统时,选择了基于 MySQL 关系数据库进行数据库的开发。这不仅有助于提升系统的数据处理能力,还能够确保数据的安全性和准确性,为企业的长远发展奠定坚实的基础。

8.4 原型系统主要功能实现及应用

8.4.1 原型系统登录界面与主界面

任何用户在使用原型系统之前都必须获得访问权限,只有被授予访问权限的用户才可以登录系统,并对系统进行访问和操作。

在数字化时代的浪潮中,原型系统的安全性与访问控制显得尤为关键。任何用户在接触和操作原型系统之前,都必须经过严格的身份验证和授权流程,以确保系统数据的完整性和机密性。这一流程的核心在于访问权限的授予,它不仅是系统安全的第一道防线,更是保障用户与系统间互信互认的基石。

图 8-2 所示的原型系统的登录界面是用户与系统交互的起点。这个界面简洁明了,却承担着重要的安全责任。用户需要在此处输入自己的账户和密码,这是用户身份的唯一标识。系统会对这些信息进行严格的校验,确保用户身份的真实性和合法性。只有当用户输入的信息与系统中存储的数据完全匹配时,用户才能获得访问权限,进而进入系统的主界面。

访问权限的授予过程并非一蹴而就,它背后涉及复杂的认证和授权机制。首先,系统会对用户进行身份验证,验证方式可能包括密码验证、指纹识别、面部识别等多种手段,以确保用户身份的真实可靠。其次,系统会根据用户的角色和权限,授予其不同的操作权限。这些权限可能包括数据的查看、修改、删除等,以确保用户只能在其权限范围内进行操作,避免数据泄露和误操作的风险。

除了严格的身份验证和授权机制外,原型系统还采取了多种安全措施来保障用户数据的安全。例如,系统会对用户数据进行加密存储和传输,以防止数据在传输过程中被窃取或篡改。同时,系统还会记录用户的操作日志,以便在发生安全事件时进行追溯和调查。

用户成功登录系统后,系统会立即呈现出一个精致而功能齐全的主界面,如图 8-3 所示。这个界面设计得既直观又易于操作,为用户提供了极大的便利。首先,用户的目光会被左上角的"文件"按钮吸引。点击这个按钮,用户将能轻松实现一系列与文件相关的操作,如新建文件、打开已有文件、保存当前编辑的文件,甚至退出系统。这些功能在日常工作中都扮演着举足轻重的角色,确保了用户能够在系统中流畅地进行文件的创建、编辑和管理。

图 8-2　原型系统登录界面

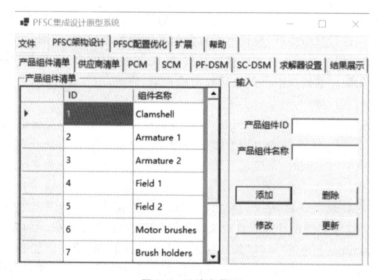

图 8-3　系统主界面

在"文件"按钮右侧有一个醒目的"PFSC 架构设计"按钮。这个按钮是系统的一大亮点,为用户提供了进入 PFSC 架构设计的入口。当用户点击这个按钮时,系统会迅速切换到 PFSC 架构设计功能模块,用户可以在这里进行 PFSC 架构设计。

此外,在主界面还有一个"PFSC 配置优化"按钮。这个按钮为用户提供了对 PFSC 配置进行优化的途径。随着技术的发展和需求的不断变化,PFSC 配置也需要不断地进行调整和优化。点击这个按钮后,系统会引导用户进入 PFSC 配置优化功能模块,用户可以在这里对各项配置参数进行详细的设置和调整。

8.4.2　PFSC 架构设计模块的实现及应用

由于 MD-PSC 和 PAD-PFSC 的主要区别在于处理的产品变体的数量和优化目标的设置上,这些区别在原型系统里主要表现为不同的 PCM 维度(列数)及不同的优化目标,因此,MD-PSC 和 PAD-PFSC 都可以在"PFSC 架构设计"功能模块中完成。利用 PFSC 架构设计模块进行设计的流程如图 8-4 所示,下面将详细探讨如何利用 PFSC 架构设计模块进行设计,以及这一过程中涉及的各个环节。

①在流程的起点,用户需要根据当前的设计任务和项目需求,进行任务选择。若是一个全新的项目,用户需要决定是否新建项目。

②当确定需要新建项目任务时,用户需要输入一系列关键信息。这些信息包括物料清单、供应商清单、PCM、SCM、PF-DSM 以及 SC-DSM。这些信息的输入不仅为后续的设计过程提供了数据支持,还确保了设计的全面性和准确性。对于已有项目的重新设计或修改,用户可以直接打开已有项目,并对相关项目任务信息进行修改,这一功能极大地提高了设计效率。

③在输入所有信息后,PFSC 模块将对这些信息进行分类、整理,并保存到数据库中。这一过程不仅确保了数据的安全性和可追溯性,还为后续的设计优化提供了数据支持。数据库中的信息可以随时被调用和修改,以适应项目需求的变化。

④求解器设置环节。根据用户的设计目标,选择合适的优化目标,建立合适的适应度函数,并进行求解。具体求解算法在第 4 章和第 5 章中进行了详细的说明和讨论。这些算法经过精心设计和优化,能够高效地处理各种复杂的设计问题,并为用户提供优质的解决方案。

求解器完成求解后,PFSC 模块将通过"结果展示"窗口向用户反馈优化结果。

接下来,将以第 5 章电动工具产品族为例,详细阐述"PFSC 架构设计"功能模块。

首先,依次点击"PFSC 架构设计"→"产品组件清单",系统将进入图 8-3 所示的产品组件清单输入界面。此界面清晰地分为左右两部分,其中,右侧是操作便捷的输入框,实现产品组件清单的录入功能;左侧则是实时更新的预览框,实现对 MySQL

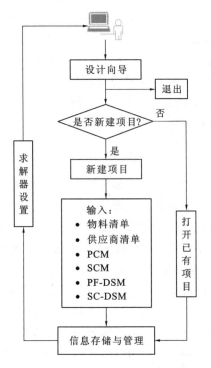

图 8-4　PFSC 架构设计操作流程

中产品组件清单存储情况的实时预览功能。具体地：

在右侧的输入框中，用户可以轻松地为每个产品组件进行编号和命名。在"产品组件 ID"栏和"产品组件名称"栏中，用户可以准确地输入相应的信息。更为便捷的是，通过点击"添加""删除""修改""更新"按钮，用户可以轻松地对 MySQL 数据库中的产品组件清单进行各种操作。这一功能的实现，极大地提高了产品组件管理的效率和准确性。

与此同时，左侧的预览框会根据用户的操作，实时地显示 MySQL 数据库中产品组件清单的存储情况。这种实时的反馈机制，不仅有助于用户及时发现并纠正错误，还能让用户对整个产品组件清单的存储情况有一个全面的了解。

除了产品组件清单的管理，PFSC 架构设计还涵盖了供应商清单的录入功能。通过点击"PFSC 架构设计"→"供应商清单"，用户可以进入供应商清单的输入界面，如图 8-5 所示。这一界面同样采用了右侧输入框和左侧预览框的设计，使得用户可以轻松地完成供应商信息的录入和管理。

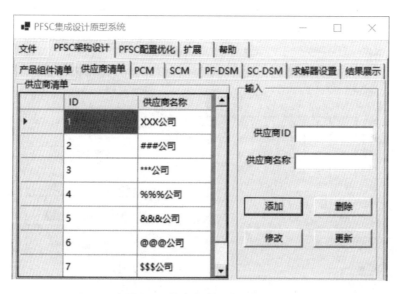

图 8-5 供应商清单输入界面

图 8-6 为 PCM 输入界面，在该界面上，控件数组被用来构建 PCM 矩阵，矩阵的行表示产品变体，列表示产品组件。

在输入 PCM 之前，用户需要在界面右侧的输入框中明确设定产品变体数量和产品组件数量。这一步骤至关重要，因为它为 PCM 的初始化奠定了基础。一旦这些数值被设定，PCM 矩阵的框架就得以确立，用户便可以为左侧 PCM 中的每个索引位赋予具体的数值。

PCM 输入完成后，用户只需点击"保存"按钮，PCM 的所有数据便会被高效地写入 MySQL 数据库对应的表格中。在 PCM 表格中，每一列都对应着产品组件的一个特定属性或编号，这些编号又与产品组件清单中的产品组件 ID 和名称建立了紧密的关联。这种关联确保了 PCM 中元素的编号与产品组件清单中的信息一一对应，为用户提供了便捷的产品组件名称查询功能。

与 PCM 输入界面相似，基于控件数组建立的 SCM 输入界面、PF-DSM 输入界面和 SC-DSM 输入界面分别如图 8-7～图 8-9 所示。这些界面为用户提供了直观易用的工具，帮助其轻松地输入和管理与产品族和供应链相关的各种数据。点击各输入界面的"保存"按钮后，这些数据同样会被准确地写入 MySQL 数据库的相应表格中，并与物料清单、供应商清单等关键数据建立关联。

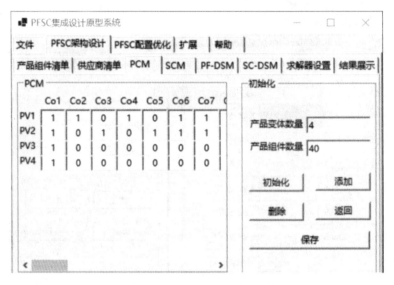

图 8-6　PCM 输入界面

图 8-7　SCM 输入界面

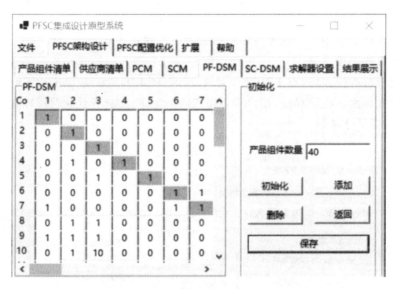

图 8-8　PF-DSM 输入界面

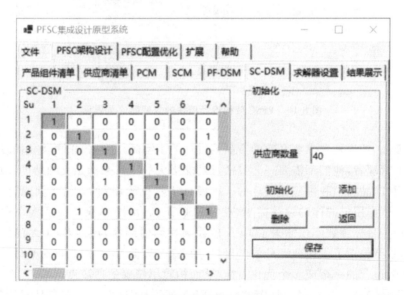

图 8-9　SC-DSM 输入界面

这种数据关联的方式不仅提高了数据的准确性和一致性，还极大地简化了数据访问和查询的过程。当需要访问或查询相关数据时，系统能够直接从 MySQL 数据库中读取并呈现给用户。这种高效的数据管理方式不仅提高了工作效率，还为企业提供了宝贵的决策支持。

完成所有的输入后，点击"PFSC 架构设计"→"求解器设置"，进入图 8-10 所示的求解器设置界面。在该界面，用户主要完成两个工作：①选择优化目标以建立适应度函数；②设置算法参数。

图 8-10　PFSC 架构设计模块的求解器设置界面

一方面，无论是寻求更高效的产品族设计的工程师，还是追求更优化的资源配置的供应链管理者，他们都需要一套灵活且功能强大的工具来满足其独特的设计需求。另一方面，产品（族）和供应链集成的架构设计仍然比较新颖，有诸多问题有待探索。为了满足不同用户群体的设计需求，在"PFSC 架构设计"模块集成了多个优化目标函数。这些目标函数不仅涵盖了 PFA 的模块性和通用性，还涉及 SCA 的模块性和通用性，甚至包括了供应商评分的考量。通过这一界面，用户可以针对具体的设计任务，选择最适合的一个或多个优化目标，从而构建出精确的适应度函数。

首先是"Max：PFA 模块性"和"Max：PFA 通用性"这两项。在产品设计领域，模块性意味着产品可以被分解为一系列独立的、可替换的模块，这有助于提高产品的灵活性和可维护性。而通用性则是指这些模块可以在不同的产品之间共享，从而降低成本并提高设计效率。

其次是"Max:SCA 模块性"和"Max:SCA 通用性"这两项。在供应链管理中,模块性同样具有重要意义。一个模块化的供应链可以更加灵活地应对市场需求的变化,降低库存成本并提高交付速度。而通用性则可以减少供应链中供应商或供应模块的数量,降低供应链网络的复杂性,便于实现供应链的优化和管理。

最后是"Max:供应商评分"这项。在供应链管理中,供应商的选择是一个至关重要的环节。一个优秀的供应商不仅可以提供高质量的产品和服务,还可以为企业带来长期的合作价值和战略优势。因此,在优化过程中加入供应商评分的考量,可以帮助用户筛选出最优质的供应商,进一步提升供应链的竞争力。

值得注意的是,为了降低目标维度的复杂性并给设计者提供更多的选择空间,每个目标函数都被赋予了一个编号和权重值,具有相同编号的目标函数可以通过权重值加权为一个单目标问题。这样用户就可以根据自己的需求灵活地调整各个目标函数的权重值,从而得到一个更加符合实际需求的优化模型。同时,为了方便用户操作和理解,还提供了详细的操作指南和案例分析让用户能够更加轻松地使用这一工具。

具体地,以本书第 5 章建立的 PAD-PFSC 优化模型为例,最大化 PFA 模块性、最大化 PFA 通用性、最大化 SCA 模块性和最大化 SCA 通用性被选择作为优化目标,并将最大化 PFA 模块性和最大化 PFA 通用性的编号设置为 1,权重值设置为 0.5,则最大化 PFA 模块性和最大化 PFA 通用性两目标函数可以加权为式(5-9)所示的适应度函数;同理,将最大化 SCA 模块性和最大化 SCA 通用性的编号设置为 2,权重值设置为 0.5,则最大化 SCA 模块性和最大化 SCA 通用性两目标函数可以加权为式(5-19)所示的适应度函数。对于第 4 章所述的设计任务,可以选择最大化 PFA 模块性、最大化 SCA 模块性和最大化供应商评分为目标函数,并通过给最大化 PFA 模块性、最大化 SCA 模块性和最大化供应商评分设置一定的权重值和编号,构建式(4-24)所示的单目标优化适应度函数。

设置完所有参数后,点击"开始"按钮,系统将根据适应度函数的维度自动决策采用 IGA 算法或 NSGA-II 算法进行求解(如适应度函数为单目标优化问题,则选择 IGA 算法;如适应度函数为多目标优化问题,则选择 NSAG-II 算法),具体算法设计请参照第 6 章和第 7 章中的算法设计。求解完成后,系统将跳转到图 8-11 所示的结果展示界面。

在图 8-11 所呈现的界面中,可以清晰地看到结果展示界面被划分为 3 个核心部分,分别是"适应值和目标值"窗口、"PFSC 架构设计方案"窗口以及"图片展示"窗口。这 3 个窗口各司其职,而且相互关联,共同为用户提供一个全面且直观的结果展示体验。

"适应值和目标值"窗口如同一个信息的集散地,集中展示了算法的求解结果。在这里,可以看到适应度函数的值,以及组成这个适应度函数的各优化目标的值。每

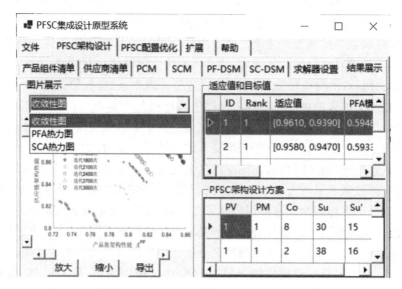

图 8-11　PFSC 架构设计模块的结果展示界面

一个数据点都像是算法的脚印,记录着它在优化道路上的每一个足迹。这些数据点不仅具有数值意义,更是对算法性能的直接体现。

点击"适应值和目标值"窗口中的任一行,"PFSC 架构设计方案"窗口便会呈现与该行的解对应的 PFSC 架构设计方案(MD-PSC 方案或 PAD-PFSC 方案)。例如,点击"适应值和目标值"窗口中第一行所示的适应值,"PFSC 架构设计方案"窗口便会展示一个具体的案例:产品组件 Co_8 被精准地匹配给了 Su_{30} 和 Su_{15} 这两个供应商,并且划分到了产品变体 PV_1 的第 1 个产品模块实例(即 PM_{11})中。

"图片展示"窗口展现了算法的收敛性图。在这里,可以直观地看到算法是如何一步步逼近最优解的,从而更深入地了解算法的收敛情况。此外,还可以查看各适应值下的 PFA 热力图和 SCA 热力图。这些热力图以色彩和亮度的变化展示了 PFA 和 SCA 的模块粒度和模块聚合情况,让用户更直观地感受到算法在优化过程中的细微变化。

总的来说,这个结果展示界面不仅功能强大,而且设计巧妙。它通过将适应值、目标值、PFSC 架构设计方案以及图片展示等多个元素融合在一起,为用户提供了一个全面、直观且易于理解的结果展示平台。在这个平台上,用户可以轻松地查看算法的求解结果、了解 PFSC 架构设计方案、分析算法的收敛情况以及探索 PFA 和 SCA 的模块粒度和模块聚合情况。这样的设计不仅提高了用户的工作效率,还为用户带来了更好的使用体验。

8.4.3 PFSC 配置优化模块的实现及应用

根据第 7 章和第 8 章内容，尽管 PCSS 协同决策和 PCOA 主从关联优化的目标函数不同、求解算法不同，但其存在大量相同的输入信息（如各成本数据、效用值数据等）。因此，PCSS 协同决策和 PCOA 主从关联优化都可以在"PFSC 配置优化"功能模块中完成。利用"PFSC 配置优化"功能模块进行设计的流程如图 8-12 所示，步骤描述如下。

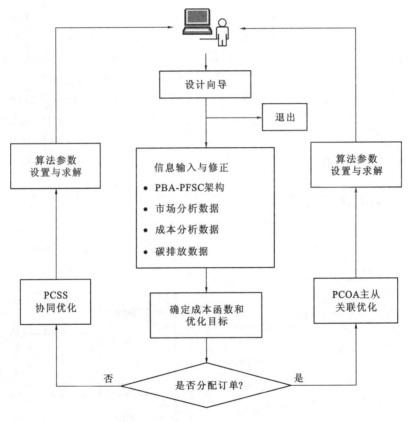

图 8-12　PFSC 配置优化操作流程

①信息输入与修正：基于开发的产品族和供应链集成的平台化架构（platform-based architecture for integrating product family and supply chain，PBA-PFSC）、市场分析和供应商信息，建立 PBA-PFSC 关系数据库、效用值和需求数据库、成本信息数据库和碳排放信息数据库。

②确定成本函数和优化目标:根据用户对各项成本(如采购成本、持有成本和强化成本等)的不同考量和关注,选择成本模型的组成成分、优化目标和风险态度,初步建立优化模型。例如,如果用户对采购成本特别敏感,可能需要将采购成本作为主要的优化目标;而如果用户对供应链稳定性有较高要求,则可能需要更加关注持有成本和强化成本。通过综合考虑这些因素,可以初步建立一个符合用户需求的优化模型。

③选择订单策略:基于是否开展订单分配,用户可以选择 PCSS 协同决策和 PCOA 主从关联优化两种模式,从而进一步完善优化模型。一旦最终优化模型被确定,相应的优化算法也被确定。如:如果不需要开展订单分配,则可以选择双目标 PCSS 协同决策,该模型将采用 NSGA-Ⅱ算法求解;如果需要进行订单分配,则选择 PCOA 主从关联优化,该优化模型将采用双层规划算法(如 GA-BAGA 算法)求解。

④算法参数设置与求解:根据所选择的优化算法,对算法的各参数进行设置,并进行求解。求解完成后,系统将通过结果展示界面向用户反馈优化结果。

进一步,以第 6 章中的电子词典产品族为例,对"PFSC 配置优化"功能模块做更详细的介绍。在系统主界面中点击"PFSC 配置优化",系统进入图 8-13 所示 PFSC 配置优化功能模块,其下主要包括 6 个菜单项,分别为 PBA-PFSC、市场分析、成本模型输入、碳排放模型输入、求解器设置和结果展示,每一个菜单项又包含多个子菜单。

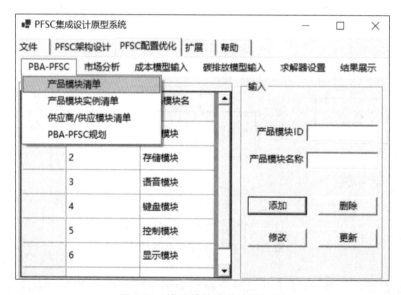

图 8-13　产品模块清单输入界面

图 8-14 展示了菜单项"PBA-PFSC"的子菜单。菜单项"PBA-PFSC"的核心功能在于构建一系列重要的清单和关系,这些清单和关系对于产品供应链管理的优化至关重要。具体来说,它涵盖了产品模块清单、产品模块实例清单、供应商/供应模块清单,以及产品模块与产品模块实例间的层次关系和产品模块实例与供应商/供应模块的供给关系。其中各项清单的建立方法与 8.4.2 节方法类同,此处不再赘述。

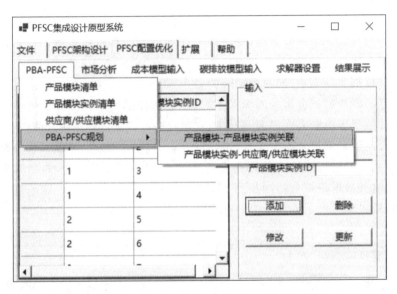

图 8-14 "PBA-PFSC"的子菜单项及方案输入界面

产品模块与产品模块实例间的层次关系和产品模块实例与供应商/供应模块的供给关系建立方法类似。如图 8-14 所示,通过添加产品模块 ID 和产品模块实例 ID,可以清晰地看到产品模块实例与产品模块之间的层次关系。例如,当产品模块实例 ID{1,2,3,4}都对应产品模块 ID{1}时,这意味着产品模块 1 包含 4 个产品模块实例,这 4 个产品模块实例的编号分别为 1、2、3、4。这种层次关系的建立,实际是建立产品族架构中产品变体、基本产品模块和模块实例之间的关系,完成产品族架构的构建。

同样,产品模块实例与供应商/供应模块的供给关系的建立也是至关重要的。这种关系直接决定了产品模块实例的供应来源和供应稳定性。如图 8-14 所示,如果供应商/供应模块 ID{1,3,5,8}对应产品模块实例 ID{1},那么这就表示供应商/供应模块 1、3、5、8 都可以为产品模块实例 1 提供所需的资源或零部件。这种层次关系的建立,实际是建立供应链架构及其与产品族架构中模块的供应关系。

菜单项"市场分析"主要用于设置细分市场清单、竞争产品清单、客户需求和基于客户需求的效用值等,其子菜单项如图 8-15 所示。其中细分市场清单和竞争产品清单的建立与上文中各项清单的建立过程类同。细分市场需求数据库、产品变体需求数据库、竞争产品效用值数据库、产品变体效用常数数据库、产品模块权重因子数据库和产品模块实例部分效用值数据库的录入都采用控件数组的方式。图 8-15 详细展示了如何通过控件数组的方式,将产品模块实例部分的效用值高效、准确地录入MySQL 数据库中,具体地:

①根据预设的细分市场数量和产品模块实例的数量,初始化一个零矩阵。这个矩阵的每一行代表一个细分市场,每一列则代表一个产品模块实例。初始化的矩阵将是一个完全空白的表格,等待着用户填入真实的数据。

②用户根据实际需求,向这个矩阵的各个索引位置填充数据。这个过程需要用户具备对产品模块和细分市场的深入了解,以确保数据的准确性和有效性。用户可以通过控件数组提供的直观界面,轻松地对矩阵中的数据进行编辑和修改。

③所有的数据都被录入完毕后,用户只需点击“保存”按钮,系统便会立即开始工作。首先,系统会对用户输入的数据进行编译,确保其符合数据库的存储格式和规则。然后,这些数据将被自动同步到 MySQL 数据库中进行保存。这一过程是自动且高效的,极大地降低了人为错误的可能性。

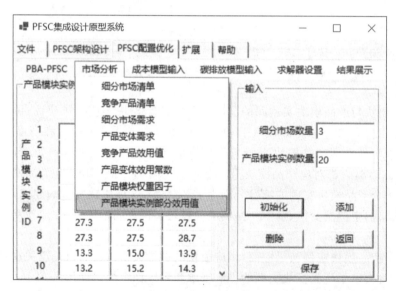

图 8-15　“市场分析”的子菜单项及产品模块实例部分效用值输入界面

　　菜单项"成本模型输入"和"碳排放模型输入"分别用于录入与成本计算相关的数据和与碳排放量计算相关的数据,其子菜单项分别如图 8-16 和图 8-17 所示。从图 8-16 所示的单位采购成本输入界面和图 8-17 所示的单位外包相关可变碳排放量输入界面,可以看出,其数据库录入的过程同样采用控件数组的方式,因此,关于该部分数据库的建立过程将不再重复介绍。

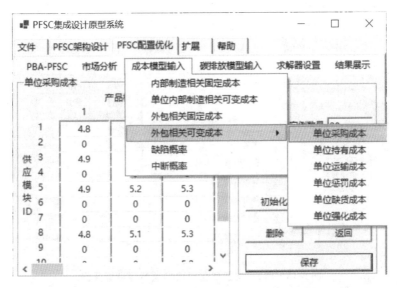

图 8-16　"成本模型输入"的子菜单项及单位采购成本输入界面

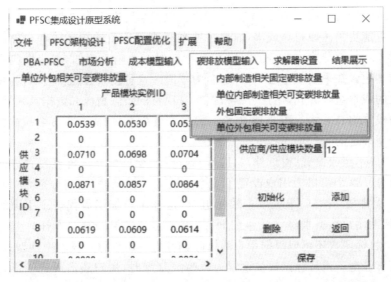

图 8-17　"碳排放模型输入"的子菜单项及单位外包相关可变碳排放量输入界面

图 8-18 详细展示了 PFSC 配置优化模块的求解器设置界面。可以看出,这个界面主要由 3 大核心部分组成:"成本组成设置"窗口、"目标函数选择"窗口以及"求解"窗口。每一个窗口都承载着特定的功能,旨在帮助用户更好地理解和优化 PFSC配置。

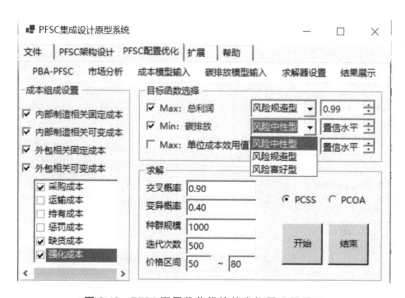

图 8-18 PFSC 配置优化模块的求解器设置界面

首先是"成本组成设置"窗口。在这个窗口中,用户可以发现多种成本组合方式的选择。这是因为不同的项目、不同的用户对成本组合有不同的考量和关注。例如,某些项目可能更关注原材料成本,而另一些项目则可能更重视运输和仓储成本。此外,实际操作中,部分成本数据的界限并不总是那么清晰。例如,有些供应商可能会将运输成本包含在采购成本之中。因此,为了应对这种复杂性,这个窗口为用户提供了多元化的成本组合方式,用户可以根据自身项目的实际情况和数据录入情况,选择最适合的成本组合方式。图 8-18 中所示的成本组合,正是基于本书第 6 章详细讨论的成本模型确定的。

除了"成本组成设置"窗口外,"目标函数选择"窗口也是求解器设置界面中的一个重要部分。这个窗口为用户设置了 3 个主要的目标函数,它们分别是"Max:总利润""Min:碳排放""Max:单位成本效用值"。这 3 个目标函数代表了不同的优化方向,旨在帮助用户在追求经济效益的同时,也考虑到环保和社会责任。值得注意的是,每一个目标函数还可以根据用户的风险偏好进一步细分为风险中性型、风险规避型和风险喜好型。当目标函数被设置为风险规避型时,用户还需要进一步设置置信水平,以确保在不确定性较高的环境中也能实现稳健的优化。用户可以根据实际项目需求,选择单一优化目标或多个目标的组合,以实现最优的 PFSC 配置。图 8-18 中所示的是第 6 章详细论述的风险规避型 PCSS 协同决策优化模型,它结合了风险规避的特点和 PCSS 的协同优势,为用户提供了强有力的决策支持。

最后是"求解"窗口。在这个窗口,用户需要首先决策是否采用订单分配策略。如果决定采用订单分配策略,用户可以选择"PCOA"选项;如果不采取订单分配策略,则可以选择"PCSS"选项。这一决策过程反映了用户在供应链灵活性和成本控制之间的权衡。选择完成后,PFSC 配置优化模型的基本框架就被建立起来了。随后,用户需要进一步设置算法参数,如交叉概率、变异概率等。这些参数的选择将直接影响优化算法的性能和结果。所有选项设置完毕后,用户只需点击"开始"按钮,系统就会根据用户的设定开始对 PFSC 配置优化模型进行求解。这一过程将充分利用先进的计算技术和优化算法,为用户快速、准确地提供最优的 PFSC 配置方案。

值得注意的是,与成本模型包含不同的组合方式类似,碳排放模型同样包含不同的组合方式,限于本书内容和篇幅,本书暂不涉及该方面内容,认为碳排放组合方式是固定的。

求解结束后,系统界面便会流畅地跳转至详尽的结果展示界面,如图 8-19 所示。这一界面被划分为 3 个核心窗口,它们分别是"目标值"窗口、"配置清单"窗口和"图片展示"窗口,旨在为用户提供直观且全面的优化结果概览。

"目标值"窗口的核心功能是展示最终的目标函数值,这些值不仅仅是数字,更是代表了优化算法探寻到的最优配置方案或 Pareto 前沿解集中的一个个独特解。每一行数据都代表了一个独特的方案,这些方案在多个维度上寻求了最佳平衡。例如,一个目标函数值可能对应着成本最低而性能最优的产品配置,而另一个则可能代表着在保证一定性能的前提下,实现了碳排放量的最小化。

点击"目标值"窗口中的任一行,"配置清单"窗口便会实时更新,显示出对应目标值下的详细配置清单。以第 6 章探讨的电子词典为例,配置清单不仅包括了为各产品变体选择的产品模块实例,还详细列出了各被选产品模块实例的供应商/供应模块信息。比如,"配置清单"窗口中的第一行数据,可能表明产品模块实例 4 被选定用于配置产品变体 1,而供应商/供应模块 8 则负责提供这一产品模块实例。这样的详细清单,不仅为用户提供了清晰的配置信息,还使得后续的供应链管理和生产流程得以顺利进行。

"图片展示"窗口通过一系列精心制作的图表,为用户提供了更为深入和直观的结果分析。首先,收敛性图展示了优化算法的求解能力和优化结果的稳定性,它反映了算法在迭代过程中是如何逐渐逼近最优解的。接着,需求分布图则揭示了配置的产品变体和现存的竞争产品在各细分市场的预期市场占有率,这对于制定市场策略

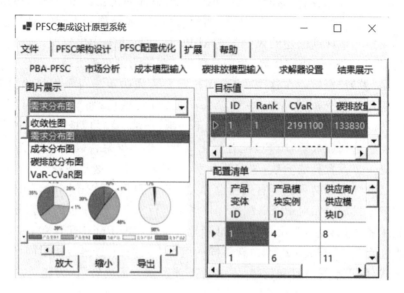

图 8-19　PFSC 配置优化结果展示界面

具有重要意义。成本分布图则详细展示了配置新产品的过程中各项支出费用在总成本中的比例,帮助用户更好地控制成本。而碳排放分布图则反映了在配置新产品过程中各项碳排放量占总碳排放量的比例,这对于企业实现绿色生产和可持续发展具有重要意义。最后,VaR-CVaR 图则通过复杂的数学模型和数据分析,展示了配置的新产品在不同中断场景下给 OEM 带来的预期利润、中断场景发生的概率和相应置信水平下的尾部利润,这对于企业制定风险管理和应对策略具有重要参考价值。

综上所述,这一结果展示界面不仅为用户提供了全面的优化结果信息,还通过详细的数据和图表分析,帮助用户更好地理解和评估这些结果。OEM 可以根据自身情况和预期目标,对产品配置和供应链设计做出合理规划和决策,从而在激烈的市场竞争中占据优势。

8.5　本 章 小 结

通过整合第 2 章到第 7 章的内容,本章开发了一个支持中断风险下产品族和供应链集成设计的原型系统。

首先,详细阐述了原型系统的总体需求。考虑到中断风险的不确定性及其对供应链和产品族设计的深远影响,系统需要具备高度的灵活性和适应性。为了满足这些需求,设计了一个模块化的系统架构,每个模块都专注于特定的功能,并通过标准化的接口相互协作,以实现高效的数据交换和功能整合。

其次,深入介绍了原型系统中主要功能模块的构建及使用流程。这些模块包括PFSC集成的架构设计模块、PFSC集成的配置优化模块、数据库管理模块以及用户界面管理模块。其中,PFSC集成的架构设计模块和PFSC集成的配置优化模块这两个模块作为系统的核心功能模块,用于优化PFSC集成架构设计方案和配置方案,数据库管理模块用于管理和分析系统信息和数据,用户界面管理模块用于在系统与用户之间搭建交互的桥梁。

最后,为了验证原型系统的实际效果,结合具体的设计实例进行了测试和验证。测试结果表明:该原型系统不仅能够解决本章所述的优化问题,还能够通过组合不同的优化目标,构建出不同的优化模型,以满足不同用户的设计需求。这种灵活性使得系统能够广泛应用于各种行业和领域,为设计者提供有力的支持。

综上,尽管该原型系统在效率和功能上与成熟的商业软件相比仍有一定差距,但其在中断风险下产品族和供应链集成设计软件系统的开发方面提供了宝贵的思路和指导。我们相信,随着技术的不断进步和研究的深入,该系统将得到进一步完善和应用,从而推动整个行业的进步和发展。

9　结论与展望

9.1　本书结论

在全球化日益深入的今天,市场需求瞬息万变,供应链网络的复杂性和脆弱性也随之凸显。特别是近年来,由于各种不可预见因素的影响,供应链中断事件频发,给制造业带来了前所未有的冲击。这种冲击不仅体现在生产成本的急剧上升上,更在于企业信誉和市场地位的动摇。面对这样的挑战,OEM 不得不从源头重新审视供应链设计问题,以寻找新的解决之道。

在这个过程中,一个显著的变化是产品设计方法的转变。传统的单一产品设计模式已经无法满足当前市场的多样化需求,更无法应对供应链中断带来的风险。因此,越来越多的 OEM 开始采用产品族设计的方法。所谓产品族设计,就是通过标准化和模块化的设计思想,将一系列具有相似功能和结构的产品进行统一规划和管理,以实现产品的快速响应和灵活调整。

然而,仅仅改变产品设计方法并不足以解决供应链中断的问题。因为产品设计和供应链设计是密不可分的,它们之间的协调性和一致性对于企业的成功至关重要。因此,本书深入分析和探索了中断风险下产品族和供应链集成设计的问题。

本书首先分析了市场需求和供应链中断危机的特点,以及它们对制造业的具体影响。然后,提出了基于产品族和供应链集成设计的解决方案,并通过案例分析和实证研究验证了该方案的可行性和有效性。具体来说,我们的主要工作和创新性成果体现在以下几个方面:

(1)探索了面向产品和供应链协同的模块化设计方法和模型

在当今快速变化的商业环境中,产品和供应链的协同成为企业保持竞争力的关键。其中,MD-PSC 作为一种创新的设计策略,受到了广泛的关注。本书旨在深入探讨 MD-PSC 问题,阐述产品模块化和供应链模块化之间的关系,并详细分析模块化供应链架构对供应链风险管理的积极贡献。

首先,需要明确产品模块化和供应链模块化之间的紧密联系。产品模块化是指将产品分解为一系列独立的、可重用的模块,以便更好地满足客户需求,同时降低生产成本和缩短生产周期。而供应链模块化则是将供应链分解、整合为多个供应模块,每个供应模块都具有一定的独立性和特定的供应能力,以提高供应链的灵活性和响应速度。产品模块化和供应链模块化之间的协同作用,使得企业能够在满足市场需求的同时,实现供应链的快速响应和风险管理。

其次,为了更好地评估 MD-PSC 的效果,基于模块化指数 Q 值和 $M_{G\&G}$,分别建立了产品架构模块化评价函数和供应链架构模块化评价函数。Q 值是一种衡量模块独立性和可重用性的指标,而 $M_{G\&G}$ 则是一种评估模块间耦合度和内聚度的指标。通过这两个指标,可以全面评估产品架构和供应链架构的模块化程度,为优化模型提供有力支持。

在构建了 MD-PSC 优化模型之后,开发了免疫遗传算法来求解这个模型。免疫遗传算法是一种结合了免疫系统和遗传算法的优化算法,具有更好的全局搜索能力和鲁棒性。通过免疫遗传算法,可以快速找到满足约束条件的最优解,实现产品架构和供应链架构的协同优化。

为了验证免疫遗传算法和 MD-PSC 优化模型的有效性,以低端充电钻为案例进行了实证研究。通过与遗传算法对比发现,免疫遗传算法在求解优化模型方面具有更高的效率和精度。此外,还对比了不同模块化指数下的热力图,发现采用模块化指数 Q 值和 $M_{G\&G}$ 建立的 MD-PSC 优化模型能够更准确地反映产品架构和供应链架构的模块化程度。

最后,进行了敏感性分析,以获取平衡产品架构性能和供应链架构性能的模块化架构设计方案。敏感性分析结果显示,通过合理调整模块化指数 Q 值和 $M_{G\&G}$ 的权重,可以在保证产品架构性能的同时,提高供应链架构的灵活性和响应速度。这为企业在实践中应用 MD-PSC 策略提供了重要的参考依据。

综上所述,MD-PSC 是一种有效的设计策略,能够帮助企业实现产品架构和供应链架构的协同优化。通过建立产品架构模块化评价函数和供应链架构模块化评价函数,并结合免疫遗传算法求解优化模型,可以找到满足市场需求和供应链风险管理需求的最佳模块化架构设计方案。这将有助于企业在快速变化的商业环境中保持竞争优势,实现可持续发展。

（2）提出了支持产品族和供应链集成的平台化架构开发的优化模型

传统的单一产品设计理论与方法，尽管在特定场景下能出色地发挥作用，但在面对产品族设计时，其局限性便显得尤为突出。针对这一问题，基于 MD-PSC 方法和原理提出了一个全新的解决方案——PAD-PFSC。此方案不仅深入探讨了可能存在的复杂博弈关系，而且为 OEM 提供了一套完整的平台化架构规划方案。

PAD-PFSC 旨在通过平台化策略，将产品族设计与供应链管理紧密结合，形成一个高效、灵活且易于扩展的系统。在这一系统中，产品族的设计不再是孤立的，而是与供应链中的各个环节紧密相连，形成一个协同工作的整体。

在 PAD-PFSC 中，关注的核心是博弈关系。这些博弈关系可能存在于产品族架构通用性与产品族架构模块性之间，也可能存在于供应链架构模块性与供应链架构通用性之间。为了量化这些关系，基于平台化策略，建立了产品族平台化评价函数和供应链平台化评价函数。这两个函数不仅能够帮助我们更好地理解和评估 PAD-PFSC 的性能，而且为后续的多目标优化模型提供了坚实的理论基础。

为了验证 PAD-PFSC 的有效性和实用性，以电动工具产品族为案例进行了深入研究。通过敏感性分析，详细探讨了产品族架构通用性、产品族架构模块性、供应链架构模块性和供应链架构通用性间的博弈关系。这些分析结果不仅为我们提供了深刻的洞见，而且为产品族和供应链集成的平台化架构规划提供了有力的支撑。

最后，给出了一个具体的产品族和供应链集成的平台化架构规划方案。这个方案不仅展示了各产品模块和供应模块间的层次关系和共享关系，而且为 OEM 提供了一套清晰、易懂的指导原则。通过这一方案，OEM 可以更加直观地了解 PAD-PFSC 的运作机制，从而更好地进行产品族和供应链集成的配置优化。

总的来说，PAD-PFSC 是一个充满挑战和机遇的领域。通过深入探索和分析，不仅可以找到一种有效的产品族和供应链集成的架构方案，而且可以推动整个行业向前发展。我们相信，在不久的将来，PAD-PFSC 将成为产品设计和供应链管理领域的重要趋势之一。

（3）分析了产品族配置和供应商选择的风险规避型协同决策问题

在复杂多变的市场环境中，企业面临着来自多方面的挑战，其中 PCSS 协同决策问题尤为关键。这一问题不仅关乎产品的多样性、性能和质量，更直接关系企业的成本、供应链稳定性和市场竞争力。因此，将弹性策略和风险规避理论引入 PCSS 协同决策中，成为企业应对市场不确定性、降低运营风险的重要手段。

首先，深入了解产品族配置和供应商选择协同决策的背景。产品族配置是指企业为满足不同客户需求，对产品进行组合和定制化的过程。而供应商选择则是企业在众多潜在供应商中,选择最符合自身需求的合作伙伴。这两者之间的协同决策,旨在实现产品配置与供应链资源的优化配置,达到成本效益最大化。

然而,在实际操作中,企业往往面临着各种风险和挑战。例如,碳排放政策的实施,使得企业在考虑成本的同时,还需兼顾环保因素。此外,供应链中断、价格波动等不确定因素,也可能给企业带来巨大损失。因此,引入弹性策略和风险规避理论,有助于企业在面对不确定性时,做出更加稳健和合理的决策。

基于以上背景,构建了考虑碳排放的 PCSS 风险中性型协同决策双目标优化模型和基于 CVaR 的 PCSS 风险规避型协同决策模型。风险中性型模型主要关注成本和环保因素之间的平衡,通过优化算法寻找最优解。而风险规避型模型则基于 CVaR 理论,考虑潜在的最坏情况损失,并为企业提供一个合理的风险规避策略。

为了验证所提模型和方法的有效性,以电子词典产品族为例,对比了 PCSS 风险中性型模型和 PCSS 风险规避型模型的解。结果显示,风险规避型模型能够在保证产品质量和性能的前提下,有效控制供应中断造成的潜在最坏情况损失,为企业提供了一种更加稳健和可靠的决策方案。

此外,还对比了不同置信水平下获得的 PCSS 风险规避型模型的解。通过对比不同置信水平下的解发现,将弹性策略和风险规避理论引入 PCSS 协同决策中,有助于企业在复杂多变的市场环境中,实现产品配置与供应链资源的优化配置,降低运营风险,提高市场竞争力。

(4)分析了中断风险下产品族配置和订单分配主从关联优化问题

在 PCOA 的决策过程中,如何在供应商产能受限和供应中断风险的双重压力下,实现资源的优化配置,已成为企业亟须解决的重要问题。本书首先深入探讨了中断风险下 PCOA 的主从关联优化问题,并详细阐述了 PCOA 协同优化在处理此类风险中的显著优势。

在 PCOA 协同优化中,leader-follower 关系的存在为问题的解决提供了清晰的框架。leader 作为主导方,负责制定产品族配置方案,而 follower 则根据 leader 的决策,进行具体的供应商选择和订单分配。这种主从关联的优化方式,不仅能够有效应对供应中断的风险,还能在供应商产能受限的情况下,实现资源的最优配置。

为了更好地应对中断风险,本书引入了供应商保护策略和供应商协作策略。供应商保护策略主要是通过建立多元化的供应链网络,以减少对单一供应商的依赖,降低供应中断的风险。而供应商协作策略则是通过加强供应商之间的合作,共同应对市场变化,提高供应链的灵活性和韧性。

基于以上分析,本书建立了中断风险下 PCOA 主从关联优化模型。该模型综合考虑了供应商产能、供应中断风险、客户需求等多个因素,通过优化算法求解出最优的产品配置和订单分配方案。为了求解这一复杂模型,本书开发了 GA-BAGA 双层规划算法。该算法上层采用遗传算法,通过模拟自然进化过程,搜索全局最优解;下层则采用集成了回溯算法和遗传算法的两阶段法,对上层搜索到的解进行局部优化,提高解的质量。

为了验证 GA-BAGA 双层规划算法的有效性,本书以 AGV 叉车为例,进行了实证研究。通过对比 AIO 优化和双层优化,发现双层优化算法 GA-BAGA 在应对中断风险和供应商产能受限时,具有更好的优化性能,可以获得更高质量的解。此外,本书还对不同策略下单位成本效用值曲线的变化进行了对比,发现供应商保护策略和供应商协作策略均能有效降低单位成本,提高供应链的整体性能。同时,本书还进行了部分关键参数的敏感性分析,为设计者配置合理的产品变体和供应链网络提供了重要的管理见解。

(5)开发了支持产品族和供应链集成设计的原型系统

根据本书提出的理论、模型与方法,结合原型系统的功能需求,开发了中断风险下产品族和供应链集成设计原型系统;并结合设计实例介绍了系统的主要功能模块,验证了所开发系统的可行性和有效性。

9.2　主要创新点

本书提出的主要创新点如下。

①考虑供应商间的地理隔离和竞争关系等因素,构建了供应链设计结构矩阵;基于模块化指数 Q 值和 $M_{G\&G}$,探索并提出了面向产品和供应链协同的模块化设计方法和优化模型。实现了产品架构模块性和供应链架构性能的平衡,确保了采购灵活性和供应模块的独立性,有助于提高 OEM 的议价能力和应对风险的能力,为面向产品和供应链协同的模块化设计提供理论基础。

②基于模块化策略和平台化策略,分析了产品族架构设计和供应链架构设计中存在的博弈关系,探索并提出了支持产品族和供应链集成的平台化架构开发的优化模型。实现了产品族设计属性和供应链设计属性间的平衡、产品族架构通用性和模块性间的平衡以及供应链架构通用性和模块性间的平衡,为产品族和供应链集成的平台化架构开发提供理论基础。

③考虑中断风险和强化供应商策略,提出了支持产品族配置和供应商选择协同决策的风险中性型模型;基于风险中性型协同决策模型,引入风险值和条件风险值理

论,构建了支持产品族配置和供应商选择的风险规避型协同决策模型,有助于控制和评估供应中断造成的潜在最坏情况损失。

④基于产品族配置和供应商选择协同决策问题、供应商选择和订单分配问题,提出了中断风险下产品族配置和订单分配主从关联优化模型和 GA-BAGA 双层规划算法。证实了通过协调产能受限的供应商开展订单分配,有助于提高单位成本效用值,提高客户满意度,并减少中断风险损失。

9.3 未来展望

当前,产品族和供应链集成设计正引起学术界和工业界的广泛关注,并在产品族和供应链集成的配置优化领域取得丰硕成果。本书主要针对产品/产品族和供应链集成的架构设计和配置优化进行分析,取得了一定的成果,但仍存在一些不足和局限,未来需要在以下几个方面开展进一步的探索和研究:

①现实中影响供应链架构模块性的因素众多,远非地理相似性、文化相似性、组织相似性和冲突强度这 4 个维度所能完全涵盖。例如,技术兼容性、资源可得性、政策环境等因素同样会对供应链架构的模块化设计产生深远影响。因此,未来的研究需要更加深入地探索这些影响因素,并结合真实案例,构建更为全面、准确的模块化供应链架构模型。这将有助于企业更好地理解供应链架构的模块化设计原理,为实践提供更为科学的指导。

②本书在风险缓解策略方面仅考虑了强化/保护供应商策略和多源采购策略。然而,在实际操作中,企业可能会面临更多的风险和挑战,需要采用更为多样化的风险缓解策略。例如,备选供应商策略可以帮助企业在主供应商出现问题时迅速切换至备选供应商,保证供应链的稳定性;预置库存策略则可以在需求波动较大时提供足够的缓冲库存,降低缺货风险。因此,未来的研究需要探索更多的风险缓解策略,并深入分析各策略的使用场景和最佳组合,以帮助企业更好地应对各种风险和挑战。

③在产品族和供应链集成的配置优化模型中,中断场景的数量随着供应商数量的增加呈指数增长,这给求解带来了极大的挑战。这不仅提高了计算复杂度,还可能影响求解精度。因此,研究合适的场景缩减技术或先进算法成为未来工作的重要方向。例如,可以利用机器学习和大数据技术等现代信息技术手段,对供应链中的大量数据进行深度挖掘和分析,从而更加准确地预测和识别关键中断场景。同时,开发更加高效、精确的求解算法也将有助于提高求解效率和质量。

综上所述,产品族与供应链集成设计仍具有广阔的研究空间,面临巨大的挑战。未来的研究需要在供应链架构模块化设计、风险缓解策略以及配置优化模型等方面开展深入探索和研究。这将有助于推动产品族与供应链集成设计的理论和实践发展,为企业的可持续发展提供更为有力的支持。

附录 1

附表 1　由图 5-11 所示的前沿解 Pareto 7 的右端点获得的产品族-供应链平台化架构

类型	PFA	SCA
低端充电钻	(产品族架构矩阵 PM₁₁–PM₁₉)	(供应链架构矩阵)
低端电扳手	(产品族架构矩阵 PM₂₁–PM₂₉)	(供应链架构矩阵)

低端充电钻 PFA 矩阵标签：

Su'：16 15 16 25 22 22 28 12 28 7 26 30 19 4 23 23 26 18 14
Su：38 30 38 4 2 32 16 24 11 3 22 3 19 4 35 25 24 3
Co：2 8 9 10 11 38 18 19 20 37 1 24 39 25 4 29 30 12 6 7

行标签：16 38 2 / 15 30 8 / 16 38 9 / 25 38 10 / 22 4 11 / 22 2 38 / 28 32 18 / 12 16 19 / 28 24 20 / 7 11 37 / 26 3 1 / 30 29 24 / 19 32 39 / 4 3 25 / 23 19 4 / 23 4 29 / 23 35 30 / 26 25 12 / 18 24 6 / 14 3 7

模块：PM₁₁ PM₁₂ PM₁₃ PM₁₄ PM₁₅ PM₁₆ PM₁₇ PM₁₈ PM₁₉

低端电扳手 PFA 矩阵标签：

Su'：8 13 12 34 22 10 22 9 22 36 36 17 7 28 12 28 7 26 26 34 16
Su：29 18 9 29 2 17 30 18 13 18 29 39 20 32 16 24 11 21 25 27 18
Co：1 6 7 39 38 3 8 10 11 27 32 34 36 18 19 20 37 5 12 24 9

行标签：8 29 1 / 13 18 6 / 12 9 7 / 34 29 39 / 22 2 38 / 10 17 3 / 22 30 8 / 9 38 10 / 22 13 11 / 36 18 27 / 36 29 32 / 17 39 34 / 7 20 36 / 28 32 18 / 12 16 19 / 28 24 20 / 7 11 37 / 26 21 5 / 26 25 12 / 34 27 24 / 16 18 9

模块：PM₂₁ PM₂₂ PM₂₃ PM₂₄ PM₂₅ PM₂₆ PM₂₇ PM₂₈ PM₂₉

续表

类型	PFA	SCA
高端充电钻		
高端电扳手		

注:第二列方框内为产品模块;第三列方框内展示了为各产品模块匹配的供应链架构的模块性。

附录 2

附表 2　　　由图 5-11 所示的前沿解 Pareto 7 的中间点获得的产品族-供应链平台化架构

类型	PFA	SCA

低端充电钻

Su'　16 15 16 22 28 12 28　7 25 26 19 34　4 23 23 26 18 14 22
Su　38 30 38　2 32 16 24 11 38　3 19　4 35 10 34 3 35
Co　2　8　9 38 18 19 20 37 10　1 39 24 25　4 29 30 12　6　7 11

低端电扳手

Su'　8 13 12 34 22 10 22 36 36 17　7 28 12 28　7 26 26 25 34 16
Su　29 18　9　2　2 17 30 13 18 29 39 20 32 16 24 11 21 25 38 29 18
Co　1　6　7 39 38　3　8 11 27 32 34 36 18 19 20 37　5 12 10 24　9

续表

类型	PFA	SCA
高端充电钻	Su': 16 26 15 26 22 37 18 20 32 40 23 40 3 3 34 39 22 34 26 4 8 Su: 38 17 4 31 2 12 19 22 25 12 13 13 1 26 15 25 35 29 25 3 17 Co: 9 13 14 16 38 10 28 31 18 19 21 22 23 1 40 37 11 24 12 25 26 （矩阵含产品模块 PM₃₁~PM₃₁₁）	（供应链架构模块性矩阵）
高端电扳手	Su': 32 3 32 22 5 5 3 26 13 19 13 34 14 27 18 37 37 22 3 34 26 Su: 38 17 30 2 33 33 17 27 21 27 21 29 17 1 38 30 35 26 15 25 Co: 22 23 37 38 18 19 21 27 33 35 36 24 13 17 9 10 15 11 1 40 12 （矩阵含产品模块 PM₄₁~PM₄₁₀）	（供应链架构模块性矩阵）

注:第二列方框内为产品模块;第三列方框内展示了为各产品模块匹配的供应链架构的模块性。

附录 3

附表 3　　由图 5-11 所示的前沿解 Pareto 7 的左端点获得的产品族-供应链
平台化架构

类型	PFA	SCA
低端充电钻	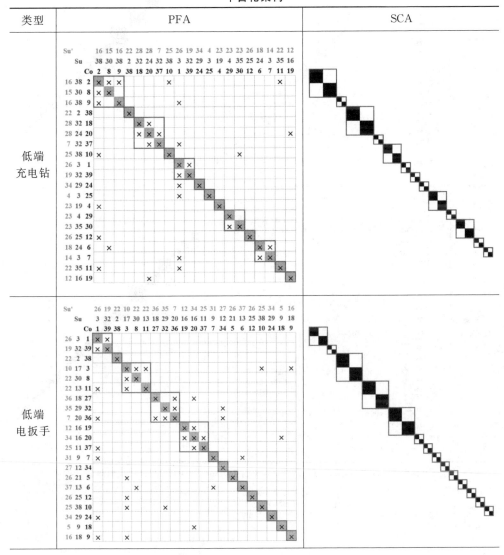	
低端电扳手		

类型	PFA	SCA
高端充电钻	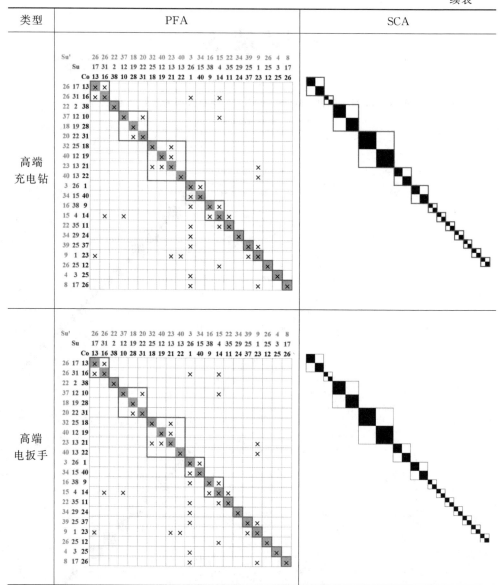	
高端电扳手		

注:第二列方框内为产品模块;第三列方框内展示了为各产品模块匹配的供应链架构的模块性。

附录 4

附表 4　由图 5-11 所示的前沿解 Pareto 6 的中间点获得的产品族-供应链平台化架构

类型	PFA	SCA
低端充电钻	Su'：12 34 26 22 38 30 13 12 38 19 25 34 35 35 38 22 7 32 26 19 Su：16 16 14 7 12 22 39 14 12 20 32 35 19 22 18 13 32 2 3 34 Co：19 20 12 38 2 8 6 7 10 25 18 24 29 30 9 11 37 4 1 39 行标签：12 16 19；34 16 20；26 14 12；22 7 38；38 12 2；30 22 8；13 39 6；12 14 7；38 12 10；19 20 25；25 32 18；34 35 24；35 19 29；35 22 30；38 18 9；22 13 11；7 32 37；32 2 4；26 3 1；19 34 39	（矩阵图）
低端电扳手	Su'：12 34 22 34 26 29 39 20 7 24 12 25 38 18 38 6 29 22 14 Su：16 17 7 35 14 28 12 13 32 26 39 14 32 18 27 12 27 14 19 13 30 Co：19 20 38 24 12 32 34 36 37 5 6 7 18 9 27 10 3 8 39 11 1 行标签：12 16 19；34 16 20；22 7 38；34 35 24；26 14 12；29 28 32；39 12 34；20 13 36；7 32 37；24 26 5；13 39 6；12 14 7；25 32 18；38 18 9；18 27 27；38 12 10；6 27 3；6 14 8；29 19 39；22 13 11；14 30 1	（矩阵图）

续表

类型	PFA	SCA
高端 充电钻		
高端 电扳手		

注:第二列方框内为产品模块;第三列方框内展示了为各产品模块匹配的供应链架构的模块性。